TREVOR LETENDRE

Ki Kino

POLISH

A ROUGH GUIDE DICTIONARY PHRASEBOOK

D1024093

monday 27

october

Credits

Compiled by Lexus with Ania Plank
Lexus Series Editor: Sally Davies
Rough Guides Phrase Book Editor: Jonathan Buckley
Rough Guides Series Editor: Mark Ellingham

First edition published in 1996 by Rough Guides Ltd,
62–70 Shorts Gardens, London WC2H 9AB.
Revised in 2000.

Distributed by the Penguin Group.

Penguin Books Ltd, 27 Wrights Lane, London W8 5TZ
Penguin Books USA Inc., 375 Hudson Street, New York 10014, USA
Penguin Books Australia Ltd, 487 Maroondah Highway,
PO Box 257, Ringwood, Victoria 3134, Australia
Penguin Books Canada Ltd, Alcorn Avenue,
Toronto, Ontario, Canada M4V 1E4
Penguin Books (NZ) Ltd, 182–190 Wairau Road,
Auckland 10, New Zealand

Typeset in Bembo and Helvetica to an original design by Henry Iles.
Printed in Spain by Graphy Cems.

British Library Cataloguing in Publication Data
A catalogue for this book is available from the British Library.

ISBN 1-85828-752-9

HELP US GET IT RIGHT

Lexus and Rough Guides have made great efforts to be accurate and
informative in this Rough Guide Polish phrasebook. However, if you feel
we have overlooked a useful word or phrase, or have any other
comments to make about the book, please let us know. All contributors
will be acknowledged and the best letters will be rewarded with a free
Rough Guide phrasebook of your choice. Please write to Polish
Phrasebook Update', at either Shorts Gardens (London) or Hudson Street
(New York) – for full addresses see above. Alternatively you can email us at
mail@roughguides.co.uk

Online information about Rough Guides can be found at our website
www.roughguides.com

CONTENTS

Introduction

The Rough Guide Polish dictionary phrasebook is a highly practical introduction to the contemporary language. Laid out in clear A-Z style, it uses key-word referencing to lead you straight to the words and phrases you want – so if you need to book a room, just look up 'room'. The Rough Guide gets straight to the point in every situation, in bars and shops, on trains and buses, and in hotels and banks.

The main part of the Rough Guide is a double dictionary: English-Polish then Polish-English. Before that, there's a section called Basics, which sets out the fundamental rules of the language, with plenty of practical examples. You'll also find here other essentials like numbers, dates, telling the time and basic phrases.

Forming the heart of the guide, the English-Polish section gives easy-to-use transliterations of the Polish words wherever pronunciation might be a problem, and to get you involved quickly in two-way communication, the Rough Guide includes dialogues featuring typical responses on key topics – such as renting a car and asking directions. Feature boxes fill you in on cultural pitfalls as well as the simple mechanics of how to make a phone call, what to do in an emergency, where to change money, and more. Throughout this section, cross-references enable you to pinpoint key facts and phrases, while asterisked words indicate where further information can be found in the Basics.

In the Polish-English dictionary, we've given not just the phrases you're likely to hear (starting with a selection of slang and colloquialisms), but also many of the signs, labels, instructions and other basic words you may come across in print or in public places.

Finally the Rough Guide rounds off with an extensive Menu Reader. Consisting of food and drink sections (each starting with a list of essential terms), it's indispensable whether you're eating out, stopping for a quick drink, or browsing through a local food market.

szczęśliwej podróży!
have a good trip!

Basics

Pronunciation

In this phrasebook, the Polish has been written in a system of imitated pronunciation so that it can be read as though it were English, bearing in mind the notes on pronunciation given below:

ay	as in m**ay**
ch	as in **ch**urch
ds	as in woo**ds**
g	always hard as in **g**oat
H	a hard 'ch' as in the Scottish way of pronouncing lo**ch**
i	as in p**i**t
ī	as the 'i' sound in m**i**ght
J	as the 's' sound in mea**s**ure
o	as in n**o**t
ON	as in l**o**ng but more nasal, as in the French sound **on**
oo	as in b**oo**k
ow	as in n**ow**
ts	as in ha**ts**
wuh	'w' as in **w**onder, but only lightly pronounced
y	as in **y**es
yuh	'y' as in **y**es, but a slight sound much less pronounced than 'y' above

Polish Pronunciation

aj	'i' as in m**i**ght
au	'ow' as in n**ow**
ą	**on** in the middle of a word; more nasal, as in the French **on**, at the end of a word
c	'ts' as in ha**ts**
ch	'ch' as in the Scottish way of pronouncing lo**ch**
ci/cz/ć	'ch' as in **ch**urch
dz	'ds' as in woo**ds**; or 'dj', similar to the 'j' in **j**am; 'ts' as in ha**ts** at the end of a word

9

dzi/dź/dż	'dj', similar to the 'j' in **j**am; 'ch' as in **ch**urch at the end of a word
ej	'ay' as in m**ay**
ę	'en' as in **en**gaged in the middle of a word; 'e' as in g**e**t at the end of a word; 'em' as in th**em** if followed by 'b' or 'p'
h	'ch' as in the Scottish way of pronouncing lo**ch**
i	'ee' as in s**ee**d; sometimes 'i' as in p**i**t
j	'y' as in **y**et
ł	'w' as in **w**onder
ni/ń	a slight 'n-y' sound as in **nu**ance
ó	'oo' as in b**oo**k
rz	's' as in mea**s**ure; 'sh' as in **sh**op at the end of a word
si/sz/ś	'sh' as in **sh**op
u	'oo' as in b**oo**k
w	'v' as in **v**ote
y	'i' as in r**i**ch
zi/ź/ż	's' as in mea**s**ure; 'sh' as in **sh**op as the end of a word

The Polish consonants **b, d, g, w** and **z** are generally pronounced like English b, d, g, v and z, but at the end of a word or when preceding certain letters, the pronunciation changes to: p, t, k, f and s respectively.

In Polish, the stress is always on the penultimate syllable of a word. In the English-Polish section, when pronunciation is omitted, the stressed part of the word is shown in bold type.

When **e** (or **ę**) occurs at the end of a Polish word, it is always pronounced, for example: **inne** (another) is pronounced 'een-neh' and **dziękuję** (thank you) is pronounced 'djenkoo-yeh'.

Abbreviations

acc	accusative	m pers	masculine
adj	adjective		personal
dat	dative	n	neuter
f	feminine	nom	nominative
fam	familiar	pl	plural
gen	genitive	pol	polite
instr	instrumental	sing	singular
loc	locative	voc	vocative
m	masculine		

The Polish Alphabet

The Polish-English section and Menu Reader are in Polish alphabetical order which is as follows:

a, ą, b, c, ć, d, e, ę, f, g, h, i, j, k, l, ł, m, n, ń, o, ó, p, q, r, s, ś, t, u, w, x, y, z, ź, ż

Notes

In the English-Polish section, when two forms of the verb are given in phrases such as 'I'd like to ... **chciałbym/ chciałabym** ...', the first form is used by male speakers and the second by female.

When two alternatives are shown in a phrase such as 'do you have any ...? **czy ma pan/pani ...?**', **pan** and **pani** are the polite forms of address; the first is used when speaking to a man and the second when speaking to a woman (see The Basics page 30).

Nouns, Articles and Cases

There are no articles (a, an, the) in Polish:

okno

window/a window/
the window

ręcznik

renchneek

towel/a towel/the towel

Context clarifies the equivalent English article:

czy mogę otworzyć okno?

chi mogeh otfoJich okno

may I open the window?

czy mogę prosić o ręcznik?

chi mogeh prosheech o renchneek

can I have a towel?

Polish nouns have one of three genders — masculine, feminine and neuter. Most masculine nouns end in a consonant:

wagon	**ojciec**	**przyjaciel**
vagon	oychets	pshi-yachel
carriage	father	friend (male)

but there are some exceptions, often relating to an occupation:

mężczyzna	**kierowca**
mensh-chizna	k-yerovtsa
man	driver

Most feminine nouns end in **-a**:

matka	**cukiernia**	**tłumaczka**
matka	tsook-yern-ya	twoomachka
mother	cake shop	translator (woman)

but some common exceptions are:

noc	**sól**	**pani**
nots	sool	panee
night	salt	lady; Mrs

Neuter nouns usually end in **-o** or **-e** and occasionally in **-ę**:

łóżko	**wejście**	**imię**
wooshko	vaysh-cheh	eem-yeh
bed	entrance	first name

Words denoting occupations usually have both a masculine and feminine form:

student	**studentka**
stoodent	stoodentka
student (male)	student (female)

nauczyciel	**nauczycielka**
na-oochichel	na-oochichelka
teacher (man)	teacher (woman)

Exceptions to the above rules on gender are shown in the English-Polish and Polish-English sections.

Cases

Polish has seven cases: nominative, accusative, genitive, dative, instrumental, locative and vocative. Usually, words following prepositions change their form according to which case they are in.

Noun endings change depending on the case. The ending used depends basically on two factors:

whether the noun is masculine, feminine or neuter

whether the noun is singular or plural

But in addition to these, there are other factors that affect the case endings (see the tables on pages 19-21).

Nominative Case

The nominative is the case of the subject of a sentence. In the following examples, **sklep** and **Tomasz** are in the nominative:

sklep jest już zamknięty
sklep yest yoosh zamk-nyenti
the shop is already closed

Tomasz wraca jutro
tomash vratsa yootro
Tomasz is coming back tomorrow

Accusative Case

The object of most verbs takes the accusative. In the following examples the object is in the accusative:

chcielibyśmy zwiedzić Zamek Królewski
нcheleebishmi z-vyedjeech zamek kroolefskee
we would like to visit the Royal Castle

idę kupić gazetę
eedeh koopeech gazeteh
I'm going out to buy a newspaper

czy mogę zamknąć drzwi?
chi mogeh zamk-nonch dJvee
may I close the door?

sprzedałem mieszkanie
spshedawem m-yeshkan-yeh
I have sold my flat

Some prepositions indicating motion or direction towards something are followed by the accusative:

jedziemy na wakacje
yedjemi na vakats-yeh
we are going on holiday

pójdę przez park
poovuhdeh pshes park
I'll walk through the park

poszła na pocztę
poshwa na pochteh
she has gone to the post office

czekam na nią
chekam na n-yoN
I'm waiting for her

Genitive Case

The genitive has five functions in Polish.

It is used to indicate possession:

pies Adama
p-yes adama
Adam's dog

There is no word for 'of' in Polish. The genitive is used to translate 'of':

kieliszek wina
k-yeleeshek veena
a glass of wine

pudełko zapałek
poodeh^{wuh}ko zapawek
a box of matches

It replaces the accusative as the direct object whenever the verb is preceded by **nie** (not):

mam samochód (acc)
mam samoHoot
I have a car

nie mam samochodu (gen)
n-yeh mam samoHodoo
I haven't got a car

It follows certain verbs, such as **szukać** (to look for) and **słuchać** (to listen to):

szukam klucza
shookam kloocha
I'm looking for a key

słucham muzyki
swooHam moozikee
I'm listening to music

It is used after expressions of quantity:

dużo ludzi
dooJo loodjee
many people

kilka godzin
keelka godjeen
a few hours

It is used after many prepositions such as **od** (from; since); **do** (to; into); **dla** (for); **koło** (near; by); **z/ze** (out of; from):

od czerwca
ot cherftsa
since June

z Londynu do Warszawy
z londinoo do varshavi
from London to Warsaw

Dative Case

The dative is used for the indirect object of a sentence and is used with verbs like **pomagać** (to help), **dawać** (to give), **pozwalać** (to allow) and **pożyczać** (to lend). It often corresponds to 'to' (as in 'to me') in English:

dałem to Marysi
dawem to marishee
I gave it to Mary

pozwoliłem jej tam pójść
pozvoleewem yay tam pooᵧᵤʰsh-ch
I let her go there

Instrumental Case

The instrumental is used to show by whom or by what means an action is carried out. It is used to translate 'by' when referring to means of transport:

podróżujemy samochodem
podrooJoo-yemi samoHodem
we are travelling by car

przyjechałem pociągiem
pshi-yeHawem pochong-yem
I came by train

list wysłany pocztą lotniczą
leest viswani pochtON lotneechON
a letter sent by airmail

The instrumental is used with some prepositions, such as **z/ze** (with), and also after a group of prepositions denoting position (used in reply to the question 'where?', but not 'where to?'), for example, **przed** (in front of; before), **nad** (above), **pod** (under; below) and **za** (behind):

herbata z mlekiem
herbata z mlek-yem
tea with milk

przed obiadem
pshed ob-yadem
before lunch

pod stołem
pot stowem
under the table

przed hotelem
pshet hotelem
in front of the hotel

Locative Case

The locative is used with prepositions denoting location, such as **na** (on; at), **w/we★** (in), **przy** (by; at); it is also used with **po** (after) and **o** (about; of):

na ulicy
na ooleetsi
on the street

w samolocie
f samolocheh
on the plane

w pokoju	**po obiedzie**
f pokoyoo	po ob-yedjeh
in the room	after lunch

rozmawiali o dzieciach
rozmav-yalee o djechaH
they were talking about the children

* We is used before words beginning with a consonant cluster, to make the pronunciation easier:

we Francji	**we wtorek**
veh frants-yee	veh ftorek
in France	on Tuesday

we łzach
veh wzaH
in tears

Vocative Case

The vocative is used when addressing people directly:

panie i panowie	**Ewo!/Aniu!**
pan-yeh ee panov-yeh	evo/an-yoo
ladies and gentlemen	Eva!/Anna!

Janku!/Adamie!
yankoo/adam-yeh
Janek!/Adam!

Numbers and Cases

Numbers in Polish also determine the case of the noun. 1 takes the nominative singular; 2, 3, 4 and all numbers ending in 2, 3 or 4 (except 12, 13 and 14) take the nominative plural and all other numbers take the genitive plural:

jeden dom	**trzy dni**
yeden dom	tshi dni
1 house	3 days

dwanaście talerzy   **czterdzieści osiem godzin**
dvanash-cheh taleʊi   chterdjesh-chee oshem godjeen
12 plates   48 hours

Jeden (one) has three genders:

jeden tydzień   **jedna książka**
yeden tidjen^{yuh}   yedna kshonshka
one week   one book

jedno jabłko
yedno yapko
one apple

The number 'two' in Polish has four different forms: **dwa** is the general impersonal form used with masculine and neuter nouns; **dwaj** is the masculine personal form, used to refer to male people; **dwie** is used for feminine nouns; and **dwoje** is the neuter form, which is only used to refer to children and young animals:

dwa koty   **dwaj chłopcy**
dva koti   dvī ʜwoptsi
two cats   two boys

dwie kobiety   **dwoje dzieci**
d-vyeh kob-yeti   dvoyeh djechee
two women   two children

Cases of Masculine Nouns

Masculine nouns usually end in a consonant, apart from a group of nouns (mostly occupations) which end in **-a**, for example, **kierowca** (driver) and **dentysta** (dentist). There are two ways of declining masculine nouns depending on whether they are animate (people, animals) or inanimate (objects, abstract nouns):

	ojciec father	**pociąg** train		
	singular		plural	
	animate	inanimate	animate	inanimate
nom	**ojciec**	**pociąg**	**ojcowie**	**pociągi**
	oychets	pochonk	oytsov-yeh	pochongee
acc	**ojca**	**pociąg**	**ojców**	**pociągów**
	oytsa	pochonk	oytsoof	pochongoof
gen	**ojca**	**pociągu**	**ojców**	**pociągów**
	oytsa	pochongoo	oytsoof	pochongoof
dat	**ojcu**	**pociągowi**	**ojcom**	**pociągom**
	oytsoo	pochongovee	oytsom	pochongom
instr	**ojcem**	**pociągiem**	**ojcami**	**pociągami**
	oytsem	pochong-yem	oytsamee	pochongamee
loc	**ojcu**	**pociągu**	**ojcach**	**pociągach**
	oytsoo	pochongoo	oytsaH	pochongaH
voc	**ojcze!**			
	oycheh			

Cases of Feminine Nouns

Most feminine nouns end in **-a**, but there are a number that
end in a consonant, and a few that end in **-i**.

	pani	**torebka**	**noc**
	lady; Mrs	handbag	night
singular			
nom	**pani**	**torebka**	**noc**
	panee	torepka	nots
acc	**panią**	**torebkę**	**noc**
	pan-yON	torepkeh	nots
gen	**pani**	**torebki**	**nocy**
	panee	torepkee	notsi
dat	**pani**	**torebce**	**noc**
	panee	toreptseh	nots
instr	**panią**	**torebką**	**nocą**
	pan-yON	torepkON	notsON
loc	**pani**	**torebce**	**nocy**
	panee	toreptseh	notsi
voc	**pani!**		
	panee		

	plural			
nom	**panie**	**torebki**	**noce**	
	pan-yeh	torepkee	notseh	
acc	**panie**	**torebki**	**noce**	
	pan-yeh	torepkee	notseh	
gen	**pań**	**torebek**	**nocy**	
	pan^{yuh}	torebek	notsi	
dat	**paniom**	**torebkom**	**nocom**	
	pan-yom	torepkom	notsom	
instr	**paniami**	**torebkami**	**nocami**	
	pan-yamee	torepkamee	notsamee	
loc	**paniach**	**torebkach**	**nocach**	
	pan-yaн	torepkaн	notsaн	

Cases of Neuter Nouns

Neuter nouns end in **-o** or **-e** and occasionally in **-ę**:

		jajko	**słowo**	**pole**
		egg	word	field
singular				
nom		**jajko**	**słowo**	**pole**
		yīko	swovo	poleh
acc		**jajko**	**słowo**	**pole**
		yīko	swovo	poleh
gen		**jajka**	**słowa**	**pola**
		yīka	swova	pola
dat		**jajku**	**słowu**	**polu**
		yīkoo	swovoo	poloo
instr		**jajkiem**	**słowem**	**polem**
		yī-kyem	swovem	polem
loc		**jajku**	**słowie**	**polu**
		yīkoo	swov-yeh	poloo
plural				
nom		**jajka**	**słowa**	**pola**
		yīka	swova	pola
acc		**jajka**	**słowa**	**pola**
		yīka	swova	pola
gen		**jajek**	**słów**	**pól**
		yī-ek	swoov	pool

20

plural

dat	**jajkom**	**słowom**	**polom**
	yikom	swovom	polom
instr	**jajkami**	**słowami**	**polami**
	yikamee	swovamee	polamee
loc	**jajkach**	**słowach**	**polach**
	yikaн	swovaн	polaн

Prepositions

Some common prepositions and the cases they take (see also Cases pages 12-18):

bez [bes] (+ gen) without

dla (+ gen) for

do (+ gen) to; into

koło [kowo] (+ gen) near; by

między [m-yendzi] (+ instr) among; between

na (+ acc) on; to; for

na (+ loc) on; at

nad [nat] (+ instr) above

naprzeciwko [napshecheefko] (+ gen) opposite

o (+ loc) about; of

obok (+ gen) beside, next to

od [ot] (+ gen) from; off; of; for; since

po (+ loc) after

pod [pot] (+ instr) below; under

poza (+ instr) beyond

przeciw [pshechif] (+ dat) against

przed [pshet] (+ instr) before; in front of

przez [pshes] (+ acc) through

przy [pshi] (+ loc) by; at

w/we [v/veh] (+ loc) on

z/ze [zeh] (+ gen) out of; from

z/ze (+ instr) with

za (+ instr) behind

Adjectives and Adverbs

Adjectives

There are two categories of adjectives in Polish – those that express basic qualities:

dobry	**nowy**	**czysty**	**czerwony**
dobri	novi	chisti	chervoni
good	new	clean	red

and those which are derived from nouns or verbs:

wełna	**wełniany**	**widzieć**	**widzialny**
veh^{wuh}na	veh^{wuh}n-yani	veedjech	veedjalni
wool	woollen	to see	visible

Adjectives agree in case, gender and number with the nouns to which they refer.

dobry good

singular

	masculine	feminine	neuter
nom	**dobry**	**dobra**	**dobre**
	dobri	dobra	dobreh
acc	**dobrego/dobry***	**dobrą**	**dobre**
	dobrego/dobri	dobrON	dobreh
gen	**dobrego**	**dobrej**	**dobrego**
	dobrego	dobray	dobrego
dat	**dobremu**	**dobrej**	**dobremu**
	dobremoo	dobray	dobremoo
instr	**dobrym**	**dobrą**	**dobrym**
	dobrim	dobrON	dobrim
loc	**dobrym**	**dobrej**	**dobrym**
	dobrim	dobray	dobrim

* The accusative case of masculine adjectives has two forms: the first form is used with animate nouns (people, animals) and the second form is used with inanimate nouns (objects, abstract nouns).

plural

	m pers	general
nom	**dobrzy**	**dobre**
	dobJi	dobreh
acc	**dobrych**	**dobre**
	dobriн	dobreh
gen	**dobrych**	**dobrych**
	dobriн	dobriн
dat	**dobrym**	**dobrym**
	dobrim	dobrim
instr	**dobrymi**	**dobrymi**
	dobrimee	dobrimee
loc	**dobrych**	**dobrych**
	dobriн	dobriн

The plural forms of the adjective given in the lefthand column above (which we call masculine personal) are used to describe men only. The general forms are used to describe women, children, animals, objects or abstract nouns. Similarly, there are also two categories of plural for both demonstratives and possessives, see pages 25-28.

As in English, adjectives usually precede the noun.

Comparatives

To form the comparative, remove the final letter of the adjective and add one of the following endings:

singular

masculine	feminine	neuter
-szy	**-sza**	**-sze**
-shi	-sha	-sheh

plural

masculine	feminine	neuter
-si	**-sze**	**-sze**
-shee	-sheh	-sheh

There may be some vowel or consonant changes as well:

młody	młodszy		ciepły	cieplejszy
mwodi	mwotshi		chepwi	cheplayshi
young	younger		warm	warmer

szybki	szybszy		ciemny	ciemniejszy
shipkee	shipshi		chemni	chem-nyayshi
fast	faster		dark	darker

biały	bielszy		długi	dłuższy
b-yawi	b-yelshi		dwoogee	dwoosh-shi
white	whiter		long	longer

tani	tańszy
tanee	tanshi
cheap	cheaper

Some common irregular forms:

duży	większy		mały	mniejszy
dooJi	v-yenkshi		mawi	m-nyayshi
large	larger		small	smaller

dobry	lepszy		zły	gorszy
dobri	lepshi		zwi	gorshi
good	better		bad	worse

lekki	lżejszy
lek-kee	lJayshi
light	lighter

Superlatives

To form the superlative, add the prefix **naj-** to the comparative:

młodszy	najmłodszy		cieplejszy	najcieplejszy
mwotshi	nīmwotshi		cheplayshi	nīcheplayshi
younger	youngest		warmer	warmest

bliższy	**najbliższy**	**twardszy**	**najtwardszy**
bleesh-shi	nïbleesh-shi	tfartshi	nïtfartshi
nearer	nearest	harder	hardest

Some adjectives cannot be changed in the way described above; in such cases, the comparative and superlative are formed using the adverbs **bardziej** (more) and **najbardziej** (the most):

zmęczony	**bardziej zmęczony**	**najbardziej zmęczony**
zmenchoni	bardjay zmenchoni	nïbardjay zmenchoni
tired	more tired	the most tired

Adverbs

To form the adverb, remove the final letter of the adjective and replace it with **-o** or **-ie** (there may be some vowel or consonant changes as well):

zimny	**zimno**	**piękny**	**pięknie**
Jeemni	Jeemno	p-yenkni	p-yenk-nyeh
cold	coldly	beautiful	beautifully

drogi	**drogo**	**śmieszny**	**śmiesznie**
drogee	drogo	sh-myeshni	sh-myesh-nyeh
expensive	expensively	funny	funnily

szybki	**szybko**	**uprzejmy**	**uprzejmie**
shipkee	shipko	oopshaymi	oopshay-myeh
quick	quickly	polite	politely

Demonstratives

The Polish demonstrative adjectives and pronouns are: **ten/ta/to**. These both mean 'this (one)' and 'that (one)'.

The forms change according to gender and case:

	masculine	feminine	neuter
nom	**ten**	**ta**	**to**
	ten	ta	to
acc	**tego/to***	**tą**	**to**
	tego/to	toN	to
gen	**tego**	**tej**	**tego**
	tego	tay	tego
dat	**temu**	**tej**	**temu**
	temoo	tay	temoo
instr	**tym**	**tą**	**tym**
	tim	toN	tim
loc	**tym**	**tej**	**tym**
	tim	tay	tim

* The accusative case of masculine demonstratives has two forms: the first form is used with animate nouns (people, animals) and the second form is used with inanimate nouns (objects, abstract nouns).

The plural demonstratives 'these' and 'those' are:

ci/te

	m pers	general		m pers	general
nom	**ci**	**te**	dat	**tym**	**tym**
	chee	teh		tim	tim
acc	**tych**	**te**	instr	**tymi**	**tymi**
	tiH	teh		timee	timee
gen	**tych**	**tych**	loc	**tych**	**tych**
	tiH	tiH		tiH	tiH

There is another demonstrative: **tamten/tamta/tamto** 'that (one)' and **tamci/tamte** 'those', used when referring to something further away. These decline like **ten/ta/to/ci/te** above.

czy to w tym kierunku?	**nie wiedziałem o tym**
chi to ftim k-yeroonkoo	v-yedjawem o tim
is it in this/that direction?	I didn't know that

tamten peron
that platform (over there)

Possessives

Possessive pronouns (mine, yours, hers etc) and possessive adjectives (my, your, her etc) have the same form in Polish:

to jest mój parasol
to yest mooʸᵘʰ parasol
this is my umbrella

ten parasol yest mooʸᵘʰ
this umbrella is mine
ten parasol jest mój

Apart from the possessives **jego** (his), **jej** (her/hers), **ich** (their/theirs), which always have the same form, possessives change according to gender, case and number:

mój/moje/moja/moi/moje my/mine

	singular		plural	
	m/n	f	m pers	general
nom	**mój/moje**	**moja**	**moi**	**moje**
	mooʸᵘʰ/moyeh	moya	mo-ee	moyeh
acc	**moje**	**moją**	**moich**	**moje**
	moyeh	moyON	mo-eeH	moyeh
gen	**mojego**	**moje**	**moich**	**moich**
	moyego	moyay	mo-eeH	mo-eeH
dat	**mojemu**	**mojej**	**moim**	**moim**
	moyemoo	moyay	mo-eem	mo-eem
instr	**moim**	**moją**	**moimi**	**moimi**
	mo-eem	moyON	mo-eemee	mo-eemee
loc	**moim**	**mojej**	**moich**	**moich**
	mo-eem	moyay	mo-eeH	mo-eeH

twój/twoja/twoje/twoi/twoje your/yours (sing, fam) follow the same pattern as **mój/moje/moja/moi/moje** above
jego [yego] his – does not change.
jej [yay] her/hers – does not change.

nasz/nasze/nasza/nasi/nasze our/ours

	singular	plural		
	m/n	f	m pers	general
nom	**nasz/nasze**	**nasza**	**nasi**	**nasze**
	nash/nasheh	nasha	nashee	nasheh
acc	**nasze**	**naszą**	**naszych**	**nasze**
	nasheh	nashON	nashiH	nasheh
gen	**naszego**	**naszej**	**naszych**	**naszych**
	nashego	nashay	nashiH	nashiH
dat	**naszemu**	**naszej**	**naszym**	**naszym**
	nashemoo	nashay	nashim	nashim
instr	**naszym**	**naszą**	**naszymi**	**naszymi**
	nashim	nashON	nashimee	nashimee
loc	**naszym**	**naszej**	**naszych**	**naszych**
	nashim	nashay	nashiH	nashiH

wasz/wasze/wasza/wasi/wasze your/yours (pl, fam) follow
the same pattern as **nasz/nasze/nasza/nasi/nasze** above.
ich [eeH] their/theirs – does not change.

There is also a possessive pronoun and adjective **swój** which
follows the patterns of **mój** and **twój**. It is used when it refers
to something possessed by the subject of the sentence and
when the identity of the possessor is clear:

biorę swoje klucze
b-yoreh sfoyeh kloocheh
I'm taking my keys

czy bierzesz swoje klucze?
chi b-yeJesh sfoyeh kloocheh
are you taking your keys?

Anna bierze swoje klucze
an-na b-yeJeh sfoyeh kloocheh
Anna is taking her keys

Personal Pronouns

Subject pronouns are as follows:

ja	[ya]	I
ty	[ti]	you (sing, fam)
on/ona/ono	[on/ona/ono]	he/she/it
my	[mi]	we
wy	[vi]	you (pl, fam)
oni*/one	[onee/oneh]	they (m pers/general)

* The masculine personal **oni** is used when referring to men; **one** is the general pronoun used to refer to women, children, animals, objects or abstract nouns of all three genders.

Subject pronouns are generally omitted in Polish when the subject of the sentence is obvious, but they can be retained for special emphasis or to avoid confusion:

kiedy przyjdziesz?
k-yedi pshee-djesh
when are you coming?

nie wiem
n-yeh v-yem
I don't know

on to zrobił
on to zrobee^{wuh}
he did it

on to lubi, a ona nie
on to loobee a ona n-yeh
he likes it, but she doesn't

The forms of personal pronouns change according to the case:

nom	ja	ty	on	ona	ono
	ya	ti	on	ona	ono
acc	mnie	ciebie	jego/go	ją/nią	je
	mnyeh	cheb-yeh	yego/go	yON/n-yON	yeh
gen	mnie	ciebie	jego/niego	jej/niej	niego/go
	mnyeh	cheb-yeh	yego/n-yego	yay/n-yay	n-yego/go
dat	mnie/mi	tobie/ci	jemu/mu	jej/niej	jemu/mu
	mnyeh/mee	tob-yeh/chee	yemoo/moo	yay/n-yay	yemoo/moo
instr	mną	tobą	nim	nią	nim
	mnON	tobON	neem	n-yON	neem
loc	mnie	tobie	nim	niej	nim
	mnyeh	tob-yeh	neem	n-yay	neem

nom	my	wy	oni*	one**
	mi	vi	onee	oneh
acc	nas	was	ich/nich	je/nie
	nas	vas	eeн/neeн	yeh/n-yeh
gen	nas	was	ich/nich	ich/nich
	nas	vas	eeн/neeн	eeн/neeн
dat	nam	wam	im/nim	im/nim
	nam	vam	eem/neem	eem/neem
instr	nami	wami	nimi	nimi
	namee	vamee	neemee	neemee
loc	nas	was	nich	nich
	nas	vas	neeн	neeн

* Masculine personal form used when referring to men, for example brother, father etc.

** General form used to refer to women, children, animals and inanimate objects of all three genders.

In the above table, the alternative forms beginning with **n-** are used after prepositions:

zaprosiłam ich na jutro	**czy to dla nich?**
zaprosheewam eeн na yootro	chi to dla neeн
I have invited them for tomorrow	is this is for them?

You

The personal pronouns **ty** and **wy** ('you' singular and plural) are only used when addressing family, friends and children. The polite forms for 'you', used to address all other people, are:

pan [pan] to a man
pani [panee] to a woman
panowie [panov-yeh] to more than one man
panie [pan-yeh] to more than one woman
państwo [panstfo] to a man and woman or a group of men and women

The above forms are used with the third person of the verb (singular or plural as appropriate):

czy pan ma bilet?
chi pan ma beelet
have you got a ticket? (to a man)

czy pani pije kawę z mlekiem?
chi panee pee-yeh kaveh z mlek-yem
do you take milk in your coffee? (to a woman)

co państwo zamówili?
tso panstfo zamooveelee
what have you ordered? (to a man and a woman, or to a group of men and women)

They decline like nouns (see pages 18-20):

lubię pana/panią
pan-yON
I like you

Verbs

Aspects

The basic form of the verb given in the English-Polish and Polish-English sections is the infinitive (to drive, to go etc), which in Polish ends in **-ć** (and sometimes in **-c**). Most Polish verbs have two forms known as the imperfective and perfective aspects. (In the English-Polish and Polish-English sections, verbs are given in the order imperfective/perfective.) The imperfective aspect is generally used to refer to a process or an action which is either unfinished, habitual or continuous. The perfective aspect is used to describe a completed action in the past and also to form one of the future tenses (see pages 37-38).

czy przeczytałaś już tą książkę? (perfective)

chi pshechitawash yoosh tON kshonshkeh

have you finished reading this book?

wczoraj wieczorem czytałam książkę (imperfective)

fchorĭ v-yechorem chitawam kshonshkeh

last night I was reading a book

on nie zjadł śniadania (perfective)

on n-yeh z-yadwuh sh-nyadan-ya

he hasn't eaten his breakfast

nigdy nie jadam ryb (imperfective)

neegdi n-yeh yadam rip

I never eat fish

kupowali dom (imperfective)

koopovalee dom

they were buying a house

kupili dom (perfective)

koopeelee dom

they bought a house, they have bought a house

Tenses

Basically, Polish verbs have three tenses — present, past and future.

Present Tense

The present tense corresponds to 'I read' and 'I am reading' in English. It is formed from the imperfective aspect and the main conjugation patterns are as follows:

jeść	[yesh-ch]	to eat
jem	[yem]	I eat, I am eating etc
jesz	[yesh]	you eat (sing, fam)
je	[yeh]	he/she/it eats, you eat (sing, pol)
jemy	[yemi]	we eat
jecie	[yecheh]	you eat (pl, fam)
jedzą	[yedsON]	they eat, you eat (pl, pol)

pić	[peech]	to drink
piję	[pee-yeh]	I drink, I am drinking etc
pijesz	[pee-yesh]	you drink (sing, fam)
pije	[pee-yeh]	he/she/it drinks, you drink (sing, pol)
pijemy	[pee-yemi]	we drink
pijecie	[pee-yecheh]	you drink (pl, fam)
piją	[pee-yON]	they drink, you drink (pl, pol)

płacić	[pwacheech]	to pay
płacę	[pwatseh]	I pay, I am paying etc
płacisz	[pwacheesh]	you pay (sing, fam)
płaci	[pwachee]	he/she pays, you pay (sing, pol)
płacimy	[pwacheemi]	we pay
płacicie	[pwacheecheh]	you pay (pl, fam)
płacą	[pwatsON]	they pay, you pay (pl, pol)

czytać	[chitach]	to read
czytam	[chitam]	I read, I am reading etc
czytasz	[chitash]	you read (sing, fam)
czyta	[chita]	he/she reads, you read (sing, pol)
czytamy	[chitami]	we read
czytacie	[chitacheh]	you read (pl, fam)
czytają	[chitī-ON]	they read, you read (pl, pol)

rozumieć	[rozoom-yech]	to understand
rozumiem	[rozoom-yem]	I understand
rozumiesz	[rozoom-yesh]	you understand (sing, fam)
rozumie	[rozoom-yeh]	he/she understands, you understand (sing, pol)
rozumiemy	[rozoom-yemi]	we understand
rozumiecie	[rozoom-yecheh]	you understand (pl, fam)
rozumieją	[rozoom-yayON]	they understand, you understand (pl, pol)

Some more useful examples:

być	[bich]	to be
jestem	[yestem]	I am
jesteś	[yestesh]	you are (sing, fam)
jest	[yest]	he/she/it is, you are (sing, pol)
jesteśmy	[yesteshmi]	we are
jesteście	[yestesh-cheh]	you are (pl, fam)
są	[SON]	they are, you are (pl, pol)

mieć	[m-yech]	to have
mam	[mam]	I have
masz	[mash]	you have (sing, fam)
ma	[ma]	he/she/it has, you have (sing, pol)
mamy	[mami]	we have
macie	[macheh]	you have (pl, fam)
mają	[mī-ON]	they have, you have (pl, pol)

iść	[eesh-ch]	to go
idę	[eedeh]	I go, I am going etc
idziesz	[eedjesh]	you go (sing, fam)
idzie	[eedjeh]	he/she/it goes, you go (sing, pol)
idziemy	[eedjemi]	we go
idziecie	[eedjecheh]	you go (pl, fam)
idą	[eedON]	they go, you go (pl, pol)

Past Tense

To form the past tense replace the infinitive ending **-ć** with the following endings:

	masculine	feminine	neuter
(ja)	**-łem**	**-łam**	
	-wem	-wam	
(ty)	**-łeś**	**-łaś**	
	-wesh	-wash	
(on/ona/ono)	**-ł**	**-ła**	**-ło**
	-wuh	-wa	-wo
(my)	**-liśmy**	**-łyśmy**	
	-leeshmi	-wishmi	
(wy)	**-liście**	**-łyście**	
	-leesh-cheh	-wish-cheh	
(oni/one)	**-li*/-ły****	**-ły****	**-ły****
	-lee/-wi	-wi	-wi

* The masculine personal ending -li is used when referring to men only.

** -ły is the general ending, used when referring to other masculine nouns, women, children, animals, objects or abstract nouns of all three genders.

Note that there are different endings for male, female and neuter subjects:

mój brat mieszkał w Poznaniu
mooᵞᵘʰ brat m-yeshkaᵂᵘʰ f poznan-yoo
my brother lived in Poznań

moja siostra mieszkała w Londynie
moya shostra m-yeshkawa v londin-yeh
my sister lived in London

moje najstarsze dziecko mieszkało ze mną
moyeh nïstarsheh djetsko m-yeshkawo zeh mnON
my eldest child lived with me

Some useful conjugations in the past tense:

być	[bich]		to be
masculine	feminine	neuter	
byłem	**byłam**		I was
biwem	biwam		
byłeś	**byłaś**		you were (sing, fam)
biwesh	biwash		
był	**była**		he/she/it was,
biᵂᵘʰ	biwa		you were (sing, pol)
		było	it was
		biwo	
byliśmy	**byłyśmy**		we were
bileeshmi	biwishmi		
byliście	**byłyście**		you were (pl, fam)
bileesh-cheh	biwish-cheh		
byli*/były	**były**	**były**	they were (m pers/
bilee/biwi	biwi	biwi	general), you were (pl, pol)

robić	[robeech]	to do
masculine	feminine	neuter
robiłem	**robiłam**	I was doing
robeewem	robeewam	
robiłeś	**robiłaś**	you were doing
robeewesh	robeewash	(sing, fam)
robił	**robiła**	he/she/it was doing,
robee^{wuh}	robeewa	you were doing (sing, pol)
		robiło it was doing
		robeewo
robiliśmy	**robiłyśmy**	we were doing
robeeleeshmi	robeewishmi	
robiliście	**robiłyście**	you were doing
robeeleesh-cheh	robeewish-cheh	(pl, fam)
robili*/robiły**	**robiły****	**robiły**** they were doing
robeelee/robeewi	robeewi	robeewi (m pers/general), you
		were doing (pl, pol)

* The masculine personal ending **-li** is used when referring to men only.

** **-ły** is the general ending, used when referring to other masculine nouns, women, children, animals, objects or abstract nouns of all three genders.

Past Tense: Use of the Imperfective and Perfective

The imperfective aspect is generally used to refer to a process or an action which is either unfinished, habitual or continuous. The perfective aspect is used to describe a completed action in the past and also to form one of the future tenses (see pages 37-38). The perfective form of a verb is often formed by adding a prefix, such as **z-**, **prze-**, **na-**, **u-**, **wy-**, **po-**, **za-**:

imperfective		perfective	
jadłam	I was eating	**zjadłam**	I ate, I have
yadwam		z-yadwam	eaten
czytałem	I was reading	**przeczytałem**	I read, I have
chitawem		pshechitawem	read
pisał	he was writing	**napisał**	he wrote, he has
peesa^{wuh}		napeesa^{wuh}	written
myliśmy	we were	**umyliśmy**	they washed, they
mileeshmi	washing	oomileeshmi	have washed
szli	they were	**poszli**	they went, they
shlee	going	poshlee	have gone
liczyłeś	you were	**policzyłeś**	you counted, you
leechiwesh	counting	poleechiwesh	have counted
czekała	she was waiting	**zaczekała**	she waited, she
chekawa		zachekawa	has waited

Perfective forms can sometimes be identified because they look like a simpler form of the imperfective spelling:

zdejmować/zdjąć
zdaymovach/z-dyonch
to take off, to remove

kupowała
koopovawa
she was buying

kupiła
koopeewa
she bought, she has bought

The Future Tense

There are two ways of translating the future in Polish, using either the imperfective or perfective aspect of the verb. The imperfective aspect denotes a continuous action in the future:

będę na ciebie czekać przed kinem
bendeh na cheb-yeh chekach pshet keenem
I'll be waiting for you outside the cinema

The perfective denotes a firm intention or promise:

zrobię to
zrob-yeh to
I'll do it

To form the future tense using the imperfective aspect, use the future tense of **być** 'to be', followed by the infinitive of the main verb:

być	[bich]	to be
będę	[bendeh]	I will be
będziesz	[bendjesh]	you will be (sing, fam)
będzie	[bendjeh]	he/she/it will be, you will be (sing, pol)
będziemy	[bendjemi]	we will be
będziecie	[bendjecheh]	you will be (pl, fam)
będą	[bendON]	they will be, you will be (pl, pol)

czy tu będziesz mieszkać?
chi too bendjesh m-yeshkach
will you be staying here?

będę tak długo do niej dzwonić aż się dodzwonię
bendeh tak dwoogo do n-yay dsvoneech ash sheh dods-von-yeh
I'll keep ringing her until I get through

To form the future tense using the perfective aspect, take the infinitive and follow the conjugation patterns as for the present tense on page 32:

imperfective	perfective
robić [robeech]	**zrobić** [zrobeech] to do, to make
robię [rob-yeh]	**zrobię** [zrob-yeh]
I do, I am doing	I will do
I make, I am making	I will make

Negatives

To form a negative sentence, place the negative particle **nie** in front of the verb (even if there are other negatives in the sentence):

tam nigdy nikogo nie ma
tam neegdi neekogo n-yeh ma
there is never anybody there

on mi nic nie powiedział
on mee neets n-yeh pov-yedja^wuh
he has told me nothing,
he hasn't told me anything

jeszcze tego nie widziałam
yesh-cheh tego n-yeh veedjawam
I haven't seen it yet

ona nigdy nie ma pieniędzy
ona neegdi n-yeh ma p-yen-yendsi
she never has any money

nie mam czasu
n-yeh mam chasoo
I have no time

Imperative

The imperative is used to express a command or suggestion as in 'come here!' or 'let's go for a walk'. Regular imperatives are formed by adding the appropriate ending to a stem taken from the third person singular of the imperfective verb; the polite imperative is also preceded by the word **niech** and the appropriate polite pronouns:

czytać [chitach] to read

third person singular: **czyta**

czytaj	[chitī]	read (fam)
czytajmy	[chitīmi]	let's read
czytajcie	[chitīcheh]	read (pl, fam)
niech pan/pani czyta	[n-yeH pan/panee chita]	read (pol: to man/woman)
niech państwo czytają	[n-yeH panstfo chitī-ON]	read (pol: to men and women)

pisać [peesach] to write

third person singular: **pisze** (stem = **pisz-**)

pisz	[peesh]	write (fam)
piszmy	[peeshmi]	let's write
piszcie	[peesh-cheh]	write (pl, fam)
niech pan/pani pisze	[n-yeн pan/panee peesheh]	write (pol: to man/woman)
niech państwo piszą	[n-yeн panstfo peeshON]	write (pol: to men and women)

With some verbs, the imperative is formed from the perfective of the verb:

infinitive	imperative
śpieszyć się/pośpieszyć się	**pośpiesz się!**
sh-pyeshich sheh/posh-pyeshich sheh	posh-pyesh sheh
to hurry	hurry!

infinitive	imperative
czekać/poczekać	**poczekaj!**
chekach/pochekach	pochekī
to wait	wait!

The following are some useful imperatives:

idź stąd!	chodź tu!	chodźmy!
eech stont	нoch too	нochmi
go away!	come here!	let's go!

In some commands, the infinitive is used instead of the imperative:

proszę wejść!
prosheh waysh-ch
come in!

Questions

To form a general question (for yes/no answers), add the particle **czy** at the beginning of the sentence. The word order does not change. For a specific question add an interrogative pronoun (why, when etc) at the beginning of the sentence:

czy kupiłeś bilety?
chi koopeewesh beeleti
have you bought the tickets?

czy jesteś głodna?
chi yestesh gwodna
are you hungry?

gdzie pani mieszka?
gjeh panee m-yeshka
where do you live?

kiedy on wraca?
k-yedi on vratsa
when is he coming back?

ile to kosztuje?
eeleh to koshtoo-yeh
how much does it cost?

Dates

Use the ordinal numbers on page 45 to express the date; the ordinal number is always in the genitive case and follows the declension patterns of adjectives (see page 22):

pierwszego kwietnia
p-yerfshego k-fyet-nya
the first of April

dwudziestego pierwszego czerwca
dvoodjestego p-yerfshego cherftsa
the twenty-first of June

Days

Sunday niedziela [n-yedjela]
Monday poniedziałek [pon-yedjawek]
Tuesday wtorek [ftorek]
Wednesday środa [shroda]
Thursday czwartek [chvartek]
Friday piątek [p-yontek]
Saturday sobota

Months

January styczeń [stichen^yuh]
February luty [looti]
March marzec [maJets]
April kwiecień [k-fyechen^yuh]
May maj [mī]
June czerwiec [cherv-yets]
July lipiec [leep-yets]
August sierpień [sherp-yen^yuh]
September wrzesień [vJeshen^yuh]
October październik [paJdjerneek]
November listopad [leestopat]
December grudzień [groodjen^yuh]

Time

what time is it? która godzina? [ktoora godjeena]
1 o'clock pierwsza [p-yerfsha]
2 o'clock druga [drooga]
3 o'clock trzecia [tshecha]
4 o'clock czwarta [chfarta]
5 o'clock piąta [p-yonta]
6 o'clock szósta [shoosta]
7 o'clock siódma [shoodma]

8 o'clock ósma [oosma]
9 o'clock dziewiąta [djev-yonta]
10 o'clock dziesiąta [djeshonta]
11 o'clock jedenasta [yedenasta]
12 o'clock dwunasta [dvoonasta]
it's one o'clock jest pierwsza [yest p-yerfsha]
it's two/three/four o'clock jest druga/trzecia/czwarta
   [drooga/tshecha/chfarta]
it's five o'clock jest piąta [p-yonta]
five past one pięć po pierwszej [p-yench po p-yerfshay]
ten past two dziesięć po drugiej [djeshench po droog-yay]
quarter past one kwadrans po pierwszej [kfadrans po
   p-yerfshay], piętnaście po pierwszej [p-yentnash-cheh]
quarter past two kwadrans po drugiej [droog-yay], piętnaście
   po drugiej
half past one wpół do drugiej* [fpoo^wuh do droog-yay]
half past ten wpół do jedenastej* [yedenastay]
twenty to ten za dwadzieścia dziesiąta [dvadjesh-cha djeshonta]
quarter to two za kwadrans druga [kfadrans drooga], za piętnaś
   cie druga [p-yentnash-cheh]
quarter to ten za kwadrans dziesiąta [djeshonta], za piętnaście
   dziesiąta
at one o'clock o pierwszej [p-yerfshay]
at two/three/four o'clock o drugiej/trzeciej/czwartej [droog-
   yay/tshechay/chfartay]
at five o'clock o piątej [p-yontay]
at half past four o wpół do piątej [fpoo^wuh]

14.00 czternasta zero zero [chternasta zeh-ro]
17.30 siedemnasta trzydzieści [shedemnasta tshidjesh-chee]
noon południe [powood-nyeh]
midnight północ [poo^wuh nots]
a.m. rano [rano]
p.m. po południu [po powood-nyoo]
hour godzina [godjeena]

43

minute minuta [meenoota]
second sekunda [sekoonda]
quarter of an hour kwadrans [kfadrans]
half an hour pół godziny [poo^wuh godjeeni]
three quarters of an hour trzy kwadranse [tshi kfadranseh],
  czterdzieści pięć minut [chterdjesh-chee p-yench meenoot]

* For 'half past' the hour, refer to the next hour: **wpół do
drugiej** literally means 'half an hour until 2 o'clock'.

Numbers

0 zero [zeh-ro]
1 jeden [yeden], jedna,
  jedno[1]
2 dwa[1] [dva], dwaj [dvī],
  dwie [d-vyeh], dwoje
  [dvoyeh]
3 trzy [tshi]
4 cztery [chteri]
5 pięć [p-yench]
6 sześć [shesh-ch]
7 siedem [shedem]
8 osiem [oshem]
9 dziewięć [djev-yench]
10 dziesięć [djeshench]
11 jedenaście [yedenash-cheh]
12 dwanaście [dvanash-cheh]
13 trzynaście [tshinash-cheh]
14 czternaście [chternash-
  cheh]
15 piętnaście [p-yentnash-cheh]
16 szesnaście [shesnash-cheh]
17 siedemnaście [shedemnash-
  cheh]

18 osiemnaście [oshemnash-
  cheh]
19 dziewiętnaście [djev-
  yentnash-cheh]
20 dwadzieścia [dvadjesh-cha]
21 dwadzieścia jeden
  [dvadjesh-cha yeden]
22 dwadzieścia dwa [dvadjesh-
  cha dva]
23 dwadzieścia trzy [tshi]
30 trzydzieści [tshidjesh-chee]
31 trzydzieści jeden
  [tshidjesh-chee yeden]
32 trzydzieści dwa [tshidjesh-
  chee dva]
33 trzydzieści trzy [tshi]
40 czterdzieści [chterdjesh-
  chee]
50 pięćdziesiąt
  [p-yendjeshont]
60 sześćdziesiąt [sheshdjeshont]
70 siedemdziesiąt
  [shedemdjeshont]

80	osiemdziesiąt [oshemdjeshont]
90	dziewięćdziesiąt [djev-yendjeshont]
100	sto
101	sto jeden [yeden]
102	sto dwa [dva]
110	sto dziesięć [djeshench]
200	dwieście [d-vyesh-cheh]
300	trzysta [tshista]
400	czterysta [chterista]
500	pięćset [p-yenset]
600	sześćset [shayset]
700	siedemset [shedemset]
800	osiemset [oshemset]
900	dziewięćset [djev-yenchset]
1,000	tysiąc [tishonts]
2,000	dwa tysiące[2] [dva tishontseh]
3,000	trzy tysiące [tshi]
4,000	cztery tysiące [chteri]
5,000	pięć tysięcy[3] [p-yench tishentsi]
6,000	sześć tysięcy [shesh-ch]
7,000	siedem tysięcy [shedem]
8,000	osiem tysięcy [oshem]
9,000	dziewięć tysięcy [djev-yench]
10,000	dziesięć tysięcy [djeshench]

100,000	sto tysięcy
1,000,000	milion [meel-yon]

[1] for use of the different forms of **jeden** and **dwa**, see page 18

[2] **tysiące** is used with 2,000, 3,000 and 4,000

[3] for 5,000 or more use **tysięcy**

Ordinals

first	pierwszy	[p-yerfshi]
second	drugi	[droogee]
third	trzeci	[tshechee]
fourth	czwarty	[chfarti]
fifth	piąty	[p-yonti]
sixth	szósty	[shoosti]
seventh	siódmy	[shoodmi]
eighth	ósmy	[oosmi]
ninth	dziewiąty	[djev-yonti]
tenth	dziesiąty	[djeshonti]

Basic Phrases

yes
tak

no
nie
n-yeh

OK
dobrze
dobJeh

hello
dzień dobry
djen dobri
(in the evening)
dobry wieczór
v-yechoor

good morning
dzień dobry
djen dobri

good evening
dobry wieczór
v-yechoor

good night
dobranoc
dobranots

goodbye
do widzenia
veedzen-ya

hi!/cheerio!
cześć!
chesh-ch

see you!
do zobaczenia!
zobachen-ya

please
proszę
prosheh

yes, please
tak, chętnie
Hent-nyeh

thank you, thanks
dziękuję
djenkoo-yeh

no thank you
dziękuję, nie
n-yeh

thank you very much
dziękuję bardzo
bards-o

don't mention it
proszę bardzo
prosheh

how do you do?
jak się pan/pani ma?
yak sheh pan/panee

how are you?
co słychać?
tso swiHach

fine, thanks
dziękuję, wszystko w
  porządku
djenkoo-yeh fshistko f poJontkoo

nice to meet you
miło mi pana/panią poznać
meewo mee pana/pan-yon poznach

excuse me
przepraszam
psheprasham

excuse me?
(didn't understand/hear)
słucham?
swooHam

(I'm) sorry
przepraszam
psheprasham

sorry?/pardon (me)?
słucham?
swooHam

what?
co takiego?
tso tak-yego

what did you say?
(to a man)
co pan powiedział?
tso pan pov-yedja^{wuh}
(to a woman)
co pani powiedziała?
panee pov-yedjawa

I see/I understand
rozumiem
rozoom-yem

I don't understand
nie rozumiem
n-yeh

do you speak English?
czy pan/pani mówi po
  angielsku?
chi pan/panee moovee po ang-
  yelskoo

I don't speak Polish
nie mówię po polsku ...
n-yeh moov-yeh po polskoo

**could you speak more
  slowly?**
proszę wolniej!
prosheh vol-nyay

could you repeat that?
proszę to powtórzyć
prosheh poftooJich

47

please write it down
proszę to napisać
prosheh – napeesach

I'd like a ...
proszę o ...
prosheh

I'd like to ...
chciałbym/chciałabym ...
Hchawuhbim/Hchawabim

can I have a ...?
czy mogę dostać ...?
chi mogeh dostach

do you have ...?
czy ma pan/pani ...?
chi – panee

how much is it?
ile to kosztuje?
eeleh to koshtoo-yeh

cheers! (toast) na zdrowie!
zdrov-yeh

it is ...
to jest ...
yest

where is it?
gdzie to jest?
gJeh

where is/are ...?
gdzie jest/są ...?
gJeh yest/son

is it far?
czy to jest daleko?
chi

what time is it?
która godzina?
ktoora godjeena

Conversion Tables

1 centimetre = 0.39 inches   1 inch = 2.54 cm

1 metre = 39.37 inches = 1.09 yards   1 foot = 30.48 cm

1 kilometre = 0.62 miles = 5/8 mile   1 yard = 0.91 m

1 mile = 1.61 km

km	1	2	3	4	5	10	20	30	40	50	100
miles	0.6	1.2	1.9	2.5	3.1	6.2	12.4	18.6	24.8	31.0	62.1

miles	1	2	3	4	5	10	20	30	40	50	100
km	1.6	3.2	4.8	6.4	8.0	16.1	32.2	48.3	64.4	80.5	161

1 gram = 0.035 ounces   1 kilo = 1000 g = 2.2 pounds

g	100	250	500
oz	3.5	8.75	17.5

1 oz = 28.35 g

1 lb = 0.45 kg

kg	0.5	1	2	3	4	5	6	7	8	9	10
lb	1.1	2.2	4.4	6.6	8.8	11.0	13.2	15.4	17.6	19.8	22.0

kg	20	30	40	50	60	70	80	90	100
lb	44	66	88	110	132	154	176	198	220

lb	0.5	1	2	3	4	5	6	7	8	9	10	20
kg	0.2	0.5	0.9	1.4	1.8	2.3	2.7	3.2	3.6	4.1	4.5	9.0

1 litre = 1.75 UK pints / 2.13 US pints

1 UK pint = 0.57 l   1 UK gallon = 4.55 l
1 US pint = 0.47 l   1 US gallon = 3.79 l

centigrade / Celsius $°C = (°F - 32) \times 5/9$

°C	-5	0	5	10	15	18	20	25	30	36.8	38
°F	23	32	41	50	59	64	68	77	86	98.4	100.4

Fahrenheit $°F = (°C \times 9/5) + 32$

°F	23	32	40	50	60	65	70	80	85	98.4	101
°C	-5	0	4	10	16	18	21	27	29	36.8	38.3

English

→

Polish

A

a, an*

about: about 20 około dwudziestu [okowo]

it's about 5 o'clock jest około piątej [yest]

a film about Poland film o Polsce

above* nad

abroad za granicą [granitsON]

absolutely absolutnie [apsoloot-nyeh]

absorbent cotton wata [vata]

accelerator pedał gazu [pedawuh gazoo]

accept przyjmować [pshi-movach]/przyjąć [pshi-yonch]

accident wypadek [vipadek]

there's been an accident zdarzył się wypadek [zdaJiwuh sheh]

accommodation nocleg [notslek]

see room and hotel

accurate dokładny [dokwadni]

ache ból [bool]

my back aches boli mnie krzyż [bolee mnyeh kshish]

across: across the road po drugiej stronie ulicy [droog-yay stron-yeh ooleetsi]

adapter (for voltage) przełącznik napięcia [psheh-wonchnik nap-yencha]

(plug) rozgałęziacz [rozgawenJach]

address adres

what's your address?
pana/pani adres? [panee]

In Poland, the street name is always written before the number. The word for street (**ulica**, abbreviated to **ul.**) or avenue (**aleja**, abbreviated to **al.**) is often missed out – for example ulica Senatorska is simply known as Senatorska. **Pl** is an abbreviation for **plac** (square) and **m** for **mieszkanie** (apartment). In addresses, **WPan** is 'Mr' and **WPani** 'Mrs'; both are often abbreviated to **WP**. Addresses are written as follows:

WPan Adam Podlaski
ul. Malinowa 13a m 7
34-600 Rabka

address book notatnik adresowy [adresovi]

admission charge opłata za wstęp [opwata za fstemp]

adult (adj) dorosły [doroswi]

advance: in advance zawczasu [zafchasoo]

aeroplane samolot

after* po

after you (pol: to man) pan pierwszy [p-yerfshi]
(to woman) pani pierwsza [panee p-yerfsha]

afternoon popołudnie [popowood-nyeh]

in the afternoon po południu [powood-nyoo]

this afternoon dzisiaj po południu [djeeshi]

aftershave płyn po goleniu [pwin po golen-yoo]

aftersun cream krem po opalaniu [opalan-yoo]

afterwards potem

again znowu [znovoo]

against* przeciw [pshechif]

age wiek [v-yek]

ago: a week ago tydzień temu [temoo]

an hour ago godzinę temu

agree: I agree zgadzam się [zgads-am sheh]

Aids Aids

air powietrze [pov-yetsheh]

by air samolotem

air-conditioning klimatyzacja [kleematizats-ya]

airmail: by airmail pocztą lotniczą [pochtON lotnichON]

airmail envelope koperta lotnicza [lotneecha]

airplane samolot

airport lotnisko [lotneesko]

to the airport, please proszę na lotnisko [prosheh]

airport bus autobus na lotnisko [owtoboos]

aisle seat miejsce przy przejściu [m-yaystseh pshi pshaysh-choo]

alarm clock budzik [boodjik]

alcohol alkohol

alcoholic (adj) alkoholowy [alkoholovi]

all wszystko [fshistko]

all the boys wszyscy chłopcy [fshistsi]

all the girls wszystkie dziewczyny [fshist-kyeh]

all of it wszystko [fshistko], co tu jest [tso too yest]

all of them wszyscy [fshistsi]

that's all, thanks dziękuję, to wszystko [djenkoo-yeh]

not at all wcale nie [vtsaleh n-yeh]

allergic: I'm allergic to ... mam uczulenie na ... [oochoolen-yeh]

allowed dozwolone [dozvoloneh]

are we allowed to ...? czy tu wolno ...? [chi too volno]

all right w porządku [fpoJONtkoo]

I'm all right (I feel all right) nic mi nie jest [nits mee n-yeh yest] (nothing for me) nic mi nie brakuje [brakoo-yeh]

are you all right? czy nic się panu/pani nie stało? [chi nits sheh panoo/panee n-yeh stawo]

almond migdał [meegdow]

almost prawie [prav-yeh]

alone sam (m), sama (f)

alphabet alfabet

a [a]	h [ha
ą [ON]	i [ee]
b [beh]	j [yot]
c [tseh]	k [ka]
ć [chuh]	l [el]
d [deh]	ł [ehwuh]
e [eh]	m [em]
ę [un]	n [en]
f [ef]	ń [enyuh]
g [g-yeh]	o [o]

ó [oo]   v [fow]]
p [peh]   w [voo]
q [koo]   x [eeks]
r [er]   y [eegrek]
s [ess]   z [zet]
ś [esh]   ź [Jet]
t [teh]   ż [Jet]
u [oo]

already już [yoosh]

also też [tesh]

although chociaż [Hochash]

altogether ogółem [ogoowem]

always zawsze [zafsheh]

am*: I am jestem [yestem]

a.m.: at seven a.m. o siódmej rano

amazing zdumiewający [zdoom-yeví-ontsi]

ambulance pogotowie [pogotov-yeh]

  call an ambulance! proszę wezwać pogotowie! [prosheh vezvach]

Dial 999 for an ambulance.

America Ameryka [amerika]

American (adj) amerykański [amerikanskee]

  I'm American (man/woman) jestem Amerykaninem/ Amerykanką [yestem amerikaneenem/amerikankON]

among* między [m-yendzi]

amount ilość [eelosh-ch] (money) suma [sooma]

amp: a 13-amp fuse bezpiecznik trzynastoamperowy [besp-yechnik tshinasto-amperovi]

and i [ee]

angry zły [zwi]

animal zwierzę [z-vyeJeh]

ankle kostka

anniversary (wedding) rocznica ślubu [rochneetsa shlooboo]

annoy: this man's annoying me ten mężczyzna mnie prześladuje [mensh-chizna mnyeh psheshladoo-yeh]

annoying irytujący [eeritoo-yontsi]

another (different) inny [een-ni], inna [een-na], inne [een-neh]

  another beer, please proszę jeszcze jedno piwo [prosheh yesh-cheh yedno]

antibiotics antybiotyk [antib-yotik]

antifreeze płyn przeciw zamarzaniu [pwin pshechif zamarzan-yoo]

antihistamines antyhistamina [antiheestameena]

antique: is it an antique? czy to antyk? [chi to antik]

antique shop sklep z antykami [sklep z antikamee]

antiseptic antyseptyczny [antiseptichni]

any: have you got any bread? czy jest chleb? [chi yest]

  have you got any tomatoes? czy są pomidory? [sON]

anybody ktoś [ktosh],

każdy [kaJdi]
(with negation) nikt
**does anybody speak
English?** czy ktoś tu mówi
po angielsku? [chi ktosh too
moovee po ang-yelskoo]
there wasn't anybody there
nikogo tam nie było [n-yeh
biwo]
anything coś [tsosh],
cokolwiek [tsokol-vyek]
(with negation) nic [nits]
hardly anything prawie nic
[prav-yeh]

dialogues

anything else? czy coś
jeszcze? [chi tsosh yesh-cheh]
nothing else, thanks
dziekuję, to wszystko
[djenkoo-yeh to fshistko]

**would you like anything to
drink?** czy chce pan/pani
czegoś się napić? [Htseh
pan/panee chegosh sheh
napeech]
**I don't want anything,
thanks** dziękuję, nic mi
nie potrzeba [mee n-yeh
potsheba]

apart from oprócz [oprooch],
za wyjątkiem [vi-yont-kyem]
apartment mieszkanie
[m-yeshkan-yeh]
apartment block blok
mieszkaniowy

[m-yeshkan-yovi]
aperitif aperitif
apology przeprosiny
[psheprosheeni]
appendicitis zapalenie
wyrostka [zapalen-yeh virostka]
appetizer zakąska [zakonska]
apple jabłko [yapko]
appointment wizyta [veezita]
to make an appointment
zamówić wizytę [zamooveech
veeziteh]

dialogue

**good morning, how can I
help you?** dzień dobry,
czym mogę służyć? [djen
dobri chim mogeh swooJich]
**I'd like to make an
appointment** chciałbym/
chciałabym zamówić
wizytę [Hchowbim/Hchawabim
zamooveech veeziteh]
what time would you like?
na którą godzinę? [ktoorON
godjeeneh]
three o'clock na trzecią
**I'm afraid that's not
possible, is four o'clock all
right?** niestety, to
niemożliwe, czy może
być czwarta? [n-yesteti to
n-yemoJleeveh chi moJeh bich]
yes, that will be fine tak,
dziękuję [djenkoo-yeh]
the name was ...?
pana/pani nazwisko ...?
[panee nazveesko]

apricot morela
April kwiecień [k-fyechen^{yuh}]
are*: **we are** jesteśmy
  [yesteshmi]
  you are (sing, fam) jesteś
  [yestesh]
  (pol) pan/pani jest [panee yest]
  (to more than one person)
  państwo są [panstfo sON]
  they are oni są
area okolica [okoleetsa]
area code numer
  kierunkowy [noomer
  k-yeroonkovi]
arm ręka [renka]
arrange załatwić [zawatfeech]
  (transport etc) zorganizować
  [zorganizovach]
  will you arrange it for us? czy
  może to pan/pani nam
  załatwić? [chi moJeh – panee]
arrival przylot [pshilot]
arrive (by transport) przyjechać
  [pshi-yeHach]
  (by plane) przylecieć
  [pshilechech]
  (on foot) przybyć [pshibich]
  when do we arrive? o której
  jesteśmy na miejscu?
  [oktooray yesteshmi na m-yaystsoo]
  has my fax arrived yet? czy
  mój fax już przyszedł? [chi
  moo^{yuh} faks yoosh pshishet]
  we arrived today (by plane)
  przyjechaliśmy dzisiaj [pshi-
  yeHaleeshmi djeesi]
art sztuka [shtooka]
art gallery galeria sztuki
  [galer-ya shtookee]

artist artysta **m** [artista],
  artystka **f** [artistka]
as: **as big as** taki duży jak
  [takee dooJi yak]
  as soon as possible
  możliwie jak najszybciej
  [moJleev-yeh yak nishipchay]
ashtray popielniczka [pop-
  yelnichka]
ask (question) pytać [pitach]/
  zapytać
  (for something) prosić
  [prosheech]/poprosić
  I didn't ask for this nie
  prosiłem/prosiłam o to
  [n-yeh proshee-wem/
  proshee-wam]
  could you ask him to ...? czy
  może go pan/pani
  poprosić, żeby ...? [chi moJeh
  – panee – Jebi]
asleep: **she's asleep** ona śpi
  [shpee]
aspirin aspiryna [aspeerina]
asthma astma
astonishing zdumiewający
  [zdoom-yevi-ontsi]
at*: **at the hotel** w hotelu [f]
  at the station na dworcu
  at six o'clock o szóstej
  godzinie [godjeen-yeh]
  at Tomek's u Tomka [oo]
  at Ewa's u Ewy
athletics lekkoatletyka [lek-ko-
  atletika]
attractive atrakcyjny
  [atraktsee-ni]
August sierpień [sherp-yen^{yuh}]
aunt ciotka [chotka]

Auschwitz Oświęcim [osh-fencheem]

Australia Australia [owstral-ya]

Australian (adj) australijski [owstralee-skee]

I'm Australian (man/woman) jestem Australijczykiem/ Australijką [yestem owstralee-chik-yem/owstralee-kON]

Austria Austria [owstr-ya]

automatic (adj) automatyczny [owtomatichni]

automatic teller bankomat

autumn jesień f [yeshen^{yuh}]

in the autumn jesienią [yeshen-yON]

avenue aleja [alaya]

average przeciętny [pshechentni]

on average przeciętnie [pshechent-nyeh]

awake: is he awake? czy on nie śpi? [chi on n-yeh shpee]

away: go away! proszę odejść! [prosheh odaysh-ch]

is it far away? czy to daleko? [chi]

awful okropny [okropni]

it's awful! to okropne! [okropneh]

axle oś f [osh]

B

baby niemowlę [n-yemovleh]

baby food jedzenie dla niemowląt [yeds-en-yeh dla n-yemovlont]

baby-sitter osoba do pilnowania dzieci **f** [peelnovan-ya djechee]

back (of body) plecy [pletsi] (back part) tył [ti^{wuh}]

at the back z tyłu [stiwoo]

can I have my money back? czy mogę prosić o zwrot pieniędzy? [chi mogeh prosheech o zvrot p-yen-yendsi]

to come/go back wracać [vratsach]/wrócić [vroocheech]

backache ból krzyża [bool kshiJa]

bacon boczek [bochek]

bad zły [zvi]

a bad headache silny ból głowy [sheelni bool gwovi]

it's not so bad nieźle [n-yeJleh]

badly źle [Jleh]

bag torba, worek [vorek] (handbag) torebka [torepka] (suitcase) walizka [valeeska]

baggage bagaż [bagash]

baggage check kontrola bagażowa [bagaJova] (US: left luggage) przechowalnia bagażu [psheHoval-nya bagaJoo]

baggage claim odbiór bagażu [od-byoor]

bakery sklep z pieczywem [sklep s p-yechivem]

balcony balkon

a room with a balcony poproszę pokój z balkonem [poprosheh pokoo^{yuh}]

bald łysy [wisi]
ball piłka [pee^{wuh}ka]
ballet balet
balloon balon
ballpoint pen długopis
  [dwoogopees]
Baltic (Sea) Bałtyk [bowtik]
banana banan
band (musical) grupa [groopa]
bandage bandaż [bandash]
Bandaid® plaster
bank (money) bank

 As a rule the most competitive exchange rates are offered by the banks (usually open Monday to Friday from 7.30 a.m. to 5 p.m., and Saturdays to 2 p.m.). A flat commission is normally deducted. Orbis hotels also have exchange desks, which are usually open round the clock; they tend to offer poor rates and charge hefty commissions. The main Orbis office in each town is supposed to offer a full currency service; this is usually quick and efficient, with a better rate than you'll get in their hotels. However, most offices are prepared to change cash only.
A host of private banks, designated by the names **kantor** or **wymiana walut**, have sprung up in all the cities; many run in tandem with another retail business and often open till late at night, but they only change cash.

bank account konto bankowe
  [bankoveh]
bar bar
  a bar of chocolate tabliczka
  czekolady [tableechka
  chekoladi]

Drinking habits are changing. Poles for years drank mainly at home, while visitors stuck to the hotels, with such other bars as existed being alcoholic-frequented dives. Over the last few years, though, something of a bar culture has been emerging in the cities, supplementing the largely non-alcohol-serving cafés. Elsewhere, drinking is still best done at the local hotel or restaurant. In smaller towns or villages restaurants are often the only outlets selling alcohol.
In the cities and larger towns, you'll come upon hotel bars (frequented mainly by Westerners or wealthier Poles) and a growing number of privately run bars which mimic Western models, and are very different from traditional bars. The latter, basic and functional, are almost exclusively male terrain and generally best avoided.

barber's fryzjer męski [friz-yer menskee]
basket koszyk [koshik]
bath kąpiel **f** [komp-yel]
  can I have a bath? czy
  mogę wziąć kąpiel? [chi

mogeh vJonch]
bathroom łazienka [waJenka]
  with a private bathroom z własną łazienką [vwasnON waJenkON]
bath towel ręcznik kąpielowy [renchnik komp-yelovi]
bathtub wanna [van-na]
battery bateria [bater-ya]
  (for car) akumulator [akoomoolator]
bay zatoka
be* być [bich]
beach plaża [plaJa]
  on the beach na plaży [plaJi]

 You have to pay to use beaches with the signs **płatne** (literally: paid) or **strzeżone** (guarded). These beaches have attendants, toilets and other facilities. Charges are usually very low and paid per day. Beaches that are free of charge and don't have special facilities are called **dzikie** (literally: wild). There are numerous naturist areas along the Baltic coast as well as inland, on lake shores.

beach mat mata
beach umbrella parasol
beans fasola
  French beans fasolka szparagowa [shparagova]
  broad beans bób [boop]
beard broda
beautiful piękny [p-yenkni]
because ponieważ [pon-yevash]

because of ... z powodu ... [spovodoo]
bed łóżko [wooshko]
  I'm going to bed now idę spać [eedeh spach]
bed and breakfast (place) hotel/pensjonat ze śniadaniem [Hotel/pens-yonat zeh sh-nyadan-yem]
  see **guesthouse**
bedroom sypialnia [sip-yal-nya]
beef wołowina [vowoveena]
beer piwo [peevo]
  two beers, please proszę dwa piwa [prosheh dva peeva]

There are a number of highly drinkable, and in a few cases really excellent, Polish brands of beer. The best and most famous bottled beers are all from the south of the country. **Żywiec** produces two varieties: the strong, tangy **Tatra Pils** and **Piwo Żywieckie**, a lighter smoother brew, ideal for mealtime drinking. The other nationally available beers are **Okocim** from the Katowice region, and **Leżajsk**, a strongish brew from the town of the same name near Rzeszów. There's also an assortment of regional beers you'll only find in the locality, **Gdańskie** and **Wrocławskie** being two of the most highly rated. Draught beer is increasingly common and is called **ciemne**.

before* przed [pshed]

begin zaczynać
[zachinach]/zacząć [zachonch]
  when does it begin? o której
  jest początek? [oktooray yest
  pochontek]
beginner początkujący **m**
[pochontkoo-yontsi]
beginning początek
[pochontek]
  at the beginning na początku
  [pochontkoo]
behind* za
  behind me za mną [mnON]
beige beżowy [beJovi]
Belarus Białoruś
[b-yaworoosh]
Belarussian (adj) białoruski
[b-yaworooskee]
Belgium Belgia [belg-ya]
believe wierzyć [v-yeJich]/
uwierzyć [oov-yeJich]
below* pod
belt pasek
bend (in road) zakręt [zakrent]
berth (on ship) koja [koya]
beside*: beside the ... obok ...
best najlepszy [nilepshi]
better lepszy [lepshi]
  are you feeling better? czy
  się już lepiej czujesz? [chi
  sheh yoosh lep-yay choo-yesh]
between* między [m-yendsi]
beyond* poza
bicycle rower [rover]
big duży [dooJi]
  this is too big to jest za duże
  [yest za dooJeh]
  it's not big enough to jest za
  małe [maweh]

bike rower [rover]
  (motorbike) motocykl
  [mototsikl]
bikini bikini **n**
bill rachunek [raHoonek]
  (US: banknote) banknot
  could I have the bill, please?
  proszę o rachunek [prosheh]
  see **tip**
bin kubeł na śmieci [koobeh^wuh
na sh-myechee]
binding (ski) wiązanie
[v-yonzan-yeh]
bin liners torby do kubła na
śmieci [torbi do koobwa]
bird ptak
Birkenau Brzezinka
[bJeJeenka]
birthday urodziny [oorodjeeni]
  happy birthday! wszystkiego
  najlepszego na urodziny!
  [fshist-kyego nilepshego na
  oorodjeeni]
biscuit herbatnik [herbatneek]
bit: a little bit odrobinkę
[odrobeenkeh]
  a big bit duży kawałek [dooJi
  kavawek]
  a bit of ... trochę ... [troHeh]
  a bit expensive trochę za
  drogie [drog-yeh]
bite (by insect) ukąszenie
[ookonshen-yeh]
bitter (taste etc) gorzki [goshki]
black czarny [charni]
blanket koc [kots]
bleach (for toilet) środek
dezynfekujący [shrodek
dezinfekoo-yontsi]

bless you! na zdrowie! [zdrov-yeh]

blind niewidomy [n-yevee-domi]

blinds rolety [roleti]

blister pęcherz [penHesh]

blocked (road, pipe) zablokowany [zablokovani]

blond (adj) 'blond'

blood krew [kref]

  high blood pressure wysokie ciśnienie [visok-yeh cheesh-nyen-yeh]

blouse bluzka [blooska]

blow-dry modelowanie na szczotkę [modelovan-yeh na sh-chotkeh]

  I'd like a cut and blow-dry proszę obciąć i wymodelować na szczotkę [prosheh opchoNch ee vimodelovach]

blue niebieski [n-yeb-yeskee]

blusher róż [roosh]

boarding house pensjonat [pens-yonat]

boarding pass karta pokładowa [pokwadova]

boat łódź [wooch]

  (for passengers) statek

body ciało [chawo]

boiled egg (soft-boiled) jajko na miękko [yiko na m-yenk-ko]

  (hard-boiled) jajko na twardo [tfardo]

bone kość [kosh-ch]

  (in fish) ość [osh-ch]

bonnet (of car) maska

book książka [kshonshka]

(verb) rezerwować [rezervovach]/zarezerwować

  can I book a seat? czy mogę zarezerwować miejsce? [chi mogeh – m-yaystseh]

dialogue

> **I'd like to book a table for two** chciałbym/chciałabym zarezerwować stolik dla dwóch osób [Hchowbim/Hchawabim – stoleek dla dvooH osoop]
> **what time would you like it booked for?** na którą godzinę? [ktoorON godjeeneh]
> **half past seven** na w pół do ósmej [fpoo^{wuh}]
> **that's fine** proszę bardzo [prosheh bards-o]
> **and your name?** nazwisko pana/pani? [nazveesko pana/panee]

bookshop, bookstore księgarnia [kshengarn-ya]

boot (footwear) but [boot]

  (of car) bagażnik [bagaJneek]

border (of country) granica [graneetsa]

bored znudzony [znoods-oni]

  I'm bored nudzi mi się [noodjee mee sheh]

boring nudny [noodni]

born: I was born in London urodziłem/urodziłam się w Londynie

[oorodjeewem/oorodjeewam sheh v londin-yeh]

I was born in 1960
urodziłem/urodziłam się w roku tysiąc dziewięćset sześćdziesiątym [vrokoo]

borrow: may I borrow ...? czy mogę pożyczyć ...? [chi mogeh poɥichich]

both obaj [obī]

bother: sorry to bother you przepraszam, że sprawiam kłopot [psheprasham ɥeh sprav-yam kwopot]

bottle butelka [bootelka]

a bottle of red wine butelkę czerwonego wina [bootelkeh]

bottle-opener klucz do otwierania butelek [klooch do ot-fyeran-ya bootelek]

bottom (of person) pośladki pl [poshlatkee]

at the bottom of the street na końcu ulicy [kontsoo]

box pudełko [poodehᵂᵘʰko]

box of chocolates pudełko czekoladek [chekoladek]

box office kasa teatralna

boy chłopiec [ʜwop-yets]

boyfriend chłopiec

bra biustonosz [b-yoostonosh]

bracelet bransoletka

brake hamulec [ʜamoolets]

brandy koniak [kon-yak]
(Polish) winiak [veen-yak]

bread chleb [ʜlep]

white bread bułka [booᵂᵘʰka]

brown bread chleb

wholemeal bread chleb

razowy [razovi]

rye bread chleb żytni [ʝitni]

break (verb) złamać [zwamach]

I've broken the ...
złamałem/złamałam ... [zwamawem/zwamawam]

I think I've broken my wrist
chyba złamałem/złamałam rękę w nadgarstku [ʜiba – renkeh vnadgarstkoo]

break down zepsuć się [zepsooch sheh]

I've broken down (car) zepsuł mi się samochód [zepsooᵂᵘʰ mee sheh samoʜoot]

breakdown (mechanical) awaria [avar-ya]

 The Polish motoring association **PZMot** runs a 24-hour breakdown service. The national HQ, in Warsaw, can provide some English-language pamphlets on their services. Anywhere else dial 954 on the nearest phone and wait for assistance. For peace of mind it might be worth taking out an insurance policy, which will pay for on-the-spot repairs and, in case of emergencies, ship you and all your passengers back home free of charge.

breakdown service
pogotowie techniczne [pogotov-yeh teʜneechneh]

breakfast śniadanie [sh-nyadan-yeh]

break-in włamanie [vwaman-yeh]

I've had a break-in włamano mi się do domu [mee sheh do domoo]

breast pierś f [p-yersh]

breathe oddychać [od-diнach]

breeze lekki wiatr [lek-kee v-yatr]

bridge (over river) most [mosst]

brief zwięzły [z-vyenzwi]

briefcase teczka [techka]

bright (light etc) jasny [yasni], jaskrawy [yaskravi]

bright red jaskrawoczerwony [yaskravochervoni]

brilliant (idea, person) genialny [gen-yalni]

bring przynosić [pshinosich]/ przynieść [pshin-yesh-ch]

I'll bring it back later odniosę to później [od-nyoseh to pooJ-nyay]

Britain Wielka Brytania [v-yelka britan-ya]

British brytyjski [britee-skee]

brochure broszura [broshoora]

broken złamany [zwamani]

bronchitis zapalenie oskrzeli [zapalen-yeh oskshelee]

brooch broszka [broshka]

brother brat

brother-in-law szwagier [shvag-yer]

brown brązowy [bronzovi]

bruise siniak [sheen-yak]

brush (for cleaning) szczotka [sh-chotka]

(for hair) szczotka do włosów

[vwosoof]

(artist's) pędzel [pends-el]

bucket wiadro [v-yadro]

buffet car wagon restauracyjny [vagon restowratsee-ni]

buggy (for child) wózek [voozek]

building budynek [boodinek]

bulb (light bulb) żarówka [Jaroofka]

bumper zderzak [zdeJak]

bunk koja [koya]

bunk-bed (for children) łóżko piętrowe [wooJko p-yentroveh]

bureau de change kantor wymiany walut [vim-yani valoot]

see **bank**

burglary włamanie [vwaman-yeh]

burn oparzenie [opaJen-yeh] (verb: something) spalić [spaleech]

(food) przypalić [pshipaleech]

to burn oneself oparzyć się [opaJich sheh]

burnt: this is burnt to jest przypalone [pshipaloneh]

burst: a burst pipe pęknięta rura [penk-nyenta roora]

bus autobus [owtoboos]

what number bus is it to ...? jakim autobusem dojadę do ...? [yakeem – doy-adeh]

when is the next bus to ...? kiedy jest następny autobus do ...? [k-yedi yest nastempni]

what time is the last bus? o

której odchodzi ostatni
autobus? [oktooray odHodjee
ostatnee]

dialogue

does this bus go to ...? czy
ten autobus jedzie do ...?
[chi ten – yedjeh]
**no, the number ... bus
goes there** nie, tam jedzie
autobus numer ... [n-yeh –
noomer]

 There are very few long-
haul bus routes and no
overnight journeys.
However, in rural areas, notably the
mountain regions, buses are usually
the best means of getting around,
scoring in the choice and greater
convenience of pick-up points and
frequency of service.
In towns and cities, the main bus
station is usually next to the train
station. **PKS** is the main national
bus company. Tickets can be bought
in the terminal building; however,
the lack of computerized systems
means that many stations can't
allocate seats for services starting
out from another town. In such
cases, you have to wait until the bus
arrives and buy a ticket – which may
be for standing room only – from the
driver.
In cities, the same tickets as those
used on trams are valid on the
municipal buses and the same

system of validating the tickets
applies – but note that night
services require two tickets. In
Warsaw the same ticket can be used
in the metro. A flat rate is charged
for all continuous journeys.

business sprawy służbowe
[spravi swooJboveh]
bus station dworzec
autobusowy [dvoJets
owtoboosovi]
bus stop przystanek
autobusowy [pshistanek]
bust (chest) biust [b-yoost]
busy (town, street etc) ruchliwy
[rooHleevi]
I'm busy tomorrow jutro
jestem zajęty/zajęta [yootro
yestem zī-enti/zī-enta]
but ale [aleh]
butcher's sklep mięsny [sklep
m-yensni]
butter masło [maswo]
button guzik [gooJik]
buy kupić [koopeech]
where can I buy ...? gdzie
mogę kupić ...? [gjeh mogeh
koopeech]
by: by bus/car
autobusem/samochodem
written by ... autor: [owtor]
by the window przy oknie
[pshi]
by the sea nad morzem
by Thursday do czwartku
bye do widzenia [veeds-en-ya]

C

cabbage kapusta [kapoosta]

cabin (on ship) kabina [kabeena]

cable car kolejka linowa [kolayka leenova]

café kawiarnia [kav-yarn-ya] see **coffee** and **snack**

cagoule cienka kurtka ortalionowa [chenka koortka ortal-yonova]

cake ciasto [chasto]

cake shop cukiernia [tsook-yern-ya]

calendar kalendarz [kalendash]

call (verb) wołać [vowach]/ zawołać (to phone) zadsvonić [zadzvoniech], telefonować [telefonovach]/zatelefonować **what's it called?** jak to się nazywa? [yak to sheh naziva] **he/she is called ...** on/ona nazywa się ... **please call the doctor** proszę wezwać lekarza [prosheh vezvach lekaJa] **please give me a call at 7.30 a.m. tomorrow** proszę mnie jutro obudzić o w pół do ósmej rano [prosheh mnyeh yootro aboodjeech] **please ask him to call me** proszę poprosić go, żeby do mnie zadzwonił [prosheh poprosheech go Jebi do mnyeh zads-voni^wuh^] **call back: I'll call back later**

zadzwonię później [zadzvon-yeh pooJ-nyay]

call round: I'll call round tomorrow przyjdę jutro [pshee-deh yootro]

camcorder kamera

camera aparat fotograficzny [fotografeechni]

camera shop sklep fotograficzny

camp: can we camp here? czy można tu rozbić namiot? [chi moJna too rozbeech nam-yot]

camping gas gaz w butli [gas vbootlee]

Camping gas can be bought in hardware stores or sports shops. Canisters can also be refilled at some petrol stations.

campsite camping [kampeenk]

There are some 400 campsites throughout the country. For a complete list, get hold of the **Campingi w Polsce** map, available from bookshops, some travel bureaux or the motoring organization **PZMot**. Apart from the predictably dense concentration in the main holiday areas, they can also be found in most cities: the ones on the outskirts are almost always linked by bus to the centre and often have the benefit of a peaceful location and swimming pool.

You don't necessarily have to bring a tent to stay at many campsites, as there are often chalets for hire, generally complete with toilet and shower. In summer, however, they are invariably booked long in advance. Camping rough outside National Parks is acceptable as long as you're reasonably discreet.

can puszka [pooshka]
  a can of beer piwo w puszce [peevo fpooshtseh]
can*: can you ...? czy może pan/pani ...? [chi moJeh pan/panee]
  can I have ...? czy mogę prosić ...? [mogeh prosheech]
  I can't ... nie mogę ... [n-yeh mogeh]
Canada Kanada
Canadian (adj) kanadyjski [kanadee-skee]
  I'm Canadian (man/woman) jestem Kanadyjczykiem/ Kanadyjką [yestem kanadee-chik-yem/kanadee-kON]
canal kanał [kanawuh]
cancel odwołać [odvowach]
candle świeczka [sh-fyechka]
candy cukierki [tsook-yerkee]
canoe kajak [kī-ak]
canoeing kajakarstwo [kī-akarstfo]
can-opener otwieracz do puszek [ot-fyerach do pooshek]
cap (hat) czapka [chapka]
  (of bottle) kapsel
car samochód [samoHoot]

by car samochodem [samoHodem]
carafe karafka
  a carafe of house white, please proszę karafkę białego wina [prosheh karafkeh]
caravan przyczepa [pshichepa]
caravan site camping dla przyczep turystycznych [kampeenk dla pshichep tooristichniH]
carburettor gaźnik [gaJnik]
card (birthday etc) karta
  here's my (business) card oto moja wizytówka [moya veezitoofka]
cardigan sweter [sfeter]
cardphone telefon na karty magnetyczne [karti magnetichneh]
careful uważny [oovaJni]
  be careful! ostrożnie! [ostroJ-nyeh]
caretaker dozorca m [dozortsa], dozorczyni f [dozorchinee]
car ferry prom samochodowy [samoHodovi]
carnation goździk [goJdjik]
carnival karnawał [karnavawuh]
car park parking [parkeenk]
carpet dywan [divan]
car rental wynajem samochodów [vinī-em samoHodoof]

Car rental in Poland is pretty pricey. Prices are often quoted in

Deutschmarks. Cars can be booked through the usual agents. Alternatively you can rent through the main Orbis offices.
see **rent**

carriage (of train) wagon [vagon]
carrier bag torba
carrot marchewka [marHefka]
carry nieść [n-yesh-ch]
carry-cot łóżeczko-torba [wooJechko torba]
carton karton
carwash myjnia samochodowa [mee-nya samoHodova]
case (suitcase) walizka [valeeska]
cash pieniądze [p-yen-yondseh], gotówka [gotoofka] (verb) zrealizować czek [zreh-aleezovach chek]
to pay cash płacić gotówką [pwatseech gotoofkON]
will you cash this for me? czy może mi pan/pani zrealizować ten czek? [chi moJeh mee pan/panee]

Poland's desperate need for foreign currency is reflected in the ease with which it's possible to change money. In general, Poles tend to use the US dollar as their yardstick and this is the currency they're keenest to acquire; the Deutschmark is also in strong demand, the pound less so, though it should still be accepted

quite readily.
As a result of currency reform in 1995, the złoty will effectively be two parallel currencies until 1998. The new złoty is worth 10,000 old złotys. Both currencies are in circulation and prices in shops are usually given in both. Conversion tables are available from banks.

cash desk kasa
cash dispenser bankomat
cassette kaseta
cassette recorder magnetofon kasetowy [kasetovi]
castle zamek
casualty department ostry dyżur [ostri diJoor], pogotowie [pogotov-yeh]
cat kot
catch (verb) łapać [wapach]/złapać
where do we catch the bus to ...? gdzie jest przystanek autobusu do ...? [gjeh yest pshistanek owtoboosoo]
cathedral katedra
Catholic (adj) katolicki [katoleetskee]
cauliflower kalafior [kalaf-yor]
cave jaskinia [yaskeen-ya]
ceiling sufit [soofeet]
celery seler
cellar piwnica [pivnitsa]
cellular phone telefon komórkowy [komoorkovi]
cemetery cmentarz [tsmentash]

centigrade* stopień w skali Celsjusza [stop-yen^yuh fskalee tsels-yoosha]

centimetre* centymetr [tsentimetr]

central centralny [tsentralni]

central heating centralne ogrzewanie [tsentralneh ogJevan-yeh]

centre ośrodek [oshrodek] (town) centrum [tsentroom]

how do we get to the city centre? jak mam jechać do centrum? [yak mam yeHach]

cereal płatki śniadaniowe [pwatkee sh-nyadan-yoveh], kornfleksy [kornfleksi]

certainly oczywiście [ochiveesh-cheh]

certainly not skądże [skon-djeh]

chair krzesło [ksheswo]

champagne szampan [shampan]

change (money) drobne [drobneh], reszta [reshta] (verb: money) wymienić [vim-yen-yeech]

can I change this for ...? czy mogę to wymienić na ...? [chi mogeh]

I don't have any change nie mam drobnych [n-yeh mam drobniH], nie mam reszty [reshti]

can you give me change for a 20-zloty note? czy może mi pan/pani rozmienić banknot dwudziestozłotowy? [chi moJeh mee pan/panee roz-myenich]

dialogue

do we have to change (trains)? czy musimy się przesiadać? [mooseemi sheh psheshadach]
yes, change at Olsztyn/no, it's a direct train tak, przesiadka w Olsztynie/ nie, to bezpośrednie połączenie [psheshatka volshtin-yeh/n-yeh to bezposhred-nyeh powonchen-yeh]

changed: to get changed przebierać się [psheb-yerach sheh]

chapel kaplica [kapleetsa]

charge opłata [opwata] (verb) pobierać opłatę [pob-yerach opwateh]

cheap tani [tan-yee]

cheaply tanio [tan-yo]

do you have anything cheaper? czy jest coś tańszego? [chee yest tsosh tanshego]

check (verb) sprawdzać [spravds-ach]/sprawdzić [spravdjeech]

could you check the ..., please? czy może pan/pani sprawdzić ...? [chi moJeh pan/panee]

check (US: noun) czek [chek]

(bill) rachunek [raHoonek]
see **cheque**
checkbook książeczka
czekowa [kshonJechka chekova]
check-in odprawa bagażowa
[otprava bagaJova]
check in: to check luggage in
zdać bagaż [zdach bagash]
cheek (on face) policzek
[poleechek]
cheerio! cześć! [chesh-ch]
cheers! (toast) na zdrowie!
[zdrov-yeh]
cheese ser
chemist's apteka
see **pharmacy**
cheque czek [chek]
do you take cheques? czy
można zapłacić czekiem?
[chi moJna zapwacheech chek-
yem]

Travellers' cheques are
the easiest and safest
way of carrying your
money. The snags are that in Poland
only main banks, Orbis offices and
hotels will accept them, that the
number of places taking them is
decreasing and that the transaction
can sometimes be so lengthy that in
rural areas you really do need a
supply of cash as a backup.
Euroczeki (Eurocheques) are only
accepted in banks and major hotels.

cheque book książeczka
czekowa [kshonJechka chekova]
cheque card karta czekowa

cherry czereśnia [cheresh-nya]
(sour) wiśnia [veesh-nya]
chess szachy [shaHi]
chest klatka piersiowa
[p-yershova]
chewing gum guma do żucia
[gooma do Joocha]
chicken kurczę [koorcheh]
chickenpox ospa wietrzna
[v-yechna]
child dziecko [djetsko]
children dzieci [djechee]
child minder opiekunka do
dzieci [op-yekoonka do djechee]
children's pool brodzik
[brodjeek]
children's portion porcja
dziecinna [ports-ya djecheen-na]
chin podbródek [podbroodek]
china porcelana [portselana]
Chinese (adj) chiński
[Heenskee]
chips frytki [fritkee]
(US) chipsy [cheepsi]
chocolate czekolada
[chekolada]
milk chocolate czekolada
mleczna [mlechna]
plain chocolate czekolada
zwyczajna [zvichina]
a hot chocolate czekolada
pitna na gorąco [peetna na
gorontso]
choose wybierać [vib-
yerach]/wybrać [vibrach]
Christian name imię [eem-yeh]
Christmas Boże Narodzenie
[boJeh narods-en-yeh]
Christmas Eve Wigilia

70

Bożego Narodzenia [veegeel-ya boJego narods-en-ya]
merry Christmas! Wesołych Świąt! [vesowiH sh-fyont]
church kościół [kosh-choo^wuh]
cider jabłecznik [yabwechnik]
cigar cygaro [tsigaro]
cigarette papieros [pap-yeros]

Cigarettes, both international and local brands, can be bought from supermarkets, grocery stores, tobacconists, newspaper kiosks and market stalls. Smoking is still very popular in Poland, but more and more places are becoming non-smoking.

cigarette lighter zapalniczka [zapalnichka]
cinema kino [keeno]

Cinemas are cheap and can be found in almost every town in Poland, showing major international films (especially anything American) as well as the home-produced ones. Many foreign films are dubbed into Polish, though a welcome trend towards subtitles has begun to develop. Titles are always translated into Polish, so you'll need to have your wits about you to identify films. (The country of origin is usually shown – WB means British, USA American, N German.)

circle koło [kowo]
  (in theatre) galeria [galer-ya]
city miasto [m-yasto]
city centre centrum miasta [tsentroom m-yasta]
clean (adj) czysty [chisti]
  can you clean these for me?
  czy może to pan/pani
  oczyścić? [chi moJeh to
  pan/panee ochish-cheech]
cleaning solution (for contact lenses) płyn do szkieł kontaktowych [pwin do sh-kyeh^wuh kontaktoviH]
cleansing lotion mleczko kosmetyczne [mlechko kosmetichneh]
clear klarowny [klarovni]
  (obvious) wyraźny [viraJni]
clever mądry [mondri]
cliff urwisko [oorveesko]
climbing wspinaczka [fspeenachka]
cling film folia [fol-ya]
clinic klinika [klineeka]
cloakroom szatnia [shat-nya]
clock zegar
close (verb) zamykać [zamikach]/zamknąć [zamk-nonch]

dialogue

what time do you close?
do której godziny jest otwarte? [ktooray godjeeni yest otfarteh]
we close at 8 p.m. on weekdays and 6 p.m. on

CI

Saturdays w dni powszednie otwarte do osiemnastej, a w soboty do dwudziestej [vdni pofshed-nyeh otfarteh – fsoboti]

do you close for lunch? czy jest zamknięte podczas przerwy obiadowej? [chi yest zamk-nyenteh potchas pshervi ob-yadovay]

yes, between 1 and 3.30 p.m. tak, od trzynastej do piętnastej trzydzieści

closed zamknięty [zamk-nyenti]

cloth materiał [mater-ya^{wuh}] (for cleaning etc) ściereczka [sh-cherechka]

clothes ubranie [oobran-yeh]

clothes line linka do bielizny [leenka do b-yeleezni]

clothes peg kołek do bielizny [kowek]

cloud chmura [Hmoora]

cloudy pochmurny [poHmoorni]

clutch sprzęgło [spshengwo]

coach (bus) autocar [owtokar] (on train) wagon [vagon]

coach station dworzec autobusowy [dvoJets owtoboosovi]

coach trip (excursion) wycieczka autokarowa [vichechka owtokarova]

coast wybrzeże [vib-JeJeh]

on the coast na wybrzeżu [vib-JeJoo]

coat (long coat) palto (jacket) żakiet [Jak-yet], kurtka [koortka]

coathanger wieszak [v-yeshak]

cockroach karaluch [karalooH]

cocoa kakao [kaka-o]

coconut orzech kokosowy [oJeH kokosovi]

code (for phoning) numer kierunkowy [noomer k-yeroonkovi]

what's the code for Rabka? jaki jest numer kierunkowy do Rabki? [yakee yest]

coffee kawa [kava]

two coffees, please proszę dwie kawy [prosheh – kavi]

 Coffee is served black unless you ask otherwise, in which case specify with milk (**z mlekiem**) or with cream (**ze śmietanką**). Most cafés (**kawarnia**) offer only **kawa naturalna**, which is a strong brew which is made by simply putting the coffee grounds in a cup or glass and pouring water over them. Espresso and cappuccino, usually passable imitations of the Italian originals, are confined to the better cafés and restaurants. In cafés and bars alike, a shot or two of vodka or **winiak** (brandy) with the morning cup of coffee is still frequent practice.

coin moneta

Coke® Coca Cola

cold (adj) zimny [Jeemni]

I'm cold jest mi zimno [yest mee Jeemno]

I have a cold jestem przeziębiony [yestem psheJemb-yoni]

collapse: he's collapsed zemdlał [zemdla^{wuh}]

collar kołnierz [ko^{wuh}nyesh]

collect odebrać [odebrach]

I've come to collect ... przyszedłem/przyszłam odebrać ... [pshishedwem/pshishwam]

collect call rozmowa R [rozmova er]

college szkoła pomaturalna [shkowa pomatooralna], koledż [kolech]

colour kolor

do you have this in other colours? czy jest jeszcze w innych kolorach? [chi yest yesh-cheh veen-niH koloraH]

colour film film kolorowy [feelm kolorovi]

comb (noun) grzebień [gJeb-yen^{yuh}]

come przychodzić [pshiHodjich]/przyjść [pshee-sh-ch]

dialogue

where do you come from? skąd pan/pani pochodzi? [skont pan/panee poHodjee]

I come from Edinburgh

jestem z Edynburga [yestem]

come back wrócić [vroocheech]

I'll come back tomorrow przyjdę jutro [pshee-deh yootro]

come in! proszę! [prosheh]

comfortable wygodny [vigodni]

communism komunizm [komooneezm]

communist (adj) komunistyczny [komooneestichni]

compact disc płyta kompaktowa [pwita kompaktova]

company (business) przedsiębiorstwo [pshetshemb-yorstfo], firma [feerma]

compartment (on train) przedział [pshedja^{wuh}]

compass kompas

complain złożyć zażalenie [zwoJich zaJalen-yeh]

complaint zażalenie

I have a complaint mam zażalenie

completely całkowicie [tsa^{wuh}koveecheh]

computer komputer [kompooter]

concentration camp obóz koncentracyjny [oboos kontsentratsee-ni]

concert koncert [kontsert]

concussion wstrząs mózgu [fstshons moozgoo]

conditioner (for hair) odżywka [odJifka]

condom prezerwatywa [prezervativa]

conference konferencja [konferents-ya]

confirm potwierdzić [pot-fyerdjeech]

congratulations! gratulacje! [gratoolats-yeh]

connecting flight lot z przesiadką [spsheshatkON]

connection połączenie [powONchen-yeh]

conscious przytomny [pshitomni]

constipation zatwardzenie [zatfardsen-yeh]

consulate konsulat [konsoolat]

contact (verb) skontaktować się [skontaktovach sheh]

contact lenses szkła kontaktowe [shkwa kontaktoveh]

contraceptive środek antykoncepcyjny [shrodek antikontseptsee-ni]

convenient dogodny [dogodni]
  that's not convenient to mi nie odpowiada [mee n-yeh otpov-yada]

cook (verb) gotować [gotovach]/ugotować
  not cooked niedogotowane [niedo-gotovaneh]

cooker kuchenka [kooHenka]

cookie herbatnik [herbatneek]

cooking utensils naczynia i przybory kuchenne [nachin-ya ee pshibori kooHen-neh]

cool chłodny [Hwodni]

cork korek

corkscrew korkociąg [korkochonk]

corner (of street) róg [rook]
  (of room) kąt [kont]
  on the corner na rogu [rogoo]
  in the corner w kącie [koncheh]
  round the corner za rogiem [rog-yem]

cornflakes kornfleksy [kornfleksi]

correct (right) poprawny [popravni]

corridor korytarz [koritash]

cosmetics kosmetyki [kosmetikee]

cost (verb) kosztować [koshtovach]
  how much does it cost? ile to kosztuje? [eeleh to koshtoo-yeh]

cot łóżeczko [wooJechko]

cotton bawełna [baveh^{wuh}na]

cotton thread nici [neechee]

cotton wool wata [vata]

couch (sofa) tapczan [tapchan], sofa

couchette kuszetka [kooshetka]

cough (noun) kaszel [kashel]

cough medicine lekarstwo na kaszel [lekarstfo]

could: could you ...? (to man) czy mógłby pan ...? [chi moog^{wuh}bi]

(to woman) czy mogłaby
pani ...? [mogwabi panee]
could I have ...? czy mogę
prosić o ...? [mogeh prosheech]
I couldn't ... nie
mogłem/mogłam ... [n-yeh
mogwem/mogwam]
country (nation) kraj [krī]
(countryside) wieś [v-yesh]
countryside okolica wiejska
couple (two people) para
a couple of ... kilka ... [keelka]
courier (man/woman) kurier
[koor-yer]
course (main course etc) danie
[dan-yeh]
of course oczywiście
[ochiveesh-cheh]
of course not skądże
[skondjeh]
cousin (male/female) kuzyn
[koozin], kuzynka [koozinka]
cow krowa [krova]
crab krab [krap]
crackers (biscuits) krakersy
[krakersi]
Cracow Kraków [krakoof]
crafts rzemiosło [Jem-yoswo]
craft shop sklep z wyrobami
rzemieślniczymi [zvirobamee
Jem-yeshlneechimee]
crash (noun) katastrofa
I've had a crash miałem
wypadek [m-yawem vipadek]
crazy zwariowany [zvar-yovani]
cream (in cake, lotion) krem
(colour) kremowy [kremovi]
creche żłobek [Jwobek]
credit card karta kredytowa

[kreditova]
do you take credit cards? czy
można zapłacić kartą
kredytową? [chi moJna
zapwacheech kartoN kreditovoN]

dialogue

can I pay by credit card?
czy mogę zapłacić kartą
kredytową? [mogeh]
**which card do you want to
use?** jaką kartą chce
pan/pani zapłacić? [yakoN
– нtseh pan/panee]
Access/Visa
yes, sir tak, proszę pana
[prosheh]
what's the number? jaki
numer? [yakee noomer]
and the expiry date? data
ważności? [vaJnosh-chee]

 Access/Mastercard,
American Express, Diners
Club and Visa are
accepted by Orbis in payment for
accommodation, meals, phone and
telex bills, tickets, car rental and
tourist services; you can also
arrange a cash advance on most of
these cards at their hotels and main
offices. An increasing number of
shops will also take your plastic.

crisps chipsy [cheepsi]
crockery naczynia [nachin-ya]
crossing (by sea) podróż
morska [podroosh]

crossroads skrzyżowanie [skshiJovan-yeh]

crowd tłum [twoom]

crowded zatłoczony [zatwochoni]

crown (on tooth) koronka

cruise rejs [rays]

crutches kule [kooleh]

cry (verb) płakać [pwakach]

cucumber ogórek [ogoorek]

cup filiżanka [feeleeJanka]
  a cup of ..., please proszę filiżankę ... [prosheh feeleeJankeh]

cupboard szafa [shafa]

cure (verb) wyleczyć [vilechich]

curly kręcone [krentsoneh]

current (noun) prąd [pront]

curtains zasłony [zaswoni]

cushion poduszka [podooshka]

Customs cło [tswo]

The export of items made before 1945 is forbidden, unless special permission and a certificate are obtained beforehand. It is important to remember that the value of imported currency and traveller's cheques must be declared.

cut (noun) skaleczenie [skalechen-yeh]
  (verb: bread etc) kroić [kro-ich]
  I've cut myself skaleczyłem/skaleczyłam się [skalechiwem – sheh]

cutlery sztućce pl [shtooch-tseh]

cycling jazda na rowerze [yazda na roveJeh]

cyclist (man/woman) rowerzysta m [roveJista]

Czech (adj, language) czeski [cheskee]

Czech Republic Czechy [cheHi]

D

dad tatuś [tatoosh]

damage (verb) uszkodzić [ooshkodjeech]
  damaged uszkodzony [ooshkods-oni]

damn! cholera! [Holera]

damp (adj) wilgotny [veelgotni]

dance taniec [tan-yets]
  (verb) tańczyć [tanchich]/zatańczyć
  would you like to dance? czy mogę prosić do tańca? [chi mogeh prosheech do tantsa]

dangerous niebezpieczny [n-yebesp-yechni]

Danish duński [doonskee]

dark (adj) ciemny [chemni]
  it's getting dark robi się ciemno [robee sheh chemno]

date data
  what's the date today? jaka jest dziś data? [yaka yest djeesh]
  let's make a date for next Monday umówmy się na przyszły poniedziałek [oomoofmi sheh]

dates (fruit) daktyle [daktileh]

daughter córka [tsoorka]
daughter-in-law synowa [sinova]
dawn: at dawn o świcie [shfeecheh]
day dzień [djenʸᵘʰ]
  the day after następnego dnia [nastempnego dnya]
  the day after tomorrow pojutrze [po-yootsheh]
  the day before poprzedniego dnia [popshed-nyego]
  the day before yesterday przedwczoraj [pshetfchorī]
  every day codziennie [tsodjen-nyeh]
  all day cały dzień [tsawi djenʸᵘʰ]
  in two days' time za dwa dni
  have a nice day życzę przyjemnego dnia [Jicheh pshi-yemnego]
day trip wycieczka jednodniowa [vichechka yednod-nyova]
dead (person) zmarły [zmarwi] (animal) zdechły [zdeHwi]
deaf głuchy [gwooHi]
deal (business) transakcja [transakts-ya], umowa [oomova]
  it's a deal! załatwione! [zawat-fyoneh]
death śmierć **f** [sh-myerch]
decaffeinated coffee kawa bezkafeinowa [kava beskafeh-eenova]
December grudzień [groodjenʸᵘʰ]
decide decydować

[detsidovach]/zdecydować
  we haven't decided yet jeszcze się nie zdecydowaliśmy [yesh-cheh sheh n-yeh zdetsidovaleeshmi]
decision decyzja [detsiz-ya]
deck (on ship) pokład [pokwat]
deckchair leżak [leJak]
deep głęboki [gwembokee]
definitely definitywnie [defeenitiv-nyeh]
  definitely not stanowczo nie [stanofcho n-yeh]
degree (qualification) stopień naukowy [stop-yenʸᵘʰ na-ookovi]
delay (noun) opóźnienie [opooJ-nyen-yeh]
deliberately umyślnie [oomishl-nyeh]
delicatessen delikatesy [deleekatesi]
delicious wyśmienity [vish-myeneeti]
delivery dostawa [dostava] (of mail) poczta [pochta]
Denmark Dania [dan-ya]
dental floss 'dental floss'
dentist dentysta **m** [dentista], dentystka **f**

dialogue

  it's this one here to ten
  this one? ten tutaj? [tootī]
  no, that one nie, tamten [n-yeh]
  here? tu? [too]
  yes tak

dentures proteza zębowa [zembova]

deodorant dezodorant

department store dom towarowy [tovarovi]

departure odlot

departure lounge sala odlotowa [odlotova]

depend: it depends to zależy [zaleJi]

it depends on ... to zależy od ... [ot]

deposit (as security) depozyt [depozit]

(as part payment) przedwpłata [pshet-fpwata]

description opis [opees]

dessert deser

destination cel podróży [tsel podrooJi]

develop wywołać [vivowach]

dialogue

could you develop these films? czy moke pan/pani wywogae te filmy? [chi moJeh pan/panee – teh feelmi]
yes, certainly tak, oczywiście [ochiveesh-cheh]
when will they be ready? kiedy będą gotowe? [k-yedi bendON gotoveh]
tomorrow afternoon jutro po południu [yootro po powood-nyoo]
how much is the four-hour service? ile kosztuje

serwis ekspresowy? [eeleh koshtoo-yeh servees ekspresovi]

diabetic (man/woman) chory/chora na cukrzycę [Hori/Hora na tsookshitseh]
dial (verb) nakręcać [nakrentsach]/nakręcić [nakrencheech]
dialling code numer kierunkowy [noomer k-yeroonkovi]

 Local calls, and dialling from one city to another, should present few problems. However, countrywide area codes are pretty patchy for all but the biggest towns and it's always better to ask at the post office before dialling.
Different codes can apply for the same place depending on where in Poland you are calling from. Some of the furthest flung places, especially in southwest Poland, do not even have codes and you will have to place your call through the operator. For international calls, dial 00 then the following numbers:

UK	44
Irish Republic	353
USA and Canada	1
Australia	61
New Zealand	64

Dialling codes for major Polish tourist cities are as follows:

Częstochowa	034
Gdańsk	058

Kraków	012
Lublin	081
Poznań	061
Toruń	056
Warsaw	022
Wrocław	071

see **operator**

diamond brylant [brilant]
diaper pieluszka [p-yelooshka]
diarrhoea biegunka
[b-yegoonka]
  **do you have something for
  diarrhoea?** czy mogę prosić
  o środek przeciw biegunce?
  [chi mogeh proshich o shrodek
  pshecheef b-yegoontseh]
diary (business etc) notatnik
  (for personal experiences)
  dziennik [djen-neek]
dictionary słownik [swovneek]
didn't* see **not**
die umrzeć [oomJech]
diesel olej napędowy [olay
  napendovi]
diet dieta [d-yeta]
  I'm on a diet jestem na
  diecie [yestem na d-yecheh]
  I have to follow a special diet
  muszę przestrzegać
  specjalnej diety [moosheh
  pshest-shegach spets-yalnay d-yeti]
difference różnica [rooJneetsa]
  what's the difference? jaka
  jest różnica? [yaka yest]
different inny [een-ni], inna
  [een-na], inne [een-neh]
  a different table inny stolik
difficult trudny [troodni]

difficulty trudność [troodnosh-
  ch], problem
dinghy łódka gumowa
  [woodka goomova]
dining room jadalnia [yadal-
  nya]
dinner (evening meal) kolacja
  [kolats-ya], obiad [ob-yat]
  to have dinner jeść obiad
  [yesh-ch]
direct (adj) bezpośredni
  [besposhredni]
  is there a direct train? czy
  jest bezpośredni pociąg? [chi
  yest]
direction kierunek [k-yeroonek]
  which direction is it? w
  jakim to jest kierunku? [v
  yakeem to yest k-yeroonkoo]
  is it in this direction? czy to
  w tym kierunku? [chi to ftim]
directory enquiries biuro
  numerów [b-yooro noomeroof]

 The national number for
directory enquiries is 911
and the number for
Warsaw enquiries is 912.

dirt brud [broot]
dirty brudny [broodni]
disabled inwalida [eenvaleeda]
  **is there access for the
  disabled?** czy można tam
  wjechać wózkiem
  inwalidzkim? [chi moJna tam
  v-yeHach voosk-yem
  eenvaleedskeem]
disappear zniknąć [zniknonch]

it's disappeared zginęło [zgeeneh-wo]

disappointed zawiedziony [zav-yedjoni]

disappointing kiepski [k-yepskee]

disaster katastrofa

disco dyskoteka [diskoteka]

discount zniżka [zneeshka]

disease choroba [Horoba]

disgusting obrzydliwy [obJidleevi]

dish (meal) potrawa [potrava]
(bowl) miseczka [meesechka]

dishcloth ścierka do naczyń [sh-cherka do nachin^yuh]

disinfectant środek dezynfekujący [shrodek dezinfekoo-yontsi]

disk (for computer) dysk [disk]

disposable diapers/nappies pampersy [pampersi]

distance odległość [odlegwosh-ch]

in the distance w oddali [vod-dalee]

distilled water woda destylowana [voda destilovana]

district dzielnica [djelneetsa]

disturb przeszkodzić [psheshkodjich]/przeszkadzać [psheshkads-ach]

diversion (detour) objazd [ob-yast]

diving board trampolina [trampoleena]

divorced rozwiedziony [roz-vyedjoni]

dizziness zawroty głowy [zavroti gwovi]

dizzy: I feel dizzy kręci mi się w głowie [krenchee mee sheh vgwov-yeh]

do (verb) robić [robeech]/zrobić [zrobeech]

what shall we do? co robimy? [tso robeemi]

how do you do it? jak to się robi? [yak to sheh robi]

will you do it for me? czy pan/pani może to dla mnie zrobić? [chi pan/panee moJeh to dla mnyeh zrobeech]

dialogues

how do you do? dzień dobry [djen-yuh dobri]

nice to meet you bardzo mi miło [bards-o mee meewo]

what do you do? (work) jaki jest pana/pani zawód? [yakee yest pana/panee zavoot]

I'm a teacher, and you? jestem nauczycielem/nauczycielką, a pan/pani? [yestem]

I'm a student jestem na studiach [yestem]

what are you doing this evening? co pan/pani robi dzisiaj wieczorem? [djeeshī v-yechorem]

we're going out for a drink, do you want to join us? idziemy na drinka, może

się pan/pani do nas
przyłączy? [eedjemi – moJeh
sheh – pshiwonchi]

do you want cream? czy
życzy sobie pan/pani z
kremem? [chi Jichi sob-yeh]
I do, but she doesn't ja
tak, a ona nie [ya – n-yeh]

doctor (man) doktór [doktoor],
lekarz [lekash]
(woman) lekarka
we need a doctor musimy
wezwać lekarza [moosheemi
vezvach lekaJa]
please call a doctor proszę
wezwać lekarza [prosheh]

dialogue

where does it hurt? gdzie
boli? [gjeh bolee]
right here w tym miejscu
[ftim m-yaystsoo]
does that hurt now? czy
teraz boli? [chi teras bolee]
yes tak
take this to the pharmacy
proszę to zanieść do
apteki [prosheh to zan-yesh-ch
do aptekee]

For more serious
problems, or anything the
pharmacist can't help
with, you'll be directed to a hospital
(**szpital**), where conditions will
probably be pretty horrendous.

There is a large network of private
doctors and clinics: these can be
expensive, but some of them are
reasonably priced and provide good
service. If you are required to pay for
any medical treatment or
medication, remember to keep the
receipts for your insurance claim
when you get back.

document dokument
[dokooment]
dog pies [p-yes]
doll lalka
domestic flight lot krajowy
[krī-ovi]
don't!*: don't do that! proszę
tego nie robić! [prosheh tego
n-yeh robeech]
see **not**
door pl drzwi [dJvee]
doorman portier [port-yer]
double podwójny [podvoo^{yuh}ni]
double room pokój
dwuosobowy [pokoo^{yuh} dvoo-
osobovi]
doughnut pączek [ponchek]
down na dół [doo^{wuh}]
it's down there on the right to
tam na prawo [pravo]
it's further down the road to
nieco dalej na tej ulicy
[n-yetso dalay na tay ooleetsi]
downhill skiing narciarstwo
zjazdowe [narcharstfo
z-yazdoveh]
downmarket (restaurant etc)
podrzędny [podJendni]
downstairs na dole [doleh]

dozen tuzin [tooJeen]

drain (in sink) spust [spoost]
(in road) przewód kanalizacyjny [pshevoot kanaleezatsee-ni]

draught przeciąg [pshechonk]

draught beer piwo beczkowe [peevo bechkoveh], piwo ciemne [chemneh]

draughty: it's draughty tu wieje [too v-yayeh]

drawer szuflada [shooflada]

drawing rysunek [risoonek]

dreadful okropny [okropni]

dream (noun) sen

dress (noun) sukienka [sook-yenka]

dressed: to get dressed ubierać się [oob-yerach sheh]

dressing (for cut) opatrunek [opatroonek]
(for salad) przyprawa do sałaty [pshiprava do sawati]

dressing gown szlafrok [shlafrok]

drink (alcoholic) trunek [troonek], 'drink'
(non-alcoholic) napój [napoo^{yuh}]
(verb) pić [peech]

can I get you a drink? czy się pan/pani czegoś napije? [chi sheh pan/panee chegosh napee-yeh]

what would you like to drink? czego się pan/pani napije? [chego]
(fam) czego się napijesz? [napee-yesh]

no thanks, I don't drink dziękuję, nie piję [djenkoo-yeh n-yeh pee-yeh]

I'll just have a drink of water poproszę o szklankę wody [poprosheh o shklankeh vodi]
see **bar**

drinking water woda do picia [voda do peecha], woda pitna [peetna]

Tap water is officially classified as safe, but in the cities no-one drinks it without boiling it first; mineral water is readily available as an alternative.

drive: to drive a car prowadzić samochód [provadjeech samoнot]

we drove here przyjechaliśmy samochodem [pshi-yeнaleeshmi samoнodem]

I'll drive you home odwiozę pana/panią do domu [od-vyozeh pana/pan-yon do domoo]

I don't drive nie prowadzę samochodu [n-yeh provadseh samoнodoo]

driving
If you're taking your own car, you'll need to have your vehicle's registration document with you. You'll also need your driver's licence (international driver's licences aren't officially required) and possibly an international insurance green card.

You're also required to carry a red warning triangle, a first-aid kit and a set of replacement bulbs, and display a national identification sticker.

The main rules of the road are: drive on the right; wear seat belts outside built-up areas; children under 12 must sit in the back; and right of way must be given to buses and trams. Speed limits are 60kph in built-up areas (white signs with the place name mark the start of a built-up area, the same sign with a diagonal red line through it marks the end), 90kph on country roads, 110kph on motorways, 70kph if you're pulling a caravan or trailer. Fines are administered on the spot.

Drinking and driving is strictly prohibited – anyone with a foreign number plate driving around after 11 p.m., however innocently, has a strong chance of being stopped and breathalyzed.

driver (man/woman) kierowca **m** [k-yerovtsa]

driver's licence prawo jazdy [pravo yazdi]

drop kropla

just a drop, please (of drink) dla mnie dosłownie kropelkę [mnyeh doswov-nyeh kropelkeh]

drug lek

drugs (narcotics) narkotyki [narkotikee]

drunk (adj) pijany [pee-yani]

drunken driving jazda po pijanemu [yazda po pee-yanemoo]

dry (adj) suchy [sooHi]
(wine) wytrawne [vitravneh]

dry-cleaner pralnia chemiczna [pral-nya Hemeechna]

duck kaczka [kachka]

due: he was due to arrive yesterday miał przyjechać wczoraj [m-ya^{wuh} pshi-yeHach fchori]

when is the train due? o której ten pociąg przyjeżdża? [oktooray ten pochonk pshi-yeJdja]

dull (pain) tępy [tempi]
(weather) pochmurny [poHmoorni]

dummy (baby's) smoczek [smochek]

during* podczas [potchas]

dust kurz [koosh]

dustbin pojemnik na śmieci [po-yemnik na sh-myechee]

dusty zakurzony [zakooJoni]

duty-free (goods) wolnocłowy [volnotswovi]

duty-free shop sklep w strefie wolnocłowej [fstref-yeh volnotswovay]

duvet kołdra [ko^{wuh}dra]

E

each (every) każdy [kaJdi]
how much are they each? po

ile za sztukę? [eeleh za shtookeh]

ear ucho [OOHO]

earache ból ucha [bool OOHa]
I have earache boli mnie ucho [mnyeh]

early wcześnie [fchesh-nyeh]
early in the morning wczesnym rankiem [fchesnim rank-yem]
I called by earlier byłem/byłam tu już wcześniej [biwem/biwam too yoosh fchesh-nyay]

earrings kolczyki [kolchikee]

earth ziemia [Jem-ya]

east wschód [fsHoot]
in the east na wschodzie [fsHodjeh]

Easter Wielkanoc [v-yelkanots]

Eastern Europe Europa Wschodnia [eh-ooropa vsHod-nya]

easy łatwy [watfi]

eat jeść [yesh-ch]
we've already eaten, thanks (lunch) dziękuję, jesteśmy po obiedzie [djenkoo-yeh yesteshmi po ob-yedjeh]
I don't eat meat nie jadam mięsa [n-yeh yadam]

eating habits
Basically there are three meals a day: **śniadanie** (breakfast) consists of bread, rolls, cheese, smoked meat, eggs and tea or coffee. **Obiad**, eaten between 3 and 4 p.m., is the main meal of the

day. It usually consists of a soup to start with, followed by meat, potatoes or chips and a side salad with fruit compote to follow. A little later in the afternoon, Poles tend to have coffee or tea and cake. **Kolacja**, eaten in the evening and similar to breakfast, is sometimes a hot meal, such as boiled sausage, scrambled eggs with seasonal mushrooms (e.g. chanterelles) and salad.

eau de toilette woda kolońska [voda kolonska], woda toaletowa [to-aletova]

economy class klasa turystyczna [tooristichna]

egg jajko [yiko]

either: either … or … albo … albo …
either of them którykolwiek [ktoorikolv-yek]

elastic (noun) gumka [goomka]

elastic band gumka

elbow łokieć [wok-yech]

electric elektryczny [elektrichni]

electrical appliances urządzenia elektryczne [ooJonds-en-ya elektrichneh]

electric fire piecyk elektryczny [p-yetsik elektrichni], grzejnik elektryczny [gJayneek]

electrician elektryk [elektrik]

electricity elektryczność [elektrichnosh-ch]
see **voltage**

elevator winda [veenda]

else: something else coś
innego [tsosh een-nego]
somewhere else gdzie
indziej [gjeh eendjay]

dialogue

**would you like anything
else?** czy pan/pani
jeszcze sobie czegoś
życzy? [chi pan/panee yesh-
cheh sob-yeh chegosh jichi]
no, nothing else, thanks
nie, dziękuję [n-yeh djenkoo-
yeh]

e-mail e-mail
embassy ambasada
emergency nagły wypadek
[nagwi vipadek]
this is an emergency! to
nagły wypadek!
emergency exit wyjście
bezpieczeństwa [vee-sh-cheh
besp-yechenstfa], wyjście
awaryjne [avaree-neh]
empty pusty [poosti]
end (noun) koniec [kon-yets]
(verb) kończyć
[konchich]/skończyć
at the end of the street na
końcu ulicy [kontsoo ooleetsi]
engaged (toilet, telephone) zajęty
[zi-enti]
(to be married) zaręczony
[zarenchoni]
engine (car) silnik [sheelneek]
England Anglia [ang-lya]
English angielski [ang-yelskee]

I'm English (man/woman)
jestem Anglikiem/Angielką
[yestem angleek-yem/ang-yelkON]
do you speak English? czy
pan/pani mówi po
angielsku? [chi pan/panee
moovee po ang-yelskoo]
enjoy: to enjoy oneself dobrze
się bawić [dobJeh sheh baveech]

dialogue

how did you like the film?
czy podobał ci się film?
[chi podoba^wuh chee sheh feelm]
**I enjoyed it very much, did
you enjoy it?** tak, bardzo, a
tobie? [bards-o a tob-yeh]

enjoyable przyjemny [pshi-
yemni]
enlargement powiększenie
[pov-yenkshen-yeh]
enormous ogromny [ogromni]
enough dosyć [dosich]
there's not enough nie
wystarczy [n-yeh vistarchi]
it's not big enough to jest za
małe [yest za maweh]
that's enough (sufficient) to
wystarczy
entrance wejście [vaysh-cheh]
envelope koperta
epileptic (man/woman)
epileptyk [epeeleptik],
epileptyczka [epeeleptichka]
equipment sprzęt [spshent]
error błąd [bwont], omyłka
[omi^wuhka]

especially szczególnie
[sh-chegool-nyeh]

essential niezbędny
[n-yezbendni]

it is essential that ... jest
konieczne, aby ... [yest kon-
yechneh abi]

EU Unia Europejska [oon-ya
eh-ooropayska]

euro euro [eh-ooro]

Eurocheque Eurocheque [eh-
oorochek]

Eurocheque card karta
Eurocheque

Europe Europa [eh-ooropa]

European (adj) europejski
[eh-ooropayskee]

even: even (the) ... nawet ...
[navet]

even if ... nawet jeśli ...
[yeshlee]

even then nawet wtedy [ftedi]

evening wieczór [v-yechoor]

this evening dzisiaj
wieczorem [djeeshī
v-yechorem]

in the evening wieczorem

evening meal kolacja [kolats-
ya]

eventually w końcu [fkontsoo]

ever kiedyś [k-yedish]

(with negation) nigdy [neegdi]

hardly ever rzadko kiedy
[Jatko k-yedi]

dialogue

have you ever been to
Zakopane? czy był

pan/była pani kiedyś w
Zakopanem? [chi bi^wuh
pan/biwa panee k-yedish
vzakopanem]
yes, I was there two years
ago tak, byłem/byłam
tam dwa lata temu
[biwem]

every każdy [kaJdi]

every day codziennie
[tsodjen-nyeh]

everyone wszyscy [fshistsi]

everything wszystko [fshistko]

everywhere wszędzie
[fshendjeh]

exactly! dokładnie! [dokwad-
nyeh]

exam egzamin [egzameen]

example przykład [pshikwat]

for example na przykład

excellent doskonały
[doskonawi]

(food) wyśmienity [vish-
myeneeti]

excellent! wspaniale! [fspan-
yaleh]

except oprócz [oprooch]

excess baggage nadwaga
bagażu [nadvaga bagaJoo]

exchange rate kurs walutowy
[koors valootovi], kurs
wymiany [vim-yani]

exciting pasjonujący [pas-
yonoo-yontsi]

excuse me przepraszam
[psheprasham]

excuse me? (didn't
understand/hear) słucham?

[swooHam]

exhaust (pipe) rura wydechowa [roora videHova]

exhausted (tired) wyczerpany [vicherpani]

exhibition wystawa [vistava]

exit wyjście [vee-sh-cheh]
  where's the nearest exit? gdzie jest najbliższe wyjście? [gjeh yest nibleesh-sheh]

expect spodziewać się [spodjevach sheh]

expensive drogi [drogee]

experienced doświadczony [dosh-fyatchoni]

explain wyjaśnić [vi-yashneech]
  can you explain that? czy może to pan/pani wyjaśnić? [chi moJeh to pan/panee]

express (mail) list ekspres [leest]
  (train) pociąg ekspresowy [pochonk ekspresovi]

extension (telephone) wewnętrzny [vevnentshni]
  extension 221, please proszę wewnętrzny dwieście dwadzieścia jeden [prosheh]

extension lead przedłużacz [pshedwooJach]

extra: can we have an extra one? czy możemy prosić o jeszcze jeden? [chi moJemi prosheech o yesh-cheh yeden]
  do you charge extra for that? czy za to jest dodatkowa opłata? [yest dodatkova opwata]

extraordinary (strange)

niezwykły [n-yezvikwi]

extremely nadzwyczajnie [nad-zvichi-nyeh]

eye oko
  will you keep an eye on my suitcase for me? czy może mi pan/pani popilnować walizki? [chi moJeh mee pan/panee popeelnovach]

eyebrow pencil ołówek do brwi [owoovek do brvee]

eye drops krople do oczu [kropleh do ochoo]

eyeglasses okulary [okoolari]

eyeliner kredka do powiek [kretka do pov-yek]

eye make-up remover krem/płyn do usuwania makijażu z oczu [pwin do oosoovan-ya maki-yaJoo zochoo]

eye shadow cień do powiek [chen yuh do pov-yek]

F

face twarz [tfash]

factory fabryka [fabrika]

Fahrenheit* skala Fahrenheita

faint (verb) zemdleć [zemdlech]
  she's fainted zemdlała [zemdlawa]
  I feel faint jest mi słabo [yest mee swabo]

fair (funfair) lunapark [loonapark]
  (trade) targi [targee]
  (adj: just) sprawiedliwy [sprav-yedleevi]

fairly: **fairly good** dość dobry [dosh-ch]

fake (adj) podrobiony [podrob-yoni]

fall (noun: US) jesień f [yesh-yen^{yuh}]

in the fall jesienią [yesh-yen-yON]

fall (verb) upaść [oopash-ch]

she's had a fall przewróciła się [pshevroocheewa sheh]

false fałszywy [fa^{wuh}shivi]

family rodzina [rodjeena]

famous sławny [swavni]

fan (electrical) wentylator [ventila-tor]

(handheld) wachlarz [vaHlash]

(sports) kibic [keebits]

fan belt pasek klinowy [kleenovi]

fantastic fantastyczny [fantastichni]

far daleko

dialogue

is it far from here? czy to daleko stąd? [chi – stont]

no, not very far nie, nie bardzo daleko [n-yeh bards-o]

well how far? a jak daleko? [yak]

it's about 20 kilometres około dwudziestu kilometrów [okowo – keelometroof]

fare taryfa [tarifa]

farm gospodarstwo rolne [gospodarstfo rolneh]

fashionable modny [modni]

fast szybki [shipkee]

fat (person) gruby [groobi]

(on meat) tłuszcz [twoosh-ch]

father ojciec [oychets]

father-in-law teść [tesh-ch]

faucet kran

fault (defect) usterka [oosterka], wada [vada]

sorry, it was my fault przepraszam, to moja wina [psheprasham to moya veena]

it's not my fault to nie moja wina [n-yeh]

faulty wadliwy [vadleevi]

favourite ulubiony [ooloob-yoni]

fax telefax, fax

(verb) faksować [faksovach]/przefaksować [pshefaksovach]

February luty [looti]

feel czuć [chooch]

I feel hot gorąco mi [mee]

I feel unwell źle się czuję [Jleh sheh choo-yeh]

I feel like going for a walk mam ochotę na spacer [oHoteh]

how are you feeling? jak się czujesz? [yak sheh choo-yesh]

(polite) jak się pan/pani czuje? [panee choo-yeh]

I'm feeling better czuję się lepiej [sheh lep-yay]

felt-tip (pen) pisak [peesak]

fence płot [pwot]

fender zderzak [zdeJak]
ferry prom
festival festiwal [festeeval]

 As you would expect in a country where Roman Catholics constitute an overwhelming majority, life is punctuated at regular intervals by festivals, for which the churches are filled to overflowing and a public holiday atmosphere takes hold. The major festivals are: Christmas **Boże Narodzenie**, starting from Christmas Eve (**Wigilia**), Easter (**Wielkanoc**), Whitsuntide (**Zielone Święta**) generally in May, Corpus Christi (**Boże Ciało**) in June, the Feast of the Assumption (**Święto Wniebowzięcia NMP**) on August 15th, and All Saints' Day (**Dzień Wszystkich Świętych**) on November 1st.

You'll find that museums and other attractions are often closed not just on the holiday itself but also for a couple of days before and after; and the same goes for secular holidays such as May 3rd (Constitution Day) and November 11th (Independence Day).

fetch (something) przynosić [pshinosheech]/przynieść [pshin-yesh-ch]
(someone) pójść po (+ acc) [pooyuhsh-ch]
I'll fetch him ja po niego pójdę [ya po n-yego pooyuhdeh]

will you come and fetch me later? czy przyjdziesz po mnie później? [chi pshee-djesh po mnyeh poojn-yay]
feverish: I feel feverish chyba mam gorączkę [Hiba mam goronchkeh]
few: a few kilku [keelkoo], kilka, kilkoro
a few days kilka dni
fiancé narzeczony [naJechoni]
fiancée narzeczona [naJechona]
field pole [poleh]
fight (noun) bójka [booyuhka]
figs figi [feegee]
fill in wypełnić [vipehʷᵘʰneech]
do I have to fill this in? czy muszę to wypełnić? [chi moosheh]
fill up napełnić [napehʷᵘʰneech]
fill it up, please pełny bak proszę [pehʷᵘʰni bak prosheh]
filling (in cake, sandwich) nadzienie [nadjen-yeh]
(in tooth) plomba
film film

dialogue

do you have this kind of film? czy ma pan/pani taki film? [chi ma pan/panee takee]
yes, how many exposures? tak, ile klatek? [eeleh]
36 trzydzieści sześć [tshidjesh-chee shesh-ch]

film processing wywoływanie filmów [vivowivan-yeh feelm-oof]

filthy brudny [broodni]

find (verb) znaleźć [znalesh-ch]

I can't find it nie mogę tego znaleźć [n-yeh mogeh]

I've found it znalazłem/znalazłam to [znalazwem]

find out dowiedzieć się [dov-yedjech sheh]

could you find out for me? czy może się pan/pani dowiedzieć? [chi moɹeh sheh pan/panee]

fine (weather) ładny [wadni] (punishment) mandat [mandat]

dialogues

how are you? jak się pan/pani ma? [yak sheh pan/panee]

I'm fine, thanks dziękuję, bardzo dobrze [djenkoo-yeh bards-o dobɹeh]

is that OK? czy to w porządku? [chi to fpoɹontkoo]
that's fine, thanks tak, dziękuję

finger palec [palets]

finish (verb) kończyć [konchich]/skończyć [skonchich]

I haven't finished yet jeszcze nie skończyłem/skończyłam [yesh-cheh n-yeh skonchiwem]

when does it finish? kiedy to się kończy? [k-yedi to sheh konchi]

fire ogień [og-yenʸuh] (campfire) ognisko [ogneesko]

fire! pożar! [poɹar], pali się! [palee sheh]

can we light a fire here? czy można tu zapalić ognisko? [chi moɹna too zapaleech]

it's on fire pali się

fire alarm alarm przeciwpożarowy [pshecheef-poɹarovi]

fire brigade straż pożarna [strash poɹarna]

Dial 998 for the fire brigade.

fire escape schodki przeciwpożarowe [sɦotkee pshecheef-poɹaroveh]

fire extinguisher gaśnica przeciwpożarowa [gashneetsa pshecheef-poɹarova]

first pierwszy [p-yerfshi]

I was first (said by man) ja byłem pierwszy [ya biwem] (said by woman) ja byłam pierwsza

the first time pierwszy raz [ras]

first on the left pierwsza na lewo [levo]

first aid pierwsza pomoc [pomots]

first-aid kit apteczka

podręczna [aptechka podrenchna]

first class (travel etc) pierwsza klasa [p-yerfsha]

first floor pierwsze piętro [p-yerfsheh p-yentro] (US) parter

first name imię [eem-yeh]

fish (noun) ryba [riba]

fishmonger's sklep rybny [ribni]

fit (attack) napad [napat]

fit: it doesn't fit me to na mnie nie pasuje [mnyeh n-yeh pasoo-yeh]

fitting room przymierzalnia [pshim-yeJal-nya]

fix (verb: arrange) załatwić [zawatfeech]

can you fix this? (repair) czy może to pan/pani naprawić? [chi moJeh to pan/panee napraveech]

fizzy gazowany [gazovani]

flag chorągiew **f** [Horong-yef]

flash (for camera) flesz [flesh]

flat (noun: apartment) mieszkanie [m-yeshkan-yeh] (adj) płaski [pwaskee]

I've got a flat tyre mam przebitą oponę [pshebeetON oponeh], siadło mi koło [sh-yadwo mee kowo]

flavour smak

flea pchła [p-Hwa]

flight lot

flight number numer lotu [noomer lotoo]

flippers płetwy [pwetfi]

flood powódź [povooch]

flooded: the bathroom is flooded łazienka jest zalana wodą [waJenka yest – vodON]

floor (of room) podłoga [podwoga] (storey) piętro [p-yentro]

on the floor na podłodze [podwods-eh]

florist kwiaciarnia [kfyach-yarn-ya]

flour mąka [monka]

flower kwiat [kfyat]

flu grypa [gripa]

fluent: he speaks fluent Polish mówi płynnie po polsku [moovee pwin-nyeh po polskoo]

fly (noun) mucha [mooHa] (verb) latać [latach]/polecieć [polechech]

fly in przylecieć [pshilechech]

fly out odlecieć [odlechech]

fog mgła [mgwa]

foggy: it's foggy jest mgła [yest]

folk art sztuka ludowa [shtooka loodova]

folk dancing tańce ludowe [tantseh loodoveh]

folklore folklor

folklore festival festiwal folkloru [festeeval folkloroo]

folk music muzyka ludowa [moozika loodova]

follow iść [eesh-ch]/pójść [poo^{yuh}sh-ch] za (+ instr)

follow me proszę iść za mną [prosheh – mnON]

food jedzenie [yeds-en-yeh]

food poisoning zatrucie
pokarmowe [zatroocheh
pokarmoveh]

food shop/store sklep
spożywczy [spoɪifchi]

foot* (of person, measurement)
stopa

on foot pieszo [p-yesho]

football (game) piłka nożna
[peeᵂᵘʰka noɪna]

(ball) piłka

football match mecz piłki
nożnej [mech peeᵂᵘʰkee noɪnay]

for: do you have something
for ...? (headache, diarrhoea etc)
czy ma pan/pani coś na ...?
[chi ma pan/panee tsosh]

dialogues

who's the bigos for? dla
kogo bigos?

that's for me to dla mnie
[mnyeh]

and this one? a to?

that's for her to dla niej
[n-yay]

where do I get the bus for
Wilanów? skąd odchodzi
autobus do Wilanowa?
[skont otHodjee – veelanova]

the bus for Wilanów leaves
from Sobieskiego Street
autobus do Wilanowa
odchodzi z ulicy
Sobieskiego [otHodjee
zooleetsi]

how long have you been

here? jak długo już tu
pan/pani jest? [yak dwoogo
yoosh too pan/panee yest]

I've been here for two
days, how about you?
jestem tu od dwóch dni,
a pan/pani? [yestem too ot]

I've been here for a week
jestem tu od tygodnia

forehead czoło [cho-wo]

foreign zagraniczny
[zagraneechni]

foreigner (man/woman)
cudzoziemiec [tsoods-oɪem-
yets], cudzoziemka

forest las

forget zapominać
[zapomeenach]/zapomnieć
[zapom-nyech]

I forget, I've forgotten
zapomniałem/
zapomniałam [zapom-nyawem]

fork widelec [veedelets]
(in road) rozwidlenie
[rozveedlen-yeh]

form (document) formularz
[formoolash]

formal (dress) wizytowy
[veezitovi]

fortnight dwa tygodnie [tigod-
nyeh]

fortunately na szczęście [sh-
chensh-cheh]

forward: could you forward my
mail? czy mogę prosić, aby
mi przesyłano
korespondencję na nowy
adres? [chi mogeh prosheech abi

mee pshesiwano korespondents-yeh na novi]

forwarding address aktualny adres [aktoo-alni]

foundation cream podkład [potkwat]

fountain (ornamental) fontanna [fontan-na]
(for drinking) źródełko wody pitnej [ʃroodehʷuʰko vodi peetnay]

foyer (of theatre) foyer [fwa-yer]

fracture (noun) złamanie [zwaman-yeh]

France Francja [frants-ya]

free wolny [volni]
(no charge) bezpłatny [bespwatni]
is it free (of charge)? czy za to się płaci? [chi za to sheh pwachee]

freeway autostrada [owtostrada] see **driving**

freezer zamrażalka [zamraʒalka]

French francuski [frantsooskee]

French fries frytki [fritkee]

frequent częsty [chensti]
how frequent is the bus to Żelazowa Wola? jak często kursuje autobus do Żelazowej Woli? [yak chensto koorsoo-yeh – ʃelazovay volee]

fresh (weather, breeze) chłodny [Hwodni]
(fruit etc) świeży [sh-fyeʒi]

fresh orange juice sok pomarańczowy [pomaranchovi]

Friday piątek [p-yontek]

fridge lodówka [lodoofka]

fried smażony [smaʒoni]

fried egg jajko sadzone [yīko sads-oneh]

friend (male/female) przyjaciel [pshi-yachel], przyjaciółka [pshi-yachooʷuʰka]

friendly życzliwy [ʒichleevi]

from*: when does the next train from Kraków arrive? o której przyjeżdża pociąg z Krakowa? [oktooray pshi-yeʌdja – skrakova]
from Monday to Friday od poniedziałku do piątku [ot]
from next Thursday od przyszłego czwartku [pshishwego]

dialogue

where are you from? gdzie pan/pani mieszka? [gjeh pan/panee m-yeshka]
I'm from England and I come from Slough jestem z Anglii, mieszkam w mieście Slough [yestem zanglee-ee m-yeshkam v m-yesh-cheh]

front przód [pshoot], front [fronnt]
in front of* przed [pshed]
in front of the hotel przed hotelem [hotelem]
at the front na przodzie [pshodjeh]

frost mróz [mroos]

frozen (river) zamarznięty [zamar-znyenti]

frozen food mrożonki [mroJonkee]

fruit owoce [ovotseh]

fruit juice sok owocowy [ovotsovi]

frying pan patelnia [patel-nya]

full pełny [pehᵘʰni]

it's full of ... jest pełne ... [yest pehᵘʰneh]

I'm full najadłem/najadłam się [nī-adwem – sheh]

full board pełne utrzymanie [pehᵘʰneh ootshiman-yeh]

fun: it was fun było bardzo przyjemnie [biwo bards-o pshi-yem-nyeh]

funeral pogrzeb [pogJep]

funny (strange) dziwny [djeevni] (amusing) zabawny [zabavni]

furniture meble [mebleh]

further dalej [dalay]

it's further down the road to jest nieco dalej wzdłuż ulicy [yest n-yetso – vzdwoosh ooleetsi]

dialogue

how much further is it to Łowicz? jak daleko jeszcze do Łowicza? [yak – yesh-cheh do woveecha]

about 5 kilometres około pięciu kilometrów [okowo – keelometroof]

fuse (noun) bezpiecznik [besp-yechneek]

the lights have fused korki się przepaliły [korkee sheh pshepaleewi]

fuse box skrzynka bezpiecznikowa [skshinka besp-yechneekeeova]

fuse wire drut bezpiecznikowy [droot besp-yechneekovi]

future przyszłość [pshish-wosh-ch]

in future w przyszłości [f pshishwosh-chee]

G

gallon*

game (cards etc) gra (match) mecz [mech] (meat) dziczyzna [djeechizna]

garage (for fuel) stacja benzynowa [stats-ya benzinova] (for repairs) warsztat samochodowy [varshtat samoнodovi] (for parking) garaż [garash]

 An increasing number of small-scale operators and privatized state fuel depots have added substantially to the number of service stations. Many petrol stations in cities and along the main routes are open 24 hours a day, others from around 6 a.m. to 10 p.m.; almost all out-of-town stations close on Sunday.

garden ogród [ogroot]

garlic czosnek [chosnek]

gas gaz [gas]

(US: petrol) benzyna [benzina]

see **petrol**

gasoline benzyna

see **petrol**

gas permeable lenses szkła kontaktowe przepuszczające powietrze [shkwa kontaktoveh pshepoosh-chī-ontseh pov-yetsheh]

gas station stacja benzynowa [stats-ya benzinova]

gate przejście [pshaysh-cheh]

(at airport) wyjście [vee-sh-cheh]

gay gej [gay]

gay bar bar dla gejów [gayoof]

gearbox skrzynia biegów [skshin-ya b-yegoof]

gear lever dźwignia zmiany biegów [djveeg-nya zmyani]

gears biegi [b-yegee]

general (adj) ogólny [ogoolni]

gents' toilet toaleta męska [to-aleta menska]

genuine (antique etc) autentyczny [owtentichni]

German (adj, language) niemiecki [n-yem-yetskee]

German measles różyczka [rooJichka]

Germany Niemcy [n-yemtsi]

get (fetch) podać [podach]

(obtain) dostać [dostach]

could you get me another one, please? czy może mi pan/pani podać jeszcze jedno? [moJeh mee pan/panee

podach yesh-cheh yedno]

how do I get to ...? jak mam jechać do ...? [yak mam yeнach]

do you know where I can get them? czy pan/pani wie, gdzie je mogę dostać? [chi pan/panee v-yeh gjeh yeh mogeh]

dialogue

> can I get you a drink? czy mogę zaproponować drinka? [zaproponovach]
> no, it's my round, what would you like? dziękuję, to moja kolejka, czego się pan/pani napije? [d-yenkoo-yeh to moya kolayka chego sheh pan/panee napee-yeh]
> a glass of red wine kieliszek czerwonego wina [k-yeleeshek]

get back (return) wrócić [vroocheech]

get in (car) wsiąść do (+ gen) [fshonsh-ch]

get off wysiąść [vishonsh-ch]

where do I get off? gdzie mam wysiąść? [gjeh]

get on (to train etc) wsiąść do (+ gen) [fshonsh-ch]

get out (of car etc) wysiadać [vishadach]/wysiąść [vishonsh-ch] z (+ gen)

get up (in the morning) wstać [fstach]

gift prezent

gift shop sklep z
upominkami
[zoopomeenkamee]

gin gin [djeen]

a gin and tonic, please
proszę gin z tonikiem
[prosheh – stoneek-yem]

girl dziewczyna [djefchina]

girlfriend dziewczyna

give dawać [davach]/dać
[dach]

can you give me some
change? czy może mi
pan/pani dać drobne? [chi
moJeh mee pan/panee dach drobneh]

I gave it to him dałem/dałam
mu to [dawem/dawam moo]

will you give this to ...? czy
może to pan/pani dać ...?
[chi moJeh]

give back oddać [od-dach]

glad zadowolony [zadovoloni]

glass (material) szkło [shkwo]
(tumbler) szklanka [shklanka]
(wine glass) kieliszek
[k-yeleeshek]

a glass of wine kieliszek
wina

glasses (spectacles) okulary
[okoolari]

gloves rękawiczki
[renkaveechkee]

glue (noun) klej [klay]

go iść [eesh-ch]/pójść
[poo^{yuh}sh-ch]

we'd like to go to the
National Museum
chcielibyśmy zwiedzić

Muzeum Narodowe
[Hcheleebishmi z-vyedjeech]

where are you going? gdzie
pan/pani idzie? [gjeh
pan/panee eedjeh]

where does this bus go?
dokąd jedzie ten autobus?
[dokont yedjeh]

let's go! chodźmy! [Hoch-mi]

she's gone (left) już poszła
[yoosh poshwa]
(gone out) już wyszła [vishwa]

where has he gone? gdzie
on poszedł? [gjeh on
poshed^{wuh}]

I went there last week
byłem/byłam tam w
zeszłym tygodniu [biwem]

hamburger to go hamburger
na wynos [vinos]

go away jechać
[yeHach]/wyjechać [vi-yeHach]

go away! proszę stąd odejść!
[prosheh stont odaysh-ch]

go back (return) wracać
[vratsach]/wrócić [vroocheech]

go down (the stairs etc)
schodzić [sHodjich]/zejść
[zaysh-ch]

go in wchodzić
[fHodjich]/wejść [vaysh-ch]

go out (in the evening)
wychodzić [viHodjich]/wyjść
[vee-sh-ch]

do you want to go out
tonight? może pójdziemy
gdzieś dziś wieczorem?
[moJeh poo^{yuh}djemi gjesh]

go through przechodzić

[psheнodjich]/przejść
[pshaysh-ch]

go up (the stairs etc)
wychodzić [viнodjich]/wejść
[vaysh-ch]

goat koza

God Bóg [book]

goggles gogle [gogleh]

gold złoto [zwoto]

golf golf

golf course pole golfowe
[poleh golfoveh]

good dobry [dobri]

good! świetnie! [sh-fyet-nyeh]

it's no good to na nic [neets]

goodbye do widzenia
[veedzen-ya]

good evening dobry wieczór
[dobri v-yechoor]

Good Friday Wielki Piątek
[v-yelkee p-yontek]

good morning dzień dobry
[djen dobri]

good night dobranoc
[dobranots]

goose gęś [gensh]

got: we've got to leave
musimy już iść [moosheemi
yoosh eesh-ch]

have you got any ...? czy
mają państwo ...? [chi mī-on
panstfo]

government rząd [Jont]

gradually stopniowo [stop-
nyovo]

grammar gramatyka
[gramatika]

gram(me) gram

granddaughter wnuczka

[vnoochka]

grandfather dziadek [djadek]

grandmother babka [bapka]

grandson wnuk [vnook]

grapefruit grejpfrut [graypfroot]

grapefruit juice sok
grejpfrutowy [graypfrootovi]

grapes winogrona
[veenogrona]

grass trawa [trava]

grateful wdzięczny [vdjenchni]

grave grób [groop]

gravestone nagrobek

gravy sos

great (excellent) wspaniały
[fspan-yawi]

that's great! ekstra!

a great success to wspaniały
sukces [sookses]

Great Britain Wielka Brytania
[v-yelka britan-ya]

Greece Grecja [grets-ya]

greedy (for money) chciwy
[нcheevi]
(for food) łakomy [wakomi]

green zielony [jeloni]

green card (car insurance)
ubezpieczenie
samochodowe [oobesp-yechen-
yeh samoнodoveh]

greengrocer's sklep
warzywny [vaJivni],
warzywniczy [vaJiv-nyeechi]

greeting people
It is important to get to
grips with the social
conventions relating to modes of
address. Unless you're on very

familiar terms, **pan** (literally: the gentleman) and **pani** (literally: the lady), used by themselves, are the standard forms of address. (Pan and pani should never be followed by the surname as this would be considered impolite.) If you're on more familiar terms, then pan or pani should be followed by the first name.

Poles are inveterate hand-shakers, even the most casual street encounter being prefaced and ended by a short, firm handshake. If you're invited to somebody's home, a bouquet of flowers for your hostess is an indispensable item of traditional etiquette. Polish attitudes to timing are fairly relaxed: lateness for social appointments is fairly standard, at least within a half-hour margin, but not turning up at all definitely constitutes a sin of the first order.

see **you**

grey szary [shari]
grill (noun) ruszt [roosht]
grilled pieczony na ruszcie [p-yechoni na roosh-cheh]
grocer's sklep spożywczy [spoJivchi]
ground ziemia [Jem-ya]
 on the ground na ziemi [Jemee]
ground floor parter
group grupa [groopa]
guarantee (noun) gwarancja [gvarants-ya]

is it guaranteed? czy to jest z gwarancją? [chi to yest zgvarants-yON]
guest gość [gosh-ch]
guesthouse pensjonat [pens-yonat], zajazd [zī-yast]

Some of Poland's best accommodation deals can be found in the guesthouses situated in the resort towns of major holiday areas such as the Tatras, the Karkonosze and the Kłodzko region. These are a particularly attractive option if you're travelling in a group, as triple and quadruple rooms offer substantial savings over doubles; singles are extremely scarce. It's sometimes possible to get bed and breakfast only, but it would be a pity to miss out on the excellent regional cuisine that's usually provided.

guide (man/woman) przewodnik [pshevodneek], przewodniczka [pshevodneechka]
guidebook przewodnik
guided tour wycieczka z przewodnikiem [vichechka s pshevodneek-yem]
guitar gitara [geetara]
gum (in mouth) dziąsło [jonswo]
gun (pistol) rewolwer [revolver]
 (rifle) karabin [karabeen]
gym sala gimnastyczna [geemnastichna]

H

hair włosy [vwosi]

hairbrush szczotka do włosów [sh-chotka do vwosoof]

haircut strzyżenie [st-shiJen-yeh]

hairdresser's (men's) fryzjer męski [friz-yer menskee] (women's) fryzjer damski [damskee]

hairdryer suszarka do włosów [soosharka do vwosoof]

hair gel żel do włosów [Jel]

hairgrips spinki do włosów [speenkee]

hair spray lakier do włosów [lak-yer]

half* pół [poo^{wuh}]

half an hour pół godziny [godjeeni]

half a litre pół litra

about half that mniej więcej połowę tego [mnyay v-yentsay powoveh]

half board dwa posiłki dziennie [poshee^{wuh}kee jen-nyeh]

half-bottle pół butelki [poo^{wuh} bootelkee]

half fare bilet ulgowy [beelet oolgovi]

half price pół ceny [poo^{wuh} tseni]

ham szynka [shinka]

hamburger hamburger [hamboorger]

hammer (noun) młotek [mwotek]

hand ręka [renka]

handbag torebka [torepka]

handbrake hamulec ręczny [hamoolets renchni]

handkerchief chusteczka do nosa [Hoostechka]

handle (on door) klamka (on suitcase etc) rączka [ronchka]

hand luggage bagaż podręczny [bagash podrenchni]

hang-gliding lotnia [lot-nya]

hangover kac [kats]

I've got a hangover mam kaca [katsa]

happen: what's happening? co tu się dzieje? [tso too sheh djay-yeh]

what has happened? co się stało? [stawo]

happy szczęśliwy [sh-chensh-leevi]

I'm not happy about this nie jestem z tego zadowolony/zadowolona [n-yeh yestem stego zadovoloni]

harbour 'port'

hard twardy [tfardi] (difficult) trudny [troodni]

hard-boiled egg jajko na twardo [yiko na tfardo]

hard lenses szkła kontaktowe twarde [shkwa kontaktoveh tfardeh]

hardly zaledwie [zaled-vyeh]

hardly ever prawie nigdy [prav-yeh neegdi]

hardware shop sklep z

towarami żelaznymi
[stovaramee Jelaznimee]
hat kapelusz [kapeloosh]
hate (verb) nienawidzieć
[n-yenaveedjech]
have* mieć [m-yech]
  can I have a ...? czy mogę
  dostać ...? [chi mogeh dostach]
  do you have ...? czy ma
  pan/pani ...? [panee]
  can we have some ...? czy
  możemy prosić o ...?
  [moJemi prosheech]
  what'll you have (to drink)?
  czego się pan/pani napije?
  [chego sheh – napee-yeh]
  I have to leave now muszę
  już iść [moosheh yoosh eesh-ch]
  do I have to ...? czy
  muszę ...?
hayfever katar sienny
[shen-ni]
hazelnuts orzechy laskowe
[oJeHi laskoveh]
he* on
head głowa [gwova]
headache ból głowy [bool
gwovi]
headlights światła przednie
[sh-vyatwa pshed-nyeh]
headphones słuchawki
[swooHafkee]
health food shop sklep
dietetyczny [d-yetetichni]
healthy zdrowy [zdrovi]
hear słyszeć
[swishech]/usłyszeć
[ooswishech]

dialogue

can you hear me? czy
mnie pan/pani słyszy?
[chi mnyeh pan/panee swishi]
**I can't hear you, could you
repeat that?** nie słyszę,
czy może pan/pani
powtórzyć? [n-yeh swisheh
chi moJeh – poftooJich]

hearing aid aparat słuchowy
[swooHovi]
heart serce [sertseh]
heart attack atak serca [sertsa]
heat gorąco [gorontso]
heater grzejnik [gJayneek]
heating ogrzewanie [ogJevan-
yeh]
heavy ciężki [chenshkee]
heel (of foot) pięta [p-yenta]
  (of shoe) obcas [optsas]
  could you heel these? czy
  może pan/pani je
  podzelować? [chi moJeh
  pan/panee yeh pod-zelovach]
heelbar drążek [dronJek]
height wysokość [visokosh-ch]
helicopter helikopter
hello dzień dobry [djen dobri]
  (in the evening) dobry wieczór
  [v-yechoor]
  (answer on phone) halo
helmet (motorbike) kask
help (noun) pomoc [pomots]
  (verb) pomagać
  [pomagach]/pomóc [pomoots]
help! ratunku! [ratoonkoo]
  can you help me? proszę mi

pomóc [prosheh mee]

thank you very much for your help dziękuję bardzo za pańską pomoc [djenkoo-yeh bards-o za panskON]

helpful (person) uczynny [oochin-ni]

hepatitis zapalenie wątroby [zapalen-yeh vontrobi]

her*: I haven't seen her nie widziałem/widziałam jej [n-yeh veedjawem/veedjawam yay]

with her z nią [n-yON]

for her dla niej [n-yay]

that's her to ona

that's her towel to jej ręcznik

herbal tea herbata ziołowa [jowova]

herbs przyprawy ziołowe [pshipravi jowoveh]

here tu [too]

here is/are ... oto ...

here you are (offering) proszę [prosheh]

hers* jej [yay]

that's hers to należy do niej [naleJi do n-yay]

hey! hej! [hay]

hi! (hello) cześć! [chesh-ch]

hide (verb) chować [Hovach]/schować

high wysoki [visokee]

highchair krzesełko dziecinne (wysokie) [ksheseh wuhko djecheen-neh (visok-yeh)]

highway autostrada [owtostrada]

see **driving**

hill wzgórze [vzgooJeh]

him*: I haven't seen him nie widziałem go [n-yeh veedjawem]

with him z nim [zneem]

for him dla niego [n-yego]

that's him to on

hip biodro [b-yodro]

hire (verb) wynajmować [vinimovach]/wynająć [vini-onch]

for hire do wynajęcia [vini-encha]

where can I hire a bike? gdzie można wypożyczyć rower? [gjeh moJna vipoJichich] see **rent**

his*: it's his car to jego samochód

that's his to należy do niego [naleJi do n-yego]

hit (verb) uderzyć [oodeJich]

hitch-hike autostop [owtostop]

hobby 'hobby'

hold (verb) trzymać [tshimach]

hole dziura [djoora]

holiday wakacje pl [vakats-yeh], urlop [oorlop]

on holiday na wakacjach [vakats-yaH], na urlopie [oorlop-yeh]

home dom

at home (in my house etc) w domu [vdomoo]

(in my country) w moim kraju [v mo-eem krī-oo]

we go home tomorrow jutro wracamy do domu [vratsami]

honest uczciwy [ooch-cheevi]

honey miód [m-yoot]
honeymoon miesiąc
miodowy [m-yehonts m-yodovi]
hood (US: of car) maska
hope mieć nadzieję [m-yech
nadjay-eh]
I hope so mam nadzieję
I hope not mam nadzieję, że
nie [Jeh n-yeh]
hopefully: hopefully ... mam
nadzieję, że ...
horn (of car) klakson
horrible okropny [okropni]
horse koń [kon^{yuh}]
horseriding jazda konna
[yazda kon-na]
hospital szpital [shpeetal]
hospitality gościnność **f** [gosh-
cheen-nosh-ch]
thank you for your hospitality
dziękujemy za gościnność
[djenkoo-yemi]
hot gorący [gorontsi]
(spicy) pieprzny [p-yepshni]
I'm hot gorąco mi [gorontso
mee]
it's hot today dziś jest upał
[djeesh yest oopa^{wuh}]
hotel hotel [Hotel]

Types of accommodation
vary widely, both in price
and quality. At the top end
of the scale the hotels run by Orbis,
and international chains such as
Holiday Inn and Marriott, are
generally indistinguishable from
what you'll find anywhere else in the
world, though several of the Orbis

places still have a bit of a way to go
in the international quality stakes.
Mid-priced places – still rarer than
you'd want in many parts of the
country – can be anything from
smallish, comfy, privately-run hotels
to drab, poorly maintained concrete
bunkers vainly searching for an
investor to bail them out. At this
price level, your own bathroom,
however basic, is pretty much
standard. Move into the lower price
bracket and shared bathrooms and
toilets are the rule. Single rooms are
not always available, though you can
still find some surprisingly good-
quality places at what are
knockdown prices by Western
standards. To be sure of what you're
letting yourself in for, ask to see the
room first – not always a popular
move. With rooms in private
accommodation (**kwatery
prywatne** or **noclegi**) you should
always check the location before
agreeing to take it – otherwise you
may end up staying miles out of
town.

hotel room pokój w hotelu
[pokoo^{yuh} fHoteloo]
hour godzina [godjeena]
house dom
house wine wino firmowe
[veeno feermoveh]
hovercraft poduszkowiec
[podooshkov-yets]
how jak [yak]
how many? ile? [eeleh]

how do you do? jak się pan/pani ma? [yak sheh pan/panee]

dialogues

> **how are you?** co słychać? [tso swiHach]
> **fine, thanks** dziękuję, wszystko w porządku [djenkoo-yeh fshistko fpoJontkoo]
>
> **how much is it?** ile to kosztuje? [koshtoo-yeh]
> **15 zlotys** piętnaście złotych [zwotiH]
> **I'll take it** biorę to [b-yoreh]

humid: it's very humid today dzisiaj jest bardzo duszno [djeeshī yest bards-o dooshno]
Hungarian (adj, language) węgierski [veng-yerskee]
Hungary Węgry [vengri]
hungry głodny [gwodni]
are you hungry? czy jest pan/pani głodny/głodna? [chi yest pan/panee] (fam) czy jesteś głodny/głodna? [yestesh]
hurry (verb) śpieszyć się [shp-yeshich sheh]
I'm in a hurry śpieszy mi się [sh-pyeshi mee]
there's no hurry nie ma pośpiechu [n-yeh ma posh-pyeHoo]
hurry up! szybko! [shipko]

hurt (verb) boleć [bolech]
it really hurts to bardzo boli [bards-o bolee]
husband mąż [monsh]
hydrofoil wodolot [vodolot]

I

I ja [ya]
ice lód [loot]
with ice z lodem [zlodem]
no ice, thanks proszę bez lodu [prosheh bez lodoo]
ice cream pl lody [lodi]

 Years ago the best ice cream you could buy was sold in the Zielona Budka (Green Shack) in Warsaw, literally one small wooden kiosk. Now a major company, Zielona Budka sell delicious ice cream, flavoured with real fruit, all over Poland.

ice-cream cone lody w waflu [v vafloo]
iced coffee kawa mrożona [kava mroJona]
ice lolly lody sorbetowe [lodi sorbetoveh]
ice rink ślizgawka [shleezgafka]
ice skates łyżwy [wiJvi]
idea pomysł [pomiswuh]
idiot idiota **m** [eed-yota], idiotka **f** [eedyotka]
if jeśli [yeshlee]
ignition zapłon [zapwon]
ill chory [Hori]

I feel ill źle się czuję [Jleh sheh choo-yeh]

illness choroba [Horoba]

imitation imitacja [eemeetats-ya]

immediately natychmiast [natiH-myast]

important ważny [vaJni]

it's very important to bardzo ważne [bards-o vaJneh]

it's not important to nieważne [n-yevaJneh]

impossible niemożliwy [n-yemoJleevi]

impressive imponujący [eemponoo-yontsi]

improve ulepszyć [oolepshich]

I want to improve my Polish chcę nauczyć się polskiego [Htseh na-oochich sheh polsk-yego]

in*: it's in the centre to jest w centrum [yest f]

in my car w moim samochodzie [mo-eem]

in Poznan w Poznaniu [poznan-yoo]

in two days from now za dwa dni od dziś [djeesh]

in five minutes za pięć minut

in May w maju

in English po angielsku [ang-yelskoo]

in Polish po polsku [polskoo]

is he in? (at home) czy on jest w domu? [chi on yest vdomoo] (in the office) czy on jest w biurze? [b-yooJeh]

inch* cal [tsal]

include włączać [vwonchach]/ włączyć [vwonchich]

does that include meals? czy cena obejmuje posiłki? [chi tsena obaymoo-yeh posheewuhkee]

is that included? czy to jest wliczone w cenę? [yest vleechoneh f tseneh]

inconvenient niedogodny [n-yedogodni]

incredible nie do wiary [n-yeh do v-yari]

Indian (adj) hinduski [heendooskee]

indicator kierunkowskaz [k-yeroonkofskas]

indigestion niestrawność [n-yestravnosh-ch]

indoor pool kryty basen [kriti]

indoors w domu [vdomoo], pod dachem [daHem]

inexpensive niedrogi [n-yedrogee], tani [tan-yee]

infection zakażenie [zakaJen-yeh]

infectious: is it infectious? czy to zaraźliwe? [chi to zaraJleeveh]

inflammation zapalenie [zapalen-yeh]

informal nieformalny [n-yeformalni] (occasion, meeting) towarzyski [tovaJiskee]

information informacja [eenformats-ya]

do you have any information about ...? czy ma pan/pani informacje na temat ...? [chi ma pan/panee eenformats-yeh]

information desk informacja

[eenformats-ya]

injection zastrzyk [zastshik]

injured ranny [ran-ni]
she's been injured jest ranna [yest]

inner tube dętka [dentka]

innocent niewinny [n-yeveen-ni]

insect owad [ovat]

insect bite użądlenie owada [ooJondlen-yeh ovada]
do you have anything for insect bites? czy ma pan/pani coś na użądlenia? [chi ma pan/panee tsosh na ooJondlen-ya]

insect repellent płyn przeciw owadom [pwin pshecheef ovadom]

inside: inside the hotel w hotelu [f]

insist nalegać [nalegach]
I insist domagam się [sheh]
if you insist jeśli koniecznie chcesz [yeshlee kon-yech-nyeh Htsesh]

insomnia bezsenność [bes-sen-nosh-ch]

instant coffee kawa neska [kava]

instead: instead of ... zamiast ... [zam-yast]
give me that one instead poproszę w takim razie to [poprosheh f takeem raJeh]

insulin insulina [eensooleena]

insurance ubezpieczenie [oobesp-yechen-yeh]

intelligent inteligentny [eenteleegentni]

interested: I'm interested in ...

interesuję się ... [eenteresoo-yeh sheh]

interesting interesujący [eenteresoo-yontsi]
that's very interesting to bardzo interesujące [bards-o eenteresoo-yontseh]

international międzynarodowy [m-yends-inarodovi]

Internet Internet

interpret tłumaczyć [twoomachich]

interpreter (man/woman) tłumacz [twoomach], tłumaczka [twoomachka]

intersection skrzyżowanie [skshiJovan-yeh]

interval (at theatre) przerwa [psherva]

into: I'm not into ... nie interesuje mnie ... [n-yeh eenteresoo-yeh mnyeh]

introduce przedstawić [pshetstaveech]
may I introduce ...? (man/woman) to jest pan/pani ...? [yest]

invitation zaproszenie [zaproshen-yeh]

invite zaprosić [zaprosheech]

Ireland Irlandia [eerland-ya]

Irish irlandzki [eerlantskee]
I'm Irish (man/woman) jestem Irlandczykiem/Irlandką [yestem eerlantchik-yem/eerlantkoN]

iron (for ironing) żelazko [Jelasko]
can you iron these for me?

czy może to pan/pani uprasować? [chi moJeh – panee ooprasovach]

is* jest [yest]

island wyspa [vispa]

it to

it is ... to jest ... [yest]

is it ...? czy to jest ...? [chi]

where is it? gdzie to jest? [gjeh]

it's him to on

it was ... to było... [biwo]

Italy Włochy pl [vwoHi]

itch: it itches swędzi [sfendjee]

J

jack (for car) podnośnik [podnoshneek]

jacket kurtka [koortka]

jam dżem [djem]

jammed: it's jammed zacięło się [zacheh-wo sheh]

January styczeń [stichenyuh]

jar słoik [swo-eek]

jaw szczęka [sh-chenka]

jazz jazz [djez]

jealous zazdrosny [zazdrosni]

jeans dżinsy [djeensi]

jersey sweter [sfeter]

jetty pomost

Jew (man/woman) Żyd [Jit], Żydówka [Jidoofka]

jeweller's jubiler [yoobeeler]

jewellery biżuteria [beeJooter-ya]

Jewish żydowski [Jidofskee]

job praca [pratsa]

jogging: to go jogging biegać dla zdrowia [b-yegach dla zdrov-ya]

joke żart [Jart]

journey podróż [podroosh]

have a good journey! szczęśliwej podróży! [sh-chenshleevay podrooJi]

jug dzbanek [dsbanek]

a jug of water dzbanek wody [vodi]

juice sok

July lipiec [leep-yets]

jump (verb) skakać [skakach]/ skoczyć [skochich]

jumper sweter [sfeter]

jump leads awaryjne kable do akumulatora [avaree-neh kableh do akoomoolatora]

junction skrzyżowanie [skshiJovan-yeh]

June czerwiec [cherv-yets]

just (only) tylko [tilko]

just two tylko dwa

just for me tylko dla mnie [mnyeh]

just here w tym miejscu [ftim m-yaystsoo]

not just now nie w tej chwili [n-yeh ftay Hveelee]

we've just arrived dopiero przyjechaliśmy [dop-yero pshi-yeHaleeshmi]

K

keep (verb) trzymać [tshimach]/ zatrzymać

keep the change dziękuję, reszty nie trzeba [djenkoo-yeh reshti n-yeh tsheba]

can I keep it? czy mogę to zatrzymać? [chi mogeh to zatshimach]

please keep it proszę to sobie zachować [prosheh to sob-yeh zaHovach]

ketchup keczup [kechoop]

kettle czajnik [chīneek]

key klucz [klooch]

the key for room 201, please poproszę klucz do pokoju numer dwieście jeden [poprosheh – pokoyoo noomer]

keyring kółko do kluczy [koowuʰko do kloochi]

kidneys (in body) nerki (food) cynaderki [tsinaderkee]

kill (verb) zabić [zabeech]

kilo* kilo [keelo]

kilometre* kilometr [keelometr]

how many kilometres is it to ...? ile kilometrów do ...? [eeleh keelometroof]

kind (generous) dobry [dobri] (type) rodzaj [rodsī]

that's very kind to bardzo uprzejmie z pana/pani strony [bards-o oopshay-myeh s pana/panee stroni]

dialogue

what kind do you want? jakiego rodzaju? [yak-yego rods-ī-oo]

I want that kind tego rodzaju

king król [krool]

kiosk kiosk [k-yosk]

kiss (noun) pocałunek [potsawoonek] (verb) całować [tsawovach]/ pocałować

kitchen kuchnia [kooH-nya]

kitchenette kuchenka [kooHenka]

Kleenex® chusteczki jednorazowe [Hoostechkee yednorazoveh]

knee kolano

knickers majtki [mītkee]

knife nóż [noosh]

knitwear dzianina [djaneena]

knock (verb) pukać [pookach]/zapukać

knock down potrącić [potroncheech]

he's been knocked down potrącił go samochód [potroncheewuʰ go samoHoot]

knock over (object) przewrócić [pshevroocheech]

know (somebody, a place) znać [znach] (something) wiedzieć [v-yedjech]

I don't know nie wiem [n-yeh v-yem]

I didn't know that nie wiedziałem/wiedziałam o tym [v-yedjawem – tim]

do you know where I can find ...? czy wie pan/pani,

gdzie mogę dostać ...? [chi v-yeh pan/panee gjeh mogeh dostach]

L

label etykietka [etik-yetka]

ladies' room, ladies' toilets toaleta damska [to-aleta]

ladies' wear odzież damska [odjesh]

lady pani **f** [panee]

lager piwo [peevo]
  see beer

lake jezioro [yeJoro]

lamb (meat) jagnię [yag-nyeh]

lamp lampa

lane (on motorway) pas
  (small road) dróżka [drooshka]

language język [yenzik]

language course kurs nauki
języka [koors na-ookee yenzika]

large duży [dooJi]

last ostatni [ostatnee]

  last week w ubiegłym
  tygodniu [voob-yegwim]

  last Friday w zeszły piątek
  [vzeshwi]

  last night wczoraj
  wieczorem [fchori v-yechorem]

  **what time is the last train to
  Lodz?** o której jest ostatni
  pociąg do Łodzi? [ktooray yest
  ostatnee – wodjee]

late późno [pooJno]

  sorry I'm late przepraszam za
  spóźnienie [psheprasham za
  spooJ-nyen-yeh]

  the train was late pociąg się

spóźnił [sheh spooJnee^wuh]

we must go — we'll be late
musimy już iść — bo się
spóźnimy [moosheemi yoosh
eesh-ch – spooJneemi]

it's getting late robi się
późno [robee sheh pooJno]

later później [pooJ-nyay]

  I'll phone later zadzwonię
  później [zadzvon-yeh]

  I'll come back later przyjdę
  później [pshee-deh]

  see you later do zobaczenia
  [zobachen-ya]

later on później

latest najpóźniej [nĩpooJ-nyay]

  by Wednesday at the latest
  najpóźniej w środę [f]

laugh (verb) śmiać się [sh-
myach sheh]

launderette, laundromat
pralnia samoobsługowa
[pral-nya samo-opswoogova]

laundry (clothes) pranie [pran-
yeh]
  (place) pralnia [pral-nya]

lavatory ubikacja [oobeekats-
ya], toaleta [to-aleta]

law prawo [pravo]

lawn trawnik [travneek]

lawyer (man/woman) prawnik
[pravneek], prawniczka
[pravneechka]

laxative środek
przeczyszczający [shrodek
pshechish-chĩ-ontsi]

lazy leniwy [leneevi]

lead (electrical) przewód
[pshevoot], kabel

(verb) prowadzić [provadjeech]

where does this lead to?
dokąd ta droga prowadzi?
[dokont – provadjee]

leaf liść [leesh-ch]

leaflet broszura [broshoora]

leak (noun: water) wyciek
[vichek]

(gas) upływ [oopwif]

(verb) przeciekać
[pshechekach]

the roof leaks dach
przecieka [daн pshecheka]

learn uczyć się [oochich sheh]

least: not in the least
bynajmniej [binīm-nyay]

at least przynajmniej
[pshinīm-nyay]

leather skóra [skoora]

leave (go away) wyjeżdżać [vi-
yeЈ-djach]/wyjechać [vi-
yeнach]

(leave behind) zostawiać
[zostav-yach]/zostawić
[zostaveech]

I am leaving tomorrow
wyjeżdżam jutro [vi-yeЈdjam]

he left yesterday wyjechał
wczoraj [vi-yeнawuh]

may I leave this here? czy
mogę to tu zostawić? [chi
mogeh to too]

I left my coat in the bar
zostawiłem/zostawiłam
płaszcz w barze [zostaveewem]

**when does the bus for
Augustow leave?** o której
odchodzi autobus do
Augustowa? [oktooray otнodjee

– owgoostova]

left lewy [levi]

on the left po lewej stronie
[levay stron-yeh]

to the left na lewo [levo]

turn left skręcić w lewo
[skrencheech v]

there's none left nic już nie
zostało [neets yoosh n-yeh
zostawo]

left-handed leworęczny
[levorenchni]

left luggage (office)
przechowalnia bagażu
[psheнoval-nya bagaЈoo]

leg noga [noga]

lemon cytryna [tsitrina]

lemonade lemoniada [lemon-
yada]

lemon tea herbata z cytryną
[s tsitrinoN]

lend pożyczyć [poЈichich]

will you lend me your ...? czy
może mi pan/pani
pożyczyć swój/swoją ...?
[chi moЈeh mee pan/panee –
sfooyuh/sfoyoN]

lens (of camera) obiektyw [ob-
yektif]

lesbian lezbijka [lezbee-ka]

less* mniej [mnyay]

less than ... mniej niż ...
[neeЈ]

less expensive tańszy [tanshi]

lesson lekcja [lekts-ya]

let (allow) pozwalać
[pozvalach]/pozwolić
[pozvoleech]

will you let me know? czy da

mi pan/pani znać? [chi da mee pan/panee znach]

I'll let you know dam panu/pani znać [panoo]

let's go for something to eat chodźmy coś zjeść [Hochmi tsosh z-yesh-ch]

let off: will you let me off at ...? czy mógłbym wysiąść przy ...? [chi moog^wuhbim vishonsh-ch pshi]

letter list [leest]

do you have any letters for me? czy są dla mnie listy? [chi son dla mnyeh leesti]

letterbox skrzynka pocztowa [skshinka pochtova]

Letterboxes are green, blue or red; these are respectively for local mail, airmail and all types of mail.

lettuce sałata [sawata]

lever dźwignia [djveeg-nya]

library biblioteka [beebl-yoteka]

licence (permit) zezwolenie [zezvolen-yeh]

(driver's) prawo jazdy [pravo yazdi]

lid pokrywka [pokrifka]

lie (tell untruth) kłamać [kwamach]

lie down położyć się [powoJich sheh]

life życie [Jicheh]

lifebelt koło ratunkowe [kowo ratoonkoveh]

lifeguard ratownik [ratovneek]

life jacket kamizelka ratunkowa [kameezelka ratoonkova]

lift (in building) winda [veenda]

could you give me a lift? czy może mnie pan/pani podwieźć? [chi moJeh mnyeh pan/panee podv-yesh-ch]

would you like a lift? czy mogę pana/panią podwieźć? [mogeh pana/pan-yON]

lift pass bilet zjazdowy [beelet z-yazdovi]

a daily/weekly lift pass karnet zjazdowy

light (noun) światło [sh-fyatwo] (not heavy) lekki [lek-kee]

do you have a light? (for cigarette) czy mogę prosić o ogień? [chi mogeh prosheech o og-yen^yuh]

light green jasnozielony [yasnoJeloni]

light bulb żarówka [Jaroofka]

I need a new light bulb potrzebna mi jest nowa żarówka [potshebna mee yest nova Jaroofka]

lighter (cigarette) zapalniczka [zapalneechka]

lightning błyskawica [bwiskaveetsa]

like (verb) lubić [loobeech]

I like it to mi się podoba [mee sheh], to lubię [loob-yeh] (food) to mi smakuje [smakoo-yeh]

I like going for walks lubię

spacerować

I like you lubię pana/panią [pan-yON]

I don't like it to mi się nie podoba [n-yeh], tego nie lubię

(food) to mi nie smakuje

do you like ...? czy pan/pani lubi ...? [chi pan/panee loobee]

I'd like a beer proszę o piwo [prosheh]

I'd like to go swimming chciałbym/chciałabym pójść popływać [Hchawuhbim/Hchawabim pooyuhsh-ch]

would you like a drink? czy ma pan/pani ochotę na drinka? [oHoteh]

what's it like? jakie to jest? [yak-yeh to yest]

I want one like this proszę o coś takiego jak to [tsosh tak-yego]

lime limona [leemona]

lime cordial sok limonowy [leemonovi]

line linia [leen-ya]

(phone) połączenie telefoniczne [powonchen-yeh telefoneechneh]

could you give me an outside line? czy mogę prosić o połączenie na miasto? [chi mogeh prosheech – m-yasto]

lips usta [oosta]

lip salve maść do ust [mash-chJ]

lipstick kredka do ust [kretka]

liqueur likier [leek-yer]

listen słuchać [swooHach]

Lithuania Litwa [leetfa]

Lithuanian (adj, language) litewski [leetefskee]

litre* litr [leetr]

a litre of white wine litr białego wina

little mały [mawi]

just a little, thanks dziękuję, tylko troszeczkę [djenkoo-yeh tilko troshechkeh]

a little milk trochę mleka [troHeh]

a little bit more trochę więcej [v-yentsay]

live (verb: in town etc) mieszkać [m-yeshkach]

we live together mieszkamy razem [m-yeshkami]

dialogue

> **where do you live?** gdzie pan/pani mieszka? [gjeh pan/panee m-yeshka]
>
> **I live in London** mieszkam w Londynie [m-yeshkam v londin-yeh]

lively pełen życia [peh-wen Jicha]

liver (in body) wątroba [vontroba]

(food) wątróbka [vontroopka]

loaf bochenek [boHenek]

lobby (in hotel) recepcja [retsepts-ya]

lobster homar

local lokalny [lokalni], miejscowy [m-yaystsovi]
can you recommend a local restaurant? czy może pan/pani polecić lokalną restaurację? [chi moJeh pan/panee polecheech lokalnON]
lock (noun) zamek (verb) zamykać na klucz [zamikach na klooch]
it's locked zamknięte na klucz [zamk-nyenteh]
lock in zamknąć [zamk-nonch]
lock out: I've locked myself out zatrzasnąłem/ zatrzasnęłam klucz w pokoju [zatshasnowem/ zatshasneh-wam klooch fpokoyoo]
locker (for luggage etc) schowek [sHovek], szafka [shafka]
lollipop lizak [leezak]
long długie [dwoog-yeh]
how long will it take to fix it? jak długo zajmie naprawienie tego? [yak dwoogo zīm-yeh naprav-yen-yeh]
how long does it take? jak długo to trwa? [trfa]
a long time przez długi czas [pshez dwoogee chas]
one day/two days longer jeden dzień/dwa dni dłużej [dwooJay]
long-distance call rozmowa międzymiastowa [rozmova m-yendsim-yastova]
look: I'm just looking, thanks dziękuję, chcę tylko obejrzeć [djenkoo-yeh Htseh tilko

obayJech]
you don't look well niezbyt dobrze wyglądasz [n-yezbit dobJeh viglondash]
look out! uwaga! [oovaga]
can I have a look? czy mogę zobaczyć? [chi mogeh zobachich]
look after opiekować się (+ instr) [op-yekovach sheh]
look at patrzeć [patshech]
look for szukać [shookach]
I'm looking for ... szukam ... (+ gen) [shookam]
look forward: I'm looking forward to it z przyjemnością na to czekam [s pshi-yemnosh-chON – chekam]
I'm looking forward to your visit cieszę się na wasz przyjazd [chesheh sheh]
loose (handle etc) obluzowany [obloozovani]
lorry ciężarówka [chenJaroovka]
lose gubić [goobeech]/zgubić
I'm lost, I want to get to ... zgubiłem/zgubiłam się, chciałbym/chciałabym dostać się do ... [zgoobeewem/zgoobeewam sheh Hcha^wuhbim/Hchawabim dostach]
I've lost my bag zgubiłem/zgubiłam torbę
lost property (office) biuro rzeczy znalezionych [b-yooro Jechi znaleJoniH]
lot: a lot, lots dużo [dooJo]
not a lot niedużo [n-yedooJo]
a lot of people dużo ludzi

a lot bigger dużo większy

I like it a lot bardzo to mi się podoba [bards-o to mee sheh] (food) to mi bardzo smakuje [smakoo-yeh]

lotion mleczko kosmetyczne [mlechko kosmetichneh]

loud głośny [gwoshni]

lounge (in house) salon (in hotel) sala klubowa [kloobova], hall [hol] (in airport) sala dla podróżujących [podrooJoo-yontsiH]

love (noun) miłość [meewosh-ch] (verb) kochać [koHach]

I love Poland kocham Polskę [koHam polskeh]

lovely śliczny [shleechni] (meal) doskonały [doskonawi]

low niski [neeskee]

luck los

good luck! powodzenia! [povods-en-ya]

luggage bagaż [bagash]

luggage trolley wózek bagażowy [voozek bagaJovi]

lump (on body) guz [goos]

lunch obiad [ob-yat]

lungs płuca [pwootsa]

luxurious (hotel, furnishings) luksusowy [looksoosovi]

luxury luksus [looksoos]

M

machine maszyna [mashina]

mad (insane) szalony [shaloni]

(angry) wściekły [fsh-chekwi]

magazine czasopismo [chasopeesmo]

maid (in hotel) pokojówka [poko-yoofka]

maiden name nazwisko panieńskie [nazveesko pan-yensk-yeh]

mail (noun) poczta [pochta]

is there any mail for me? czy są dla mnie listy? [chi soN dla mnyeh leesti]

mailbox skrzynka pocztowa [skshinka pochtova]

main główny [gwoovni]

main course drugie danie [droog-yeh dan-yeh]

main post office poczta główna [pochta gwoovna]

main road (in town) główna ulica [ooleetsa] (in country) główna droga, magistrala

mains switch przełącznik sieciowy [psheh-wonchneek shechovi]

make (brand name) marka (verb) robić [robeech]/zrobić

I make it 500 zlotys w sumie to wynosi pięćset złotych. [f soom-yeh to vinoshee p-yenchset zwotiH]

what is it made of? z czego to jest zrobione? [s chego to yest zrob-yoneh]

make-up makijaż [makee-yash]

man mężczyzna [mensh-chizna]

manager dyrektor [direktor], kierownik [k-yerovneek]

I'd like to see the manager chciałbym/chciałabym porozmawiać z kierownikiem [Hchawuhbim/Hchawabim porozmav-yach sk-yerovneek-yem]

manageress kierowniczka [k-yerovneechka]

manual (car) samochód z mechaniczną skrzynią biegów [samoHoot zmeHaneechnoN skshin-yoN b-yegoof]

many dużo [dooJo]

not many (quantity) niedużo [n-yedooJo]

map mapa

(city plan) plan

Detailed city maps (**plan miasta**) are available cheaply from local tourist offices, kiosks, street sellers and bookshops. They list all the streets in A-Z format, and give exhaustive listings of bus and tram routes, places of entertainment, restaurants and cafés. If you intend doing any serious walking, you should obtain hiking maps of the National Parks and other tourist areas. Known as **mapa turystyczna**, these cost only a nominal amount and are very clear and simple to use. They can be harder to come by than the city plans: if you see a map you'll need later on in your travels, snap it up rather than risk not being able to get it in the region itself.

March marzec [maJets]

margarine margaryna [margarina]

market rynek [rinek]

marmalade marmolada

married: I'm married jestem żonaty/mężatką [yestem Jonati/menJatkoN]

are you married? (said to man) czy pan jest żonaty? [chi pan yest]

(said to woman) czy pani jest mężatką? [panee]

mascara tusz do rzęs [toosh do Jens]

match (football etc) mecz [mech]

matches zapałki [zapawuhkee]

material (fabric) materiał [mater-yawuh]

matter: it doesn't matter nic nie szkodzi [neets n-yeh shkodjee]

what's the matter? o co chodzi? [tso Hodjee]

mattress materac [materats]

May maj [mī]

may: may I have another one? czy mogę prosić o jeszcze jedno? [chi mogeh prosheech o yesh-cheh yedno]

may I sit here? czy mogę tu usiąść? [too ooshonsh-ch]

maybe być może [bich moJeh]

mayonnaise majonez [mī-ones]

me*: that's for me to dla mnie [mnyeh]

send it to me proszę to

wysłać do mnie [prosheh to viswach]

me too ja też [ya tesh]

meal posiłek [posheewek]

dialogue

did you enjoy your meal?
czy smakowało
panu/pani? [chi smakovawo
panoo/panee]

it was excellent, thank you
dziękuję, to było
wyśmienite [djenkoo-yeh to
biwo vish-myeneeteh]

mean (verb) znaczyć [znachich]

what do you mean? co chce
pan/pani przez to
powiedzieć? [tso ʜtseh
pan/panee pshes to pov-yedjech]

do you mean it? czy mówisz
poważnie? [chi mooveesh povaj-
nyeh]

dialogue

what does this word
mean? co oznacza to
słowo? [oznacha to swovo]

it means ... in English to
znaczy ... po angielsku
[znachi — ang-yel-skoo]

measles odra

meat mięso [m-yenso]

mechanic mechanik
[meʜaneek]

medicine lekarstwo [lekarstfo]

medium (adj: size) średni
[shrednee]

medium-dry pół wytrawne
[poowuh vitravneh]

medium-rare średnio
wysmażony [shred-nyo
vismaʒoni]

medium-sized średniej
wielkości [shred-nyay
v-yelkosh-chee]

meet spotkać [spotkach]

nice to meet you miło mi
pana/panią poznać [meewo
mee pana/pan-yoN poznach]

where shall I meet you?
gdzie się spotkamy? [gjeh
sheh spotkami]

meeting zebranie [zebran-yeh]

meeting place miejsce
spotkania [m-yaystseh spotkan-
ya], umówione miejsce
[oomoov-yoneh m-yaystseh]

melon melon

men mężczyźni [mensh-
chiʒnee]

mend naprawić [napraveech]

could you mend this for me?
czy może to pan/pani
naprawić? [chi moʒeh to
pan/panee]

men's room toaleta męska
[toaleta menska]

menswear odzież męska
[odjesh]

mention (verb) wspominać
[fspomeenach]

don't mention it proszę
bardzo [prosheh bards-o]

menu menu [men-yoo],

jadłospis [yadwospees]
may I see the menu, please?
proszę o menu [prosheh]
see **menu reader** page
message wiadomość
[v-yadomosh-ch]
are there any messages for me? czy jest dla mnie
wiadomość? [chi yest dla mnyeh]
I want to leave a message for ... chciałbym/
chciałabym zostawić
wiadomość dla ...
[Hchawuhbim/Hchawabim
zostaveech]
metal metal [met-al]
metre* metr
microwave (oven) kuchenka
mikrofalowa [kooHenka
meekrofalova]
midday południe [powood-
nyeh]
at midday w południe [f]
middle środek [shrodek]
in the middle w środku [f
shrodkoo]
in the middle of the night w
środku nocy [notsi]
the middle one to środkowe
[shrodkoveh]
midnight północ [poowuhnots]
at midnight o północy [o
poowuhnotsi]
might: I might mógłbym/
mogłabym [moogwuhbim/
mogwabim]
I might not like it to mi się
może nie spodobać [mee

sheh moJeh n-yeh spodobach]
I might want to stay another day możliwe, że zostanę
jeszcze jeden dzień
[moJleeveh Jeh zostaneh yesh-cheh
yeden djenyuh]
migraine migrena [meegrena]
mild (taste) łagodny [wagodni]
(weather) ciepły [chepwi]
mile* mila [meela]
milk mleko
milk bar bar mleczny [mlechni]
milkshake koktajl mleczny
[koktIl mlechni], 'shake'
millimetre* milimetr
[meeleemetr]
minced meat mięso mielone
[m-yenso m-yeloneh]
mind: never mind nie szkodzi
[n-yeh shkodjee]
I've changed my mind
zmieniłem/zmieniłam
zdanie
[zmyeneewem/zmyeneewam zdan-
yeh]

dialogue

do you mind if I open the window? czy pozwoli
pan/pani, że otworzę
okno? [chi pozvolee pan/panee
Jeh otfoJeh]
no, I don't mind proszę
bardzo [prosheh bards-o]

mine*: it's mine mój [mooyuh],
moja [moya], moje [moyeh]
mineral water woda

mineralna [voda meeneralna]

mints miętówki
[m-yentoofkee]

minute minuta [meenoota]

in a minute za chwilkę
[Hveelkeh]

just a minute chwileczkę
[Hveelechkeh]

mirror lusterko [loosterko]

Miss Pani [panee]

miss: I missed the bus
spóźniłem/spóźniłam się na
autobus [spooJneewem/
spooJneewam sheh na owtoboos]

missing brakuje [brakoo-yeh]

one of my ... is missing
brakuje jednego z moich ...
[yednego zmo-eeH]

there's a suitcase missing
zginęła walizka [zgeenewa
valeeska]

mist mgła [mgwa]

mistake pomyłka [pomi^{wuh}ka]

I think there's a mistake
chyba tu zaszła pomyłka
[Hiba too zashwa]

sorry, I've made a mistake
przepraszam, pomyliłem
się/pomyliłam się
[psheprasham pomileewem sheh/
pomileewam]

misunderstanding
nieporozumienie
[n-yeporozoo-myen-yeh]

**mix-up: sorry, there's been a
mix-up** przepraszam, zaszło
nieporozumienie
[psheprasham zashwo n-yeporozoo-
myen-yeh]

mobile (phone) komórka
[komoorka]

modern nowoczesny
[novochesni]

modern art gallery galeria
sztuki nowoczesnej [galer-ya
shtookee novochesnay]

moisturizer krem nawilżający
[naveelJi-ontsi]

moment: I won't be a moment
chwileczkę, zaraz będę
gotów/gotowa [Hveelechkeh
zaras bendeh gotoof/gotova]

monastery klasztor [klashtor]

Monday poniedziałek [pon-
yedjawek]

money pieniądze [p-yen-yonds-
eh]

month miesiąc [m-yeshonts]

monument pomnik [pomneek]

moon księżyc [kshenJits]

moped moped

more* więcej [v-yentsay]

**can I have some more water,
please?** czy mogę prosić
jeszcze trochę wody? [chi
mogeh prosheech yesh-cheh troHeh]

more expensive droższy
[drosh-shi]

more interesting bardziej
interesujący [bardjay
eenteresoo-yontsi]

more than 50 ponad
pięćdziesiąt [ponat]

more than that więcej niż to
[neesh]

a lot more dużo więcej
[dooJo]

dialogue

would you like some more? czy życzy sobie pan/pani jeszcze trochę? [chi Jichi sob-yeh pan/panee yesh-cheh troHeh] **no, no more for me, thanks** nie, już dziękuję [n-yeh yoosh djenkoo-yeh] **how about you?** a pan/pani? **I don't want any more, thanks** dziękuję, to mi wystarczy [mee vistarchi]

morning rano
 this morning dzisiaj rano [djeeshī]
 in the morning rano
mosquito komar
mosquito repellent płyn przeciw komarom [pwin pshecheef komarom]
most: I like this one most of all to mi się najbardziej podoba [mee sheh nībardjay]
 most of the time prawie zawsze [prav-yeh zafsheh], przeważnie [pshevaJ-nyeh]
 in most cases w większości wypadków [v v-yenkshosh-chee vipadkoof]
 most tourists większość turystów [v-yenkshosh-ch]
 mostly przeważnie [pshevaJ-nyeh]
mother matka
mother-in-law teściowa [tesh-chova]
motorbike motocykl [mototsikl]
motorboat motorówka [motoroofka]
motorway autostrada [owtostrada]
mountain góra [goora]
 in the mountains w górach [vgcoraH]
mountaineering taternictwo [taterneetstvo]
mouse mysz f [mish]
moustache wąsy [vonsi]
mouth usta [oosta]
mouth ulcer afta [afta]
move: he's moved to another room przeprowadził się do innego pokoju [psheprovadjeewuh sheh do een-nego pokoyoo]
 could you move your car? czy może pan/pani przestawić samochód? [chi moJeh pan/panee pshestaveech samoHoot]
 could you move up a little? czy może się pan/pani trochę posunąć? [troHeh posoononch]
 where has it moved to? gdzie to się teraz mieści? [gjeh to sheh teras m-yesh-chee]
movie film
movie theater kino [keeno]
 see **cinema**
Mr Pan
Mrs Pani [panee]
Ms Pani

much dużo [dooJo]
 he is much better/worse jest
 mu dużo lepiej/gorzej [yest
 moo]
 much hotter dużo cieplej
 [cheplay]
 not much (quantity) nieduzo
 [n-yedooJo]
 how did you like it? not much
 jak to ci się podobało? nie
 bardzo [yak to chee sheh
 podobawo n-yeh bards-o]
 I don't want very much
 proszę tylko trochę [prosheh
 tilko troHeh]
 thank you very much bardzo
 dziękuję [djenkoo-yeh]
mud błoto [bwoto]
mug (for drinking) kubek
 [koobek]
 I've been mugged
 napadnięto mnie [napad-
 nyento mnyeh]
mum mama
mumps świnka [shveenka]
museum muzeum [moozeh-
 oom]

Museums and historical
monuments are almost
invariably closed one day
per week (usually Monday) and
many are closed on another day as
well; on the days remaining, many
open for only about five hours, often
closing at 3 p.m. Some of the
museums in the major cities have
managed to extend their opening
times, but this has often been at the
expense of having only one section
open to the public at any particular
time. Entrance charges are generally
nominal.

mushrooms grzyby [gjibi]
music muzyka [moozika]
music festival festiwal
 muzyczny [festeeval moozichni]
musician muzyk [moozik]
Muslim (adj) muzułmański
 [moozoo^{wuh}manskee]
mussels małże [mowJeh]
must*: I must muszę [moosheh]
 I mustn't drink alcohol nie
 wolno mi pić alkoholu
 [n-yeh volno mee]
mustard musztarda
 [mooshtarda]
my* mój [moo^{yuh}], moja
 [moya], moje [mo-yeh]
myself: I'll do it myself sam to
 zrobię/sama to zrobię [zrob-
 yeh]
 by myself sam/sama

N

nail (finger) paznokieć [paznok-
 yech]
 (metal) gwóźdź [gvoosh-ch]
nailbrush szczotka do
 paznokci [sh-chotka do
 paznokchee]
nail varnish lakier do
 paznokci [lak-yer]
name (first name) imię [eem-
 yeh]

(surname) nazwisko [nazveesko]

my name's John nazywam się John [nazivam sheh]

what's your name? jak się pan/pani nazywa? [yak – panee naziva]

what is the name of this street? jak się nazywa ta ulica?

see greeting people

napkin serwetka [servetka]

nappy pieluszka [p-yelooshka]

narrow (street) wąski [vonskee]

nasty okropny [okropni]

national narodowy [narodovi]

nationality narodowość [narodovosh-ch]

natural naturalny [natooralni]

nausea mdłości [mdwosh-chee]

navy (blue) granatowy [granatovi]

near bliski [bleeskee]

is it near the city centre? czy to jest blisko centrum? [chi to yest bleesko tsentroom]

do you go near the Lazienki Park? czy jedzie pan/pani koło Łazienek? [yedjeh pan/panee kowo waJenek]

where is the nearest ...? gdzie jest najbliższy...? [gjeh yest nibleesh-shi]

nearby obok, w pobliżu [f pobleeJoo]

nearly prawie [prav-yeh]

necessary konieczny [kon-yechni]

neck szyja [shi-ya]

necklace naszyjnik [nasheeneek]

necktie krawat [kravat]

need: I need ... potrzebuję ... [potsheboo-yeh]

do I need to pay? czy za to się płaci? [chi za to sheh pwachee]

needle igła [eegwa]

negative (film) negatyw [negatif]

neither: neither (one) of them żaden z nich [Jaden s neeH]

neither ... nor ... ani ... ani ... [anee]

nephew (sister's son) siostrzeniec [shostshen-yets] (brother's son) bratanek

net (in sport) siatka [shatka]

network map (for buses) mapa sieci autobusowej [shechee owto-boosovay]

never nigdy [neegdi]

dialogue

have you ever been to Zakopane? (to man) czy był pan kiedyś w Zakopanem? [chi bi^{wuh} pan k-yedish] (to woman) czy była pani kiedyś w Zakopanem? [biwa panee]

no, I've never been there nie, nigdy tam nie byłem/byłam [n-yeh – biwem/biwam]

new nowy [novi]
news (radio, TV etc)
  wiadomości [v-yadomosh-chee]
newsagent's prasa
newspaper gazeta
newspaper kiosk kiosk
  Ruchu [k-yosk rooHoo]
New Year Nowy Rok [novi]
  Happy New Year!
  Szczęśliwego Nowego
  Roku! [sh-chenshleevego novego
  rokoo]
New Year's Eve Sylwester
  [silvester]
New Zealand Nowa Zelandia
  [nova zeland-ya]
New Zealander: I'm a New
  Zealander jestem z Nowej
  Zelandii [yestem z novay
  zelandee-ee]
next przyszły [pshishwi]
  the next street on the left
  następna ulica na lewo
  [nastempna]
  at the next stop na
  następnym przystanku
  [nastempnim pshistankoo]
  next week w przyszłym
  tygodniu [fpshishwim]
  next to* obok
nice (food) smaczny [smachni]
  (looks, view etc) ładny [wadni]
  (person) miły [meewi]
niece (sister's daughter)
  siostrzenica [shostsheneetsa]
  (brother's daughter) bratanica
  [brataneetsa]
night noc [nots]
  at night w nocy [vnotsi], nocą

[notsON]
good night dobranoc
  [dobranots]

dialogue

do you have a single room
for one night? czy mają
państwo wolny pokój na
jedną noc? [chi mī-ON panstfo
volni pokoo^yuh na yednON]
yes, madam tak, proszę
pani [prosheh panee]
how much is it per night?
ile kosztuje za dobę?
[eeleh koshtoo-yeh za dobeh]
it's 30 zlotys per one night
trzydzieści złotych za
dobę [zwotiH]
thank you, I'll take it w
takim razie poproszę [f
takeem rajeh poprosheh]

nightclub lokal
nightdress koszula nocna
  [koshoola notsna]
night porter nocny portier
  [notsni port-yer]
no nie [n-yeh]
  I've no ... nie mam ...
  there's no ... left nie ma ...
  no way! za nic! [za neets]
  oh no! (upset) niemożliwe!
  [n-yemoJleeveh]
nobody nikt [neekt]
  there's nobody there tam
  nikogo nie ma [neekogo n-yeh]
noise hałas [hawas]
noisy hałaśliwy [hawashleevi]

it's too noisy za dużo tu hałasu [dooJo too hawasoo]

non-alcoholic bezalkoholowy [bezalkoholovi]

none żaden [Jaden], nikt [neekt]

non-smoking compartment przedział dla niepalących [pshedjawuh dla n-yepalontsiH]

noon południe [powood-nyeh]

at noon w południe [f]

no-one żaden [Jaden], nikt [neekt]

nor: nor do I ja też nie [ya tesh n-yeh]

normal normalny [normalni]

north północ [poowuhnots]

in the north na północy [poowuhnotsi]

to the north na północ [poowuhnots]

north of Warsaw na północ od Warszawy [varshavi]

northeast północny wschód [poowuhnotsni fsHoot]

Northern Ireland Północna Irlandia [poowuhnotsna eerland-ya]

northwest północny zachód [zaHoot]

Norway Norwegia [norveg-ya]

Norwegian (adj, language) norweski [norveskee]

nose nos

nosebleed krwotok z nosa [krfotok znosa]

not* nie [n-yeh]

no, I'm not hungry nie jestem głodny/głodna [yestem]

I don't want any, thank you dziękuję, dla mnie nie [djenkoo-yeh dla mnyeh]

it's not necessary to nie jest konieczne [yest kon-yechneh]

I didn't know that nie wiedziałem/wiedziałam tego [v-yedjawem/v-yedjawam]

not that one – this one nie to – tamto [n-yeh]

note (banknote) banknot

notebook notatnik [notatneek]

notepaper (for letters) papier listowy [pap-yer leestovi]

nothing nic [neets]

nothing for me, thanks dziękuję, dla mnie nic [djenkoo-yeh dla mnyeh]

nothing else nic innego [een-nego], nic więcej [v-yentsay]

it's nothing to drobiazg [drob-yask]

dialogue

anything else? czy jeszcze coś? [chi yesh-cheh tsosh]
nothing else, thanks dziękuję, już nic więcej [yoosh]

novel powieść **f** [pov-yesh-ch]

November listopad [leestopat]

now teraz [teras]

number numer [noomer]
(figure) liczba [leechba]

I've got the wrong number to pomyłka [pomiwuhka]

what is your phone number? jaki jest pana/pani numer

telefonu? [yakee yest pana/panee – telefonoo]

number plate numer rejestracyjny [ray-estratsee-ni]

nurse (man/woman) pielęgniarz [p-yeleng-nyash], pielęgniarka [p-yeleng-nyarka]

nursery slope osla łączka [oshla wonchka]

nut (for bolt) nakrętka [nakrentka]

nuts orzechy [oJeHi]

O

occupied (toilet, phone) zajęty [zi-enti]

o'clock* godzina [godjeena]
  it's seven o'clock jest siódma (godzina) [yest]

October październik [paJdjerneek]

odd (strange) dziwny [djeevni]

of*: the name of the hotel nazwa hotelu

off (lights) zgaszony [zgashoni]
  it's just off Marszałkowska Street tuż przy Marszałkowskiej [toosh pshi]
  we're off tomorrow jutro wyjeżdżamy [yootro vi-yeJdjami]

offensive (language, behaviour) obraźliwy [obraJleevi]

office (place of work) biuro [b-yooro]

officer (to policeman) panie sierżancie [pan-yeh sherJancheh]

often często [chensto]
  not often niezbyt często [n-yezbit]
  how often are the buses? jak często kursują autobusy? [yak chensto koorsoo-yoN]

oil (for car, for salad) olej [olay]

ointment krem

OK dobrze [dobJeh]
  are you OK? czy nic się panu/pani nie stało? [chi neets sheh panoo/panee n-yeh stawo]
  is that OK with you? czy to panu/pani odpowiada? [panoo/panee otpov-yada]
  is it OK to ...? czy można ...? [moJna]
  thank you, I'm OK (nothing for me) dziękuję, to mi wystarczy [djenkoo-yeh to mee vistarchi]
  (I feel OK) czuję się dobrze [choo-yeh sheh dobJeh]
  is this train OK for ...? czy ten pociąg jedzie do ...? [yedjeh]
  I said I'm sorry, OK? przecież przeprosiłem/przeprosiłam [pshechesh psheproseewem/psheproseewam]

old stary [stari]

dialogue

  how old are you? ile ma pan/pani lat? [eeleh ma pan/panee]

I'm 25 mam dwadzieścia pięć lat
and you? a pan/pani?

old-fashioned staroświecki [starosh-fyetskee]
old town (old part of town) stare miasto [stareh m-yasto]
in the old town na starym mieście [starim m-yesh-cheh]
omelette omlet
on* na, w [v]
on the street/beach na ulicy/plaży
is it on this road? czy to na tej ulicy? [chi to na tay ooleetsi]
on the plane w samolocie [f]
on Saturday w sobotę
on television w telewizji
I haven't got it on me nie mam tego przy sobie [n-yeh – pshi sob-yeh]
this one's on me (drink) to moja kolejka [moya kolayka]
the light wasn't on światło było zgaszone [sh-fyatwo biwo zgashoneh]
what's on tonight? (theatre, cinema) co dzisiaj grają? [tso djeeshi grī-ON]
(TV) co dziś w telewizji? [djeesh fteleveez-yee]
once (one time) raz [ras]
at once (immediately) natychmiast [natiн-myast]
one* jeden [yeden], jedna, jedno
the white one ten biały [b-yawi]

one-way ticket bilet w jedną stronę [beelet v yednON stroneh]
onion cebula [tseboola]
only tylko [tilko]
only one tylko jeden [yeden]
it's only six o'clock dopiero szósta [dop-yero]
I've only just got here dopiero tu przyszedłem [too pshishedwem]
on/off switch przełącznik [psheh-wonchneek]
open (adj) otwarty [otfarti]
(verb) otwierać [ot-fyerach]/ otworzyć [otfoɹich]
when do you open? o której państwo otwierają? [ktooray panstfo ot-fyerī-ON]
I can't get it open nie mogę tego otworzyć [n-yeh mogeh tego otfoɹich]
in the open air na dworze [dvoɹeh]
opening times godziny urzędowania [godjeeni ooɹendovan-ya]
open ticket bilet otwarty [beelet otfarti]
opera opera
operation (medical) operacja [operats-ya]
operator (telephone) centrala telefoniczka [tsentrala telefoneechka]

 Dial 900 for the operator within Poland. When you want to phone a number in a small village, dial 900 and say

'**proszę**' followed by the name of the village and the number, e.g. '**proszę Stojanki 117**'.
see **phone**

opposite* naprzeciwko [napshecheefko]
  the opposite direction w przeciwnym kierunku [f pshecheevnim k-yeroonkoo]
  the bar opposite bar naprzeciwko
  opposite my hotel naprzeciwko mojego hotelu
optician okulista [okooleesta]
or albo
orange (fruit) pomarańcza [pomarancha]
  (colour) pomarańczowy [pomaranchovi]
orangeade oranżada [oranJada]
orange juice sok pomarańczowy
orchestra orkiestra [ork-yestra]
order: we'd like to order (in restaurant) chcielibyśmy zamówić [Hcheleebishmi zamooveech]
  I've already ordered, thanks dziękuję, już zamówiłem/zamówiłam [djenkoo-yeh yoosh zamooveewem/zamooveewam]
  I didn't order this tego nie zamawiałem/zamawiałam [n-yeh zamav-yawem/zamav-yawam]
  out of order zepsuty [zepsooti], nieczynny [n-yechin-ni]

ordinary normalny [normalni]
other inny [een-ni]
  the other one ten drugi [droogee]
  the other day parę dni temu [pareh dni temoo]
  I'm waiting for the others czekam na resztę towarzystwa [chekam na reshteh tovaJistfa]
  do you have any others? czy mają państwo jeszcze inne? [chi mi-ON panstfo yesh-cheh een-neh]
otherwise w przeciwnym razie [f pshecheevnim raJeh]
our/ours* nasz [nash], nasza, nasze [nasheh]
out: he's out nie ma go [n-yeh]
  three kilometres out of town trzy kilometry za miastem [keelometri za m-yastem]
outdoors na dworze [dvoJeh]
outside na dworze
  can we sit outside? czy możemy usiąść na dworze? [chi moJemi ooshonsh-ch]
oven piecyk [p-yetsik]
over: over here tutaj [tooti]
  over there tam
  over 500 ponad pięćset [ponat]
  it's over skończone [skonchoneh]
overcharge: you've overcharged me (to man) pan mi za dużo policzył [mee za dooJo poleechiwuh]

(to woman) pani mi za dużo
policzyła [panee]
overcoat palto
overnight (travel) nocą [notsON]
overtake wyprzedzać
[vipsheds-ach]
owe: how much do I owe you?
ile jestem panu/pani
winna? [eeleh yestem
panoo/panee veen-na]
own*: my own ... moje
własne ... [moo-yeh vwasneh]
are you on your own? (to man)
czy jest pan sam? [chi yest]
(to woman) czy jest pani
sama? [panee]
I'm on my own jestem
sam/sama
owner (man/woman) właściciel
[vwash-cheechel], właścicielka
[vwash-cheechelka]
oysters ostrygi [ostrigee]

P

pack (verb) pakować
[pakovach]
a pack of ... paczka ...
[pachka]
package (parcel) paczka
package holiday wczasy
[fchasi], wycieczka [vichechka]
packed lunch suchy prowiant
[sooHi prov-yant]
packet: a packet of cigarettes
paczka papierosów [pachka
pap-yerosoof]
padlock kłódka [kwootka]

page (of book) strona
could you page Mr ...? czy
może pan/pani przywołać
pana ...? [chi moJeh pan/panee
pshivowach]
pain ból [bool]
I have a pain here boli mnie
tutaj [bolee mnyeh tootî]
painful bolący [bolontsi]
painkillers środki
przeciwbólowe [shrodkee
pshecheevbooloveh]
paint (noun) farba
painting obraz [obras]
pair: a pair of ... para ...
Pakistani (adj) pakistański
[pakeestanskee]
palace pałac [pawats]
pale blady [bladi]
pale blue jasnoniebieski
[yasno-nyeb-yeskee]
pan garnek
panties majtki [mîtkee],
majteczki [mîtechkee]
pants (underwear: men's) slipy
[sleepi]
(women's) majtki [mîtkee],
majteczki [mîtechkee]
(US: trousers) spodnie [spod-
nyeh]
pantyhose rajstopy [rîstopi]
paper papier [pap-yer]
(newspaper) gazeta
a piece of paper kartka
papieru [pap-yeroo]
paper handkerchiefs
chusteczki jednorazowe
[Hoostechkee yednorazoveh]
parcel paczka [pachka]

pardon (me)? (didn't understand/hear) słucham? [swooHam]

parents rodzice [rodjeetseh]

parents-in-law teściowie [tesh-chov-yeh]

park (noun) park (verb) parkować [parkovach]/zaparkować

can I park here? czy mogę tu zaparkować? [chi mogeh too]

parking lot parking [parkeenk]

part (noun) część [chensh-ch]

partner (boyfriend, girlfriend) 'partner'

party (group) grupa [groopa] (celebration) przyjęcie [pshi-yencheh]

pass (in mountains) przełęcz [psheh-wench]

passenger (man/woman) pasażer [pasaJer], pasażerka

passport paszport [pashport]

A valid passport is required to enter Poland. The expiry date should not be less than six months from the expected date of departure from Poland.
Poles are supposed to carry some form of ID with them at all times: you should always keep your passport with you, even though you're unlikely to get stopped unless you're in a car.

past*: in the past dawniej [davn-yay]

just past the information office zaraz za biurem informacji [zaras za b-yoorem eenformatsyee]

path ścieżka [sh-cheshka]

pattern wzór [vzoor], deseń [desenyuh]

pavement chodnik [Hodneek]

on the pavement na chodniku [Hodneekoo]

pay (verb) płacić [pwacheech]/zapłacić

can I pay? czy mogę zapłacić? [chi mogeh]

it's already paid for to już zapłacone [yoosh zapwatsoneh]

dialogue

who's paying? kto za to płaci? [pwachee]
I'll pay ja zapłacę [ya zapwatseh]
no, you paid last time, I'll pay nie, ty płaciłeś zeszłym razem, teraz na mnie kolej [n-yeh ti pwacheewesh zeshwim razem teras na mnyeh kolay]

pay phone automat telefoniczny [owtomat telefoneechni]

peaceful spokojny [spokoyni]

peach brzoskwinia [bJoskfeen-ya]

peanuts orzeszki ziemne [oJeshkee Jemneh]

pear gruszka [grooshka]

peas groszek [groshek]

peculiar (strange) dziwny [djeevni]
(unusual) niezwykły [n-yezvikwi]

pedestrian crossing przejście dla pieszych [pshaysh-cheh dla p-yeshiH]

 At pedestrian crossings that aren't controlled by traffic lights, vehicles are not obliged to stop. It is up to the pedestrian to cross the road when it is safe to do so.

pedestrian precinct teren dla pieszych [p-yeshiH]

peg (for washing) kołek do bielizny [kowek do b-yeleezni]
(for tent) śledź [shlech]

pen pióro [p-yooro]

pencil ołówek [owoovek]

penfriend osoba, z którą się koresponduje [s ktooron sheh korespondoo-yeh]

penicillin penicylina [peneetsileena]

penknife scyzoryk [stsizorik]

pensioner rencista **m** [rencheesta], rencistka **f** [rencheestka]

people ludzie [loodjeh]
the other people in the hotel inni goście hotelowi [een-nee gosh-cheh hotelovee]
too many people za dużo ludzi [dooJo loodjee]

pepper (spice) pieprz [p-yepsh]
(vegetable) papryka [paprika]

peppermint (sweet) miętówka [m-yentoofka]

per: how much per day/night? ile się płaci za dzień/dobę? [eeleh sheh pwachee za djenʸᵘʰ/dobeh]
per cent za tydzień [tidjenʸᵘʰ]

perfect doskonały [doskonawi]

perfume perfumy [perfoomi]

perhaps może [moJeh]
perhaps not może nie [n-yeh]

period (of time) okres
(menstruation) miesiączka [m-yeshonchka]

perm trwała [trvawa]

permit (noun) zezwolenie [zezvolen-yeh]

person osoba

personal stereo walkman [wokmen]

petrol benzyna [benzina]

 For leaded petrol users at least, finding fuel is not a problem. Fuel is often colour-coded at the pumps:
red: 98 octane
yellow: 94 octane
green: 86 octane
Always go for the highest octane petrol available. While diesel is usually available, getting hold of lead-free fuel (**benzyna bezołowiowa**) can be more problematic in rural areas.

petrol can kanister na benzynę [kaneester na benzineh]
petrol station stacja benzynowa [stats-ya benzinova]
pharmacy apteka

Simple complaints can normally be dealt with at a pharmacy, where basic medicines are dispensed by qualified pharmacists. In the cities many of the staff will speak at least some English or German. Even in places where the staff speak only Polish, it should be easy enough to obtain repeat prescriptions, if you bring along the empty container. In every town there's always one **apteka** open 24 hours; addresses are printed in local newspapers.

phone (noun) telefon
(verb) telefonować [telefonovach]/zatelefonować

Currently, three types of public pay phone are in existence. The old grey machines with dials are still common, but they're very unreliable and can only really be used for making local calls. These are being gradually replaced by yellow and by large blue rectangular push-button phones, which work more efficiently. Finally, there are the brand-new cardphones (also blue) which are best of all and becoming increasingly widespread. These are operated by a card (**karta telefoniczna**), bought at post offices and **Ruch** kiosks. The grey, yellow and rectangular blue phones require tokens (**żetony**), which can also be bought at kiosks. These come into two types: the small A tokens are for local calls lasting three minutes; the larger C tokens for long-distance calls. When dialling, place the token on the slide, but do not insert it until somebody answers at the other end – otherwise you'll lose it and be cut off.

To make international calls, first dial the international code, then wait (for anything up to a minute) for a continuous tone before dialling the rest of the number, not forgetting to omit the initial zero. For calls outside Europe, you'll probably have to rely on the services of the operator, and be prepared to wait. To speed up the process, ask for the call to be put through fast (**szybko**), but note that this will double the price. There's no facility for reversing the charges.
see **dialling code** and **operator**

phone book książka telefoniczna [kshonshka telefoneechna]
phone box budka telefoniczna [bootka]
phonecard karta magnetyczna [magnetichna]
phone number numer telefonu [noomer telefonoo]

photo (noun) fotografia [fotograf-ya]
  excuse me, could you take a photo of us? przepraszam, czy mógłby pan/mogłaby pani zrobić nam zdjęcie? [psheprasham chi moog^wuhbi pan/mogwabi panee zrobeech nam z-dyencheh]
phrasebook rozmówki [rozmoofkee]
piano fortepian [fortep-yan]
pickpocket złodziej kieszonkowy [zwodjay k-yeshonkovi]
pick up: will you be there to pick me up? czy pan/pani po mnie przyjedzie? [chi pan/panee po mnyeh pshi-yedjeh]
picnic (noun) piknik [peekneek]
picture (painting) obraz [obras]
  (photo) fotografia [fotograf-ya]
pie (meat) zapiekanka [zap-yekanka]
  (fruit) placek [platsek]
piece kawałek [kavawek]
  a piece of ... kawałek ...
pill pigułka antykoncepcyjna [peegoo^wuhka antikontseptsee-na]
  I'm on the pill zażywam środki antykoncepcyjne [zaJivam shrodkee antikontseptsee-neh]
pillow poduszka [podooshka]
pillow case powłoczka [povwochka]
pin (noun) szpilka [shpeelka]
pineapple ananas
pineapple juice sok

ananasowy [ananasovi]
pink różowy [rooJovi]
pipe (for smoking) fajka [fika]
  (for water) rura [roora]
pity: it's a pity jaka szkoda [yaka shkoda]
place (noun) miejsce [m-yaystseh]
  at your place (fam) u ciebie w domu [oo cheb-yeh vdomoo]
  (pol) u pana/pani w domu [panee]
  at his place u niego w domu [n-yego]
plain (not patterned) gładki [gwatkee]
plane samolot
  by plane samolotem
plant roślina [roshleena]
plaster: in plaster w gipsie [vgeepsheh]
plasters plaster
plastic plastyk [plastik], tworzywo sztuczne [tfoJivo shtoochneh]
plastic bag torebka z folii [torepka s folee-ee]
plate talerz [taleJ]
platform peron
  which platform is it for Gdynia? z którego peronu odjeżdża pociąg do Gdyni? [sktoorego peronoo od-yeJ-dJa pochonk do gdeeni]
play (verb) grać [grach]/zagrać
  (noun: in theatre) sztuka [shtooka]
playground plac zabaw [plats zabaf]

pleasant przyjemny [pshi-yemni]

please proszę [prosheh]

yes, please tak, chętnie [Hent-nyeh]

could you please ...? (to man) czy mógłby pan ...? [chi moog^wuh bi pan]
(to woman) czy mogłaby pani ...? [mogwabi panee]

please don't proszę tego nie robić [n-yeh robeech]

pleased: pleased to meet you miło mi pana/panią poznać [meewo mee pana/pan-yON poznach]

pleasure: my pleasure cała przyjemność po mojej stronie [tsawa pshi-yemnosh-ch po mo-yay stron-yeh]

plenty: plenty of ... pełno ... [peh^wuh no]

there's plenty of time mamy masę czasu [mami maseh chasoo]

that's plenty, thanks dziękuję, to wystarczy [djenkoo-yeh to vistarchi]

pliers szczypce [sh-chiptseh]

plug (electrical) wtyczka [ftichka]
(for car) świeca [sh-fyetsa]
(in sink) korek

plumber hydraulik [hidrowleek]

p.m.*: at 5.30 p.m. (17.30) o siedemnastej trzydzieści
at 11 p.m. (23.00) o dwudziestej trzeciej

poached egg jajko gotowane na parze [yīko gotovaneh na paJeh]

pocket kieszeń [k-yeshen^yuh]

point: two point five dwa i pięć dziesiątych [ee – djeshontiH]

there's no point nie ma sensu [n-yeh ma sensoo]

points (in car) styki [stikee]

poisonous trujący [troo-yontsi]

Poland Polska

Pole (man/woman) Polak, Polka

the Poles Polacy [polatsi]

police policja [poleets-ya]

call the police! wezwać policję! [vezvach poleets-yeh]

Dial 997 for the police.

policeman policjant [poleets-yant]

police station komisariat [komeesar-yat]

policewoman policjantka [poleets-yantka]

Polish polski [polskee]

polish (noun) pasta

polite uprzejmy [oopshaymi]

polluted zanieczyszczony [zan-yechish-choni]

pony kucyk [kootsik]

pool (for swimming) basen

poor (not rich) biedny [b-yedni]
(quality) kiepski [k-yepskee]

Pope Papież [pap-yesh]

pop music muzyka pop [moozika]

pop singer (man/woman)
piosenkarz [p-yosenkash],
piosenkarka
popular popularny [popoolarni]
population ludność [loodnosh-ch]
pork wieprzowina
[v-yepshoveena]
port (for boats) port
(drink) porto
porter (in hotel) bagażowy
[bagaJovi]
portrait portret
posh (restaurant, people)
wykwintny [vikfeentni]
possible* możliwy [moJleevi]
is it possible to ...? czy tu
można ...? [chi too moJna]
as ... as possible możliwie
jak ... [moJleev-yeh yak]
post (noun: mail) poczta [pochta]
could you post this for me?
czy może to pan/pani
wysłać? [chi moJeh to pan/panee
viswach]
postbox skrzynka pocztowa
[skshinka pochtova]
postcard pocztówka
[pochtoovka]
postcode kod pocztowy
[pochtovi]
poster (for room) plakat
(in street) afisz [afeesh]
poste restante 'poste restante'
post office poczta [pochta]

Post offices in Poland are
identified by the name
Urząd Pocztowy (Poczta

for short) or by the acronym **PTT**
(**Poczta, Telegraf, Telefon**). Each
bears a number, with the head office
in each city being number 1.
Theoretically, each post office has a
poste restante facility: make sure,
therefore, that anyone addressing
mail to you includes the number 1
after the city's name. Mail to the UK
currently takes up to a week, and to
the US it takes a fortnight, but
seems to move twice as fast in the
other direction. Always mark your
letters 'par avion'.
Opening hours for the head offices
are usually Monday to Saturday from
7 or 8 a.m. to 8 p.m.; other branches
usually close at 6 p.m., or earlier in
rural areas. A restricted range of
services is available 24 hours a day,
seven days a week, from post
offices in or outside the main train
stations of major cities.

potato ziemniak [Jem-nyak],
kartofel
potato chips (US) chipsy
[cheepsi]
pots and pans naczynia
kuchenne [nachin-ya kooHen-neh]
pottery (objects) wyroby
garncarskie [virobi garntsarsk-yeh]
pound* (weight) funt [foont]
(money) funt szterling
[shterleeng]
power cut awaria prądu [avar-ya prondoo]

power point kontakt, gniazdo [g-nyazdo]

prawns krewetki [krevetkee]

prayer modlitwa [modleetfa]

prefer woleć [volech]

I prefer ... wolę ... [voleh]

pregnant w ciąży [fchonJi]

prescription (for medicine) recepta [retsepta]
see **pharmacy**

present (gift) prezent

president (of country: man/ woman) prezydent [prezident], pani prezydent [panee]

pretty ładny [wadni]

it's pretty expensive to całkiem drogie [tsaᵂᵘʰ-kyem drog-yeh]

price cena [tsena]

priest ksiądz [kshonts]

prime minister (man/woman) premier [prem-yer], pani premier [panee]

printed matter druk [drook]

prison więzienie [v-yenJen-yeh]

private prywatny [privatni]

private bathroom własna łazienka [vwasna waJenka]

probably prawdopodobnie [pravdopodob-nyeh]

problem problem [pro-blem]

no problem! nie ma problemu! [n-yeh ma pro-blemoo]

program(me) (noun) program

promise: I promise obiecuję [ob-yetsoo-yeh]

pronounce: how is this

pronounced? jak to się wymawia? [yak to sheh vimav-ya]

properly (repaired, locked etc) porządnie [poJond-nyeh]

protection factor (of suntan lotion) filtr ochronny [feeltr oнron-ni]

protection factor 8 filtr numer osiem [noomer]

Protestant ewangelik [evangeleek]

public convenience zakład użyteczności publicznej [zakwat oouitechnosh-chee poobleechnay]

public holiday święto państwowe [sh-fyento panstfoveh]

pudding (dessert) deser

pull ciągnąć [chongnonch]

pullover pulower [poolover], sweter [sfeter]

puncture (noun) przebita dętka [pshebeeta dentka]

purple fioletowy [f-yoletovi]

purse (for money) portmonetka [portmonetka]
(US: handbag) torebka [torepka]

push pchać [pнach]

pushchair wózek spacerowy [voozek spatserovi]

put kłaść [kwash-ch]

where can I put ...? gdzie mogę położyć ...? [gjeh mogeh powoJich]

could you put us up for the night? czy mogą nas państwo przenocować? [chi

mogON nas panstfo pshenotsovach]
pyjamas piżama [peeJama]

Q

quality jakość [yakosh-ch]

quarantine kwarantanna [kfarantan-na]

quarter ćwierć [chfyerch]

quayside nadbrzeże [nadbJeJeh]

  on the quayside na nadbrzeżu [nadbJeJoo]

question pytanie [pitan-yeh]

queue (noun) kolejka [kolayka]

quick szybki [shipkee]

  that was quick to nie zajęło dużo czasu [n-yeh zi-enwo dooJo chasoo]

  what's the quickest way there? jak tam się można najszybciej dostać? [yak tam sheh moJna nīshipchay dostach]

  fancy a quick drink? masz ochotę na kieliszek czegoś? [mash oHoteh na k-yeleeshek chegosh]

quickly szybko [shipko]

quiet (place, hotel) spokojny [spokoyni]

  quiet! cisza! [cheesha]

quite (fairly) całkiem [tsawuhkyem]

  (very) zupełnie [zoopehwuhnyeh]

  that's quite right to zupełnie w porządku [fpoJontkoo]

  quite a lot całkiem sporo

R

rabbit królik [krooleek]

race (for runners, cars) wyścig [vish-cheek], wyścigi [vish-cheegee]

racket (tennis, squash) rakieta [rak-yeta]

radiator (in room) kaloryfer [kalorifer]

  (of car) chłodnica [Hwondneetsa]

radio radio [rad-yo]

  on the radio w radio [v]

rail szyna [shina]

  by rail koleją [kolayON]

railway linia kolejowa [leen-ya kolayova]

rain (noun) deszcz [desh-ch]

  in the rain na deszczu [desh-choo]

  it's raining pada deszcz [desh-ch]

raincoat płaszcz nieprzemakalny [pwash-ch n-yepshemakalni]

rape (noun) gwałt [gvawuht]

rare (uncommon) rzadki [Jatkee], niepospolity [n-yepospoleeti]

  (steak) po angielsku [ang-yelskoo]

rash (on skin) wysypka [visipka]

raspberry malina [maleena]

rat szczur [sh-choor]

rate (for changing money) kurs [koors]

rather raczej [rachay]

it's rather good to całkiem
niezłe [tsa^{wuh}kyem n-yezweh]
I'd rather ... wolałbym/
wolałabym ... [vola^{wuh}bim/
volawabim]
razor maszynka do golenia
[mashinka do golen-ya]
(electric) elektryczna golarka
[elektrichna]
razor blades żyletki [Jiletkee]
read czytać [chitach]
ready gotowy [gotovi]
are you ready? (to man) czy
jest pan gotowy? [chi yest panJ
(to woman) czy jest pani
gotowa? [panee]
I'm not ready yet jeszcze nie
jestem gotowy/gotowa
[yesh-cheh n-yeh yestem]

dialogue

when will it be ready?
kiedy to będzie gotowe?
[k-yedi to bendjeh gotoveh]
**it should be ready in a
couple of days** powinno
być gotowe za dwa dni
[poveen-no bich]

real prawdziwy [pravjeevi]
really naprawdę [napravdeh]
I'm really sorry bardzo mi
przykro [bards-o mee pshikro]
that's really great to
wspaniale [fspan-yaleh]
really? (doubt) czyżby? [chiJbi]
(polite interest) naprawdę?
[napravdeh]

rear lights światła tylne [sh-
vyatwa tilneh]
rearview mirror lusterko
wsteczne [loosterko fstechneh]
reasonable rozsądny [ros-
sondni]
(price) umiarkowany [oom-
yarkovani]
receipt paragon, kwitek
[kveetek], kwit [kveet]
recently ostatnio [ostat-nyo]
reception (in hotel) recepcja
[retsepts-ya]
(for guests) przyjęcie [pshi-
yencheh]
at reception w recepcji [v
retsepts-yi]
reception desk recepcja
[retsepts-ya], portiernia [port-
yern-ya]
receptionist recepcjonista **m**
[retsepts-yoneesta],
recepcjonistka **f**
recognize rozpoznać
[rospoznach]
**recommend: could you
recommend ...?** czy może
pan/pani polecić ...? [chi
moJeh pan/panee polecheech]
record (music) płyta [pwita]
red czerwony [chervoni]
red wine czerwone wino
[chervoneh veeno]
refund: can I have a refund?
czy mogę prosić o zwrot
pieniędzy? [chi mogeh
prosheech o zvrot p-yen-yendsi]
region rejon [rayon]
registered: by registered mail

listem poleconym [leestem poletsonim]

registration number numer rejestracyjny [noomer rayestratsee-ni]

relative (male/female) krewny [krevni], krewna [krevna]

religion religia [releeg-ya]

remember pamiętać [pam-yentach]

I remember pamiętam [pam-yentam]

I don't remember nie pamiętam [n-yeh]

do you remember? (fam) czy pamiętasz? [chi pam-yentash] (pol) czy pan/pani pamięta? [panee pam-yenta]

rent (noun: for apartment) czynsz [chinsh]
(verb: car etc) wynajmować [vinīmovach]/wynająć [vinī-onch]

for rent/to rent do wynajęcia [vinī-encha]

dialogue

I'd like to rent a car chciałbym/chciałabym wynająć samochód [Hchawuhbim/Hchawabim vinī-onch samoHoot]

for how long? na jak długo? [yak dwoogo]

two days na dwa dni

this is our range tym dysponujemy [tim disponoo-yemi]

I'll take the ... poproszę o ... [poprosheh]

is that with unlimited mileage? czy to bez ograniczenia przebiegu? [chi to bez ograneechen-ya psheb-yegoo]

it is tak

can I see your licence please? proszę mi pokazać prawo jazdy [prosheh mee pokazach pravo yazdi]

and your passport i paszport [ee pashport]

is insurance included? czy cena obejmuje ubezpieczenie? [chi tsena obaymoo-yeh oobesp-yechen-yeh]

yes, but you pay the first 100 zlotys tak, ale pierwsze sto złotych płaci pan sam/pani sama [aleh p-yerfsheh sto zwotiH pwachee pan sam/panee]

can you leave a deposit of 40 zlotys? czy może pan/pani zapłacić czterdzieści złotych zadatku? [chi moJeh pan/panee zapwacheech – zadatkoo]

rented car wynajęty samochód [vinī-enti samoHoot]

repair (verb) naprawić [napraveech]

can you repair it? czy może pan/pani to naprawić? [chi

moJeh pan/panee]

repeat powtórzyć [poftooJich]
  could you repeat that?
  proszę to powtórzyć
  [prosheh]
reservation rezerwacja
  [rezervatsya]
reserve (verb) rezerwować
  [rezervovach]/zarezerwować
  I'd like to reserve a seat
  chciałbym/chciałabym
  zarezerwować miejsce
  [HchawuhBim/Hchawabim –
  m-yaystseh]
  I'd like to reserve a ticket
  chciałbym/chciałabym
  zarezerwować bilet [beelet]

dialogues

  **can I reserve a table for
  tonight?** czy mogę
  zarezerwować stolik na
  dziś wieczór? [chi mogeh
  zarezervovach stoleek na djeesh
  v-yechoor]
  **yes madam, for how many
  people?** tak, proszę pani,
  na ile osób? [prosheh panee
  na eele osoop]
  for two na dwie
  and for what time? na
  którą godzinę? [ktoorON
  godjeeneh]
  for eight o'clock na ósmą
  **and could I have your
  name please?** czy mogę
  prosić o nazwisko? [chi
  mogeh prosheech o nazveesko]

I have reserved a ... mam
zarezerwowane ...
[zarezervovaneh]
yes sir, what name please?
na jakie nazwisko? [yak-
yeh nazveesko]
see **alphabet** for spelling

rest odpoczynek [otpochinek]
  I need a rest
  chiałbym/chciałabym
  odpocząć
  [HchawuhBim/Hchawabim
  otpochonch]
  the rest of the group reszta
  grupy [reshta groopi]
restaurant restauracja
  [restowrats-ya]

With the moves towards a
market economy, there's
now a greater number and
variety of restaurants in Poland. At
their best, in fact, they are as good
as any in central Europe, dishing out
a spoonful of caviar for starters
before moving on through traditional
soups to beef, pork or duck dishes.
In addition, eating out is
comparatively inexpensive for
Western tourists.
Beef and pork are the mainstays of
most meals, while hams and
sausages are consumed at all times
of the day, as snacks and sandwich-
fillers. In the coastal and mountain
regions, you can also expect fish to
feature prominently on the menus,
with carp and trout being

particularly good. The plusher restaurants normally carry a selection of vegetarian dishes (**potrawy jarskie**); if the menu has no such section, the key word to use is **bezmięsne** (without meat). However, even items indicated on the menu as being 'without meat' may well turn out to have been cooked in a meat-based stock or fat. Safest refuges are omelettes and vegetable soups.

The average restaurant (**restauracja**, or sometimes **jadło-dajnia**) is open from late morning through to mid-evening: all but the smartest close early; they start winding down around 9 p.m. in cities, and earlier in the country. Some don't open till 1 p.m. due to the ban on the sale of alcohol before that time. Relatively late-night standbys include Orbis hotel restaurants and, at the other end of the scale, train station snack bars.

Except in the big hotels and poshest restaurants, menus are usually in Polish only. While the list of dishes apparently on offer may be long, in reality only things with a price marked next to them will be available.

restaurant car wagon restauracyjny [vagon restowratsee-ni]

rest room toaleta [to-aleta] see **toilet**

retired: I'm retired jestem na

emeryturze [yestem na emeritooJeh]

return: a return to ... proszę powrotny bilet do ... [prosheh povrotni beelet]

return ticket bilet powrotny see **ticket**

reverse charge call rozmowa R [rozmova er]

reverse gear wsteczny bieg [fstechni b-yek]

revolting wstrętny [fstrentni]

rib żebro [Jebro]

rice ryż [rish]

rich (person) bogaty [bogati] (food) tłusty [twoosti]

ridiculous absurdalny [apsoordalni]

right (correct) prawidłowy [praveedvovi] (not left) prawy [pravi]

you were right miał pan rację/miała pani rację [m-ya^wuh pan rats-yeh/m-yawa panee rats-yeh]

that's right! tak jest! [yest]

this can't be right to się nie zgadza [sheh n-yeh zgads-a]

right! dobrze! [dobJeh]

is this the right road for ...? czy ta droga prowadzi do ...? [chi – provadjee]

on the right na prawo [pravo]

to the right w prawo [f]

turn right skręcić w prawo [skrencheech fpravo]

right-hand drive samochód z prawostronną kierownicą [samoHoot s pravostron-nON kyerovneets<small>ON</small>]

ring (on finger) pierścionek
[p-yersh-chonek]

I'll ring you zadzwonię do
pana/do pani [zads-von-yeh –
panee]

ring back oddzwonić [odds-
voneech]

ripe (fruit) dojrzały [doyJawi]

rip-off: it's a rip-off to
zdzierstwo [Jdjerstfo]

rip-off prices wygórowane
ceny [vigoorovaneh tseni]

risky ryzykowny [rizikovni]

river rzeka [Jeka]

road droga, szosa [shosa]

is this the road for ...? czy ta
droga prowadzi do ...? [chi –
provadjee do]

road accident wypadek
drogowy [vipadek drogovi]

road map mapa
samochodowa [samoHodova]

roadsign znak drogowy
[drogovi]

rob: I've been robbed
obrabowano mnie
[obrabovano mnyeh]

rock skała [skawa]
(music) muzyka rockowa
[moozika rokova]
on the rocks (with ice) z
lodem

roll (bread) bułeczka
[boowechka]

roof dach [daH]

roof rack bagażnik dachowy
[bagaJneek daHovi]

Romania Rumunia

[roomoon-ya]

Romanian (adj) rumuński
[roomoonskee]

room pokój [pokoo^{yuh}]
in my room w moim pokoju
[vmo-eem pokoyoo]

dialogue

do you have any rooms?
czy są wolne pokoje? [chi
s<small>ON</small> volneh pokoyeh]

for how many people? dla
ilu osób? [eeloo osoop]

for one/for two dla jednej/
dla dwóch

yes, we have rooms free
tak, mamy wolne pokoje
[mami]

**for how many nights will it
be?** na ile dni? [eeleh]

just for one night tylko na
jedną noc [tilko – nots]

how much is it? ile to
kosztuje? [eeleh to koshtoo-
yeh]

**... with bathroom and ...
without bathroom** ... z
łazienką i ... bez łazienki
[zwaJenk<small>ON</small> ee ... bez waJenkee]

**can I see a room with
bathroom?** czy mogę
zobaczyć pokój z
łazienką? [mogeh zobachich]

OK, I'll take it dobrze,
poproszę [dobJe poprosheh]

room service obsługa
hotelowa [opswooga hotelova]

rope lina [leena]

rose róża [rooJa]

rosé wino rosé [veeno rosay]

roughly (approximately) około [okowo]

round: it's my round to moja kolejka [moya kolayka]

roundabout (for traffic) rondo

round trip ticket bilet powrotny [beelet povrotni]
see ticket

route trasa
what's the best route? którędy jest najlepiej jechać? [ktoorendi yest nilep-yay yeHach]

rubber (material) guma [gooma]
(eraser) gumka [goomka]

rubber band gumka

rubbish (waste) śmieci [sh-myechee]
(poor quality goods) tandeta
rubbish! (nonsense) bzdura! [bzdoora]

rucksack plecak [pletsak]

rude nieuprzejmy [n-yeh-oopshaymi]

ruins ruiny [roo-eeni]

rum rum [room]
rum and Coke® rum z coca-colą [s koka-kolON]

run (verb: person) biegać [b-yegach]
how often do the buses run? jak często kursują autobusy? [yak chensto koorsoo-yON]
I've run out of money zabrakło mi pieniędzy [zabrakwo mee p-yen-yendsi]

rush hour godzina szczytu [godjeena sh-chitoo]

Russia Rosja [ros-ya]

Russian (adj, language) rosyjski [rosee-skee]

S

sad smutny [smootni]

saddle (for bike) siodełko [shodeh^{wuh}ko]
(for horse) siodło [shodwo]

safe (adj) bezpieczny [besp-yechni]

safety pin agrafka

sail (verb) żeglować [Jeglovach]

sailboarding windsurfing [weendsoorfeenk]

sailing żeglarstwo [Jeglarstfo]

sailing boat żaglówka [Jagloofka]

salad sałatka [sawatka]

salad dressing przyprawa do sałaty [pshiprava do sawati]

sale: for sale na sprzedaż [spshedash]

salmon łosoś [wososh]

salt sól f [sool]

same: the same ten sam/ta sama/to samo
the same man ten sam mężczyzna
the same woman ta sama kobieta
the same as this taki sam jak ten [takee sam yak]
the same again, please proszę jeszcze raz to samo

[prosheh yesh-cheh ras]
it's all the same to me
mnie to nie robi różnicy
[mnyeh to n-yeh robee rooJneetsi]
sand piasek [p-yasek]
sandals sandały [sandawi]
sandwich kanapka
sanitary napkins/towels
podpaski higieniczne
[potpaskee heeg-yeneechneh]
sardines sardynka [sardinka]
Saturday sobota
sauce sos
saucepan garnek
saucer spodek
sauna sauna [sowna]
sausage kiełbasa [k-yeh^{wuh}basa]
say (verb) mówić
[moovich]/powiedzieć [pov-
yedjech]
how do you say ... in Polish?
jak jest po polsku ...? [yak
yest po polskoo]
what did he say? co on
powiedział? [tso on pov-
yedja^{wuh}]
she said ... powiedziała ...
[pov-yedjawa]
could you say that again?
proszę powtórzyć [prosheh
poftooJich]
scarf (for neck) szalik [shaleek]
(for head) chustka [Hoostka]
scenery krajobraz [krī-obras]
schedule (US) rozkład jazdy
[rozkwat yazdi]
scheduled flight lot rejsowy
[raysovi]
school szkoła [shkowa]

scissors: a pair of scissors
nożyczki [noJichkee]
scooter skuter [skooter]
scotch 'whisky'
Scotch tape® taśma klejąca
[tashma klayontsa]
Scotland Szkocja [shkots-ya]
Scottish szkocki [shkotskee]
I'm Scottish (man/woman)
jestem Szkotem/Szkotką
[yestem shkotem/shkotkON]
scrambled eggs jajecznica [yī-
echneetsa]
scratch (noun) zadrapanie
[zadrapan-yeh]
screw (noun) śruba [shrooba]
screwdriver śrubokręt
[shroobokrent]
sea morze [moJeh]
by the sea nad morzem
[moJem]
seafood dania morskie ze
skorupiaków [dan-ya morsk-
yeh zeh skoroop-yakoof]
seafront: on the seafront przy
plaży [pshi plaJi]
seagull mewa [meva]
search (verb) szukać [shookach]
seashell muszelka [mooshelka]
seasick: I feel seasick jest mi
niedobrze [yest mee
n-yedobJeh]
I get seasick cierpię na
chorobę morską [cherp-yeh na
Horobeh morskON]
seaside: by the seaside nad
morzem [moJem]
seat miejsce [m-yaystseh]
is this seat free? czy to

miejsce jest wolne? [chi – yest volneh]

seat belt pas bezpieczeństwa [besp-yechenstva]

secluded odosobniony [odosobn-yoni]

second (adj) drugi [droogee]
(of time) sekunda [sekoonda]
just a second! chwileczkę! [Hveelechkeh]

second class (travel etc) druga klasa [drooga]

second floor drugie piętro [droog-yeh p-yentro]
(US) pierwsze piętro [p-yerfsheh]

second-hand używany [ooJivani]

see widzieć [veedjech]
can I see? czy mogę zobaczyć? [chi mogeh zobachich]
have you seen ...? (to man) czy pan widział ...? [chi pan veedjawuh]
(to woman) czy pani widziała ...? [panee veedjawa]
I saw him this morning widziałem/widziałam go dziś rano [veedjawem/ veedjawam go djeesh]
see you! do zobaczenia! [zobachen-ya]
I see (I understand) rozumiem [rozoom-yem]

self-catering z własnym wyżywieniem [z vwasnim viJiv-yen-yem]

self-service samoobsługa [samoopswooga]

sell sprzedawać [spshedavach]/sprzedać [spshedach]
do you sell ...? czy mają państwo ...? [chi mī-ON panstfo]

Sellotape® taśma klejąca [tashma klayontsa]

send nadać [nadach], wysłać [viswach]
I want to send this to England chciałbym/chciałabym to wysłać do Anglii [Hchawuhbim/ Hchawabim – anglee-ee]

senior citizen rencista m [rencheesta], rencistka f [rencheestka]

separate osobny [osobni]

separated: I'm separated jestem w separacji z żoną/mężem [yestem f separats-yee s Jonon/menJem]

separately (pay, travel) osobno

September wrzesień [vJeshen^yuh]

septic septyczny [septichni]

serious poważny [povaJni]

service charge (in restaurant) opłata za obsługę [opwata za opswoogeh]

service station stacja benzynowa [stats-ya benzinova]

serviette serwetka [servetka]

set menu obiad firmowy [ob-yat feermovi]

several kilka [keelka]

sew szyć [shich]
could you sew this back on? czy może to pan/pani

przyszyć? [chi moJeh to pan/panee pshishich]

sex płeć [pwech]

sexy seksowny [seksovni]

shade cień [chen^yuh]

in the shade w cieniu [f chen-yoo]

shake: let's shake hands podajmy sobie ręce [podimi sob-yeh rentseh]

shallow (water) płytki [pwitkee]

shame: what a shame! jaka szkoda! [yaka shkoda]

shampoo (noun) szampon [shampon]

to have a shampoo and set umyć i ułożyć włosy [oomich ee oowoJich vwosi]

share dzielić się [djeleech sheh]/podzielić się

sharp (knife, pain) ostry [ostri] (taste) cierpki [cherpkee]

shattered (very tired) wykończony [vikonchoni]

shaver elektryczna golarka [elektrichna]

shaving foam krem do golenia [golen-ya]

shaving point kontakt do maszynki do golenia [mashinkee]

she* ona

is she here? czy ona tu jest? [chi ona too yest]

sheet (for bed) prześcieradło [pshesh-cheradwo]

shelf półka [poo^wuhka]

shellfish skorupiaki [skoroop-yakee]

sherry 'sherry'

ship statek

by ship statkiem [stat-kyem]

shirt koszula [koshoola]

shit! cholera! [Holera]

shock (noun) szok [shok], wstrząs [fstshons]

I got an electric shock from the ... ... poraziło mnie prądem [poraJeewo mnyeh prondem]

shock-absorber amortyzator [amortizator]

shocking skandaliczny [skandaleechni]

shoe but [boot]

a pair of shoes para butów [bootoof]

shoelaces sznurowadła [shnoorovadwa]

shoe polish pasta do butów [bootoof]

shoe repairer naprawa obuwia [naprava oboov-ya]

shop sklep

Most shops are open Monday to Friday from approximately 10 a.m. to 6 p.m., though many are also open on Saturdays and Sundays till 2 p.m. Exceptions are grocery stores, which may open as early as 6 a.m. and close by mid-afternoon – something to watch out for in rural areas in particular. All the large cities now have several grocery stores and all-purpose stores (**sklepy nocne**) open round the clock.

Ruch kiosks, where you can buy newspapers and municipal transport tickets, generally open from about 6 a.m.; some shut around 5 p.m., but others remain open for several hours longer.

shopping: I'm going shopping idę po zakupy [eedeh po zakoopi]

shopping centre centrum handlowe [tsentroom handloveh]

shore (of sea, lake) brzeg [bJek]

short krótki [krootkee]
(person) niski [neeskee]

shortcut skrót [skroot]

shorts szorty [shorti]

should: what should I do? co mam zrobić? [tso mam zrobeech]

you should ... (to man) powinien pan ... [poveen-yen]
(to woman) powinna pani ... [poveen-na panee]

you shouldn't ... (to man) nie powinien pan ... [n-yeh poveen-yen]
(to woman) nie powinna pani ...

shoulder ramię [ram-yeh]

shout (verb) wołać [vowach]

show (in theatre) przedstawienie [pshetstav-yen-yeh]

could you show me? czy może mi pan/pani pokazać? [chi moJeh mee pan/panee pokazach]

shower (rain) ulewa [ooleva]
(in bathroom) prysznic

[prishneets]

with shower z prysznicem [s prishneetsem]

shower gel żel pod prysznic [Jel pot prishneets]

shut (verb) zamykać [zamikach]/zamknąć [zamk-nonch]

when do you shut? o której państwo zamykają? [ktooray panstfo zamikī-on]

when does it shut? o której to się zamyka? [sheh zamika]

they're shut zamknięte [zamk-nyenteh]

shut up! cicho bądź! [cheeHo bonch]

shutter (on camera) przesłona [psheswona]
(on window) okiennice [ok-yen-neetseh]

shy nieśmiały [n-yesh-myawi]

sick (ill) chory [Hori]

I'm going to be sick (vomit) będę wymiotować [bendeh vim-yotovach]

side strona

the other side of the street druga strona ulicy [drooga – ooleetsi]

sidelights światła pozycyjne [sh-fyatwa pozitsee-neh]

side salad sałatka [sawatka]

side street boczna ulica [bochna ooleetsa]

sidewalk chodnik [Hodneek]

on the sidewalk na chodniku [Hodneekoo]

sight: the sights of ...

widoki ... [veedokee]

sightseeing: we're going
sightseeing wybieramy się
na zwiedzanie [vib-yerami sheh
na z-vyedzan-yeh]

sightseeing tour zwiedzanie
zabytków [z-vyedzan-yeh
zabitkoof]

sign (roadsign etc) znak

signal (driver, cyclist) sygnał
[signa^{wuh}]

he didn't signal nie
zasygnalizował [n-yeh
zasignaleezova^{wuh}]

signature podpis [potpees]

signpost drogowskaz
[drogofskas]

silence cisza [cheesha]

silk jedwab [yedvap]

silly niemądry [n-yemondri]

silver (noun) srebro

silver foil folia aluminiowa
[fol-ya aloomeen-yova]

similar podobny [podobni]

simple (easy) prosty [prosti]

since: since last week od
zeszłego tygodnia [zeshwego
tigod-nya]

since I got here od mojego
przyjazdu [moyego pshi-yazdoo]

sing śpiewać [sh-pyevach]/
zaśpiewać

singer (man/woman) piosenkarz
[p-yosenkash], piosenkarka

single: a single to ... bilet w
jedną stronę ... [beelet v yednON
stroneh]

I'm single jestem nieżonaty/
jestem niezamężna [yestem

n-yeJonati/yestem n-yezamenJna]

single bed łóżko pojedyńcze
[wooJko poyedincheh]

single room pokój
jednoosobowy [pokoo^{yuh}
yedno-osobovi]

single ticket bilet w jedną
stronę [beelet v yednON stroneh]

sink (in kitchen) zlewozmywak
[zlevozmivak]

sister siostra [shostra]

sister-in-law szwagierka
[shvag-yerka]

sit: can I sit here? czy mogę
tu usiąść? [chi mogeh too
ooshonsh-ch]

is anyone sitting here? czy
ktoś tu siedzi? [chi ktosh too
shedjee]

sit down usiąść [ooshonsh-ch]

please sit down proszę
siadać [prosheh shadach]

size rozmiar [roz-myar]

ski (noun) narta
(verb) jeździć na nartach
[ye,Jdjeech na nartaH]

a pair of skis narty [narti]

ski boots buty narciarskie
[booti narcharsk-yeh]

skiing narciarstwo [narcharstvo]

we're going skiing idziemy
na narty [eedjemi na narti]

ski instructor instruktor jazdy
na nartach [eenstrooktor yazdi
na nartaH]

ski-lift wyciąg narciarski
[vichonk narcharskee]

skin skóra [skoora]

skin-diving nurkowanie

[noorkovan-yeh]

skinny chudy [ноodi]

ski-pants spodnie narciarskie [spod-nyeh narcharsk-yeh]

ski-pass bilet zjazdowy [beelet zyazdovi]

ski pole kijek do nart [kee-yek]

skirt spódnica [spoodneetsa]

ski run zjazd [z-yast]

ski slope stok zjazdowy [z-yazdovi]

ski wax smar do nart

sky niebo [n-yebo]

sleep (verb) spać [spach]

did you sleep well? czy dobrze się spało? [chi dobJeh sheh spawo]

sleeper (on train) wagon sypialny [vagon sip-yalni]

sleeping bag śpiwór [shpeevoor]

sleeping car wagon sypialny [vagon sip-yalni]

sleeping pill środek nasenny [shrodek nasen-ni]

sleepy: I'm feeling sleepy jestem śpiący/śpiąca [yestem sh-pyontsi/sh-pyontsa]

sleeve rękaw [renkaf]

slide (photographic) slajd [slīd]

slip (garment) halka

slippery śliski [shleeskee]

Slovak (adj) słowacki [swovatskee]

Slovakia Słowacja [swovats-ya]

slow powolny [povolni]

slow down! proszę wolniej! [prosheh vol-nyay]

slowly powoli [povolee]

very slowly bardzo powoli [bards-o]

small mały [mawi]

smell: it smells (smells bad) to nieprzyjemnie pachnie [n-yepshi-yem-nyeh pан-nyeh]

smile (verb) uśmiechać się [ooshmyeнach sheh]/ uśmiechnąć się [ooshmyeнuonch sheh]

smoke (noun) dym [dim]

do you mind if I smoke? czy mogę zapalić? [chi mogeh zapaleech]

I don't smoke nie palę [n-yeh paleh]

do you smoke? czy pan/ pani pali? [chi pan/panee palee]

snack: just a snack tylko mała przekąska [tilko mawa pshekoNska]

Open from early morning till 5 or 6 p.m. (later in the city centres), snack bars are canteen-type places, serving very cheap but fairly basic food: small plates of salted herring in oil (śledź w oleju), meat or cheese sandwiches and Russian salad (sałatka jarzynowa).

Although a meal without meat is a contradiction in terms for most Poles, vegetarians will find cheap refuge in the milk bars (bar mleczny), whose dairy-based menus exclude meat almost entirely (continuing Jewish traditions). Popular on the whole with the young and with students, milk bars are even cheaper than snack bars and both operate like self-service cafeterias. In recent years many simple and inexpensive milk bars have been replaced by Western-style snack bars (or truly Western Pizza Huts or McDonald's etc).

snack bar bar szybkiej obsługi [ship-kyay opswoogee]

sneeze (noun) kichać [keeHach]

snorkel maska do nurkowania [noorkovan-ya]

snow (noun) śnieg [sh-nyek]

it's snowing pada śnieg

so taki [takee], taka, takie [tak-yeh]

so expensive tak drogie

it's so good to takie dobre

so am I, so do I ja też [ya tesh]

soaking solution (for contact lenses) płyn do soczewek kontaktowych [pwin do sochevek kontaktoviH]

soap mydło [midwo]

soap powder proszek do prania [proshek do pran-ya]

sober trzeźwy [tsheJvi]

sock skarpetka [skarpetka]

socket (electrical) gniazdko [g-nyastko]

soda (water) woda sodowa [voda sodova]

sofa sofa, kanapa

soft (material etc) miękki [m-yenk-kee]

soft-boiled egg jajko na miękko [yIko na m-yenko]

soft drink napój bezalkoholowy [napooyuh bezalkoholovi]

soft lenses szkła kontaktowe miękkie [shkwa kontaktoveh m-yenkyeh]

sole (of shoe, of foot) podeszwa [podeshva]

could you put new soles on these? czy może je pan/pani podzelować? [chi moJeh yeh pan/panee pod-zelovach]

some: can I have some water/rolls? czy mogę prosić o trochę wody/kilka bułek? [mogeh prosheech o troHeh – keelka]

can I have some? czy mogę trochę dostać? [dostach]

somebody, someone ktoś [ktosh]

something coś [tsosh]

something to eat coś do jedzenia [tsosh do yedsen-ya]

sometimes czasami [chasamee]

somewhere gdzieś [gjesh]

son syn [sin]

song piosenka [p-yosenka]

son-in-law zięć [Jench]

soon wkrótce [fkroot-tseh]

I'll be back soon niedługo wracam [n-yedwoogo vratsam]

as soon as possible możliwie jak najwcześniej [moJleev-yeh yak nIfchesh-nyay]

sore: it's sore to boli [bolee]

sore throat ból gardła [bool gardwa]

sorry: (I'm) sorry przepraszam [psheprasham]

sorry? (didn't understand/hear) słucham? [swooHam]

sort: what sort of ...? jaki rodzaj ...? [yakee rodsɪ]

so-so tak sobie [sob-yeh]

soup zupa [zoopa]

sour (taste) kwaśny [kfashni]

south południe [powood-nyeh]

in the south na południu [powood-nyoo]

South Africa Południowa Afryka [powood-nyova afrika]

South African (adj) południowoafrykański [powood-nyovo-afrikanskee]

I'm South African (man/woman) jestem z Południowej Afryki [yestem s powood-nyovay afrikee]

southeast południowy wschód [powood-nyovɪ fsHoot]

southwest południowy zachód [zaHoot]

souvenir pamiątka [pam-yontka]

spa uzdrowisko [oozdroveesko]

Spain Hiszpania [Heeshpan-ya]

spanner klucz do nakrętek [klooch do nakrentek]

spare part części zamienne [chensh-chee zam-yen-neh]

spare tyre koło zapasowe [kowo zapasoveh]

spark plug świeca [sh-vyetsa]

speak: do you speak English? czy pan/pani mówi po angielsku? [chi pan/panee moovee po ang-yelskoo]

I don't speak ... nie mówię po ... [n-yeh moov-yeh]

can I speak to ...? czy mogę prosić ...? [chi mogeh prosheech]

dialogue

can I speak to Robert? czy mogę prosić Roberta?

who's calling? kto mówi? [moovee]

it's Anna Anna

I'm sorry, he's not in, can I take a message? niestety, nie ma go, czy mam mu coś przekazać? [n-yesteti n-yeh ma go chi mam moo tsosh pshekazach]

no thanks, I'll call back later nie, dziękuję, zadzwonię później [djenkoo-yeh zadsvon-yeh pooJ-nyay]

please tell him I called proszę mu powiedzieć, że dzwoniłam [prosheh moo po-vyedjech Jeh dsvoneewam]

spectacles okulary [okoolari]

speed (noun) szybkość [shibkosh-ch]

speed limit ograniczenie szybkości [ogran-yeechen-yeh shibkosh-chee]

speedometer szybkościomierz [shibkosh-chom-yesh]

spell: how do you spell it? jak to się pisze? [yak to sheh peesheh]

see **alphabet**

spend wydawać [widavach]/ wydać [vidach]

spider pająk [pionk]

spinach szpinak [shpeenak]

spin-dryer suszarka do bielizny [soosharka do b-yeleezni]

splinter drzazga [dJazga]

spoke (in wheel) szprycha [shpriHa]

spoon łyżka [wishka]

sport sport

sprain zwichnięcie [zveeH-nyencheh]

I've sprained my ... zwichnąłem/zwichnęłam ... [zveeHnowem/zveeHneh-wam]

spring (season) wiosna [v-yosna] (of seat) sprężyna [sprenJina] (of car) resor

in the spring na wiosnę [v-yosneh], wiosną [v-yosnON]

square (in town) plac [plats]

stairs schody [sHodi]

stale (bread) czerstwy [cherstfi]

stall: the engine keeps stalling silnik mi gaśnie [sheelnik mee gash-nyeh]

stamp (noun) znaczek [znachek]

dialogue

a stamp for England, please proszę znaczek do

Anglii [prosheh znachek do anglee-ee]

what are you sending? co pan/pani wysyła? [tso pan/panee visiwa]

this postcard tą pocztówkę [tON pochtoofkeh]

standby lot 'standby'

star gwiazda [g-vyazda] (in film) gwiazda filmowa [feelmova]

start (noun) początek [pochontek] (verb) zaczynać [zachinach]/zacząć [zachonch]

when does it start? o której to się zaczyna? [ktooray to sheh zachina]

the car won't start silnik się nie zapala [sheelneek sheh n-yeh zapala]

starter (of car) starter (food) zakąska [zakonska]

starving: I'm starving umieram z głodu [oom-yeram z gwodoo]

state (country) państwo [panstfo]

the States (USA) Stany [stani]

station stacja [stats-ya], dworzec [dvoJets]

statue rzeźba [JeJba]

stay: where are you staying? (to man) gdzie się pan zatrzymał? [gjeh sheh pan zatshima^{wuh}] (to woman) gdzie się pani zatrzymała? [panee zatshimawa]

I'm staying at ... mieszkam w ... [m-yeshkam v]

I'd like to stay another two nights chciałbym/chciałabym zostać jeszcze dwa dni [Hchawuhbim/Hchawabim zostach yesh-cheh]

steak befsztyk [befshtik]

steal kraść [krash-ch]/ukraść

my bag has been stolen ukradziono mi torebkę [ookradjono mee torebkeh]

steep (hill) stromy [stromi]

steering układ kierowniczy [ookwat k-yerovneechi]

steps: on the steps na schodkach [sHotkaH]

stereo stereo

sterling szterling [shterleenk]

steward (on plane) steward [st-yoo-ard]

stewardess stewardesa [st-yoo-ardesa]

sticking plaster przylepiec [pshilep-yets]

still: I'm still here jeszcze tu jestem [yesh-cheh too yestem]

is he still there? czy on tu jeszcze jest? [chi on too – yest]

keep still! proszę się nie ruszać! [prosheh sheh n-yeh rooshach]

sting: I've been stung zostałem użądlony/zostałam użądlona [zostawem ooJondloni]

stockings pończochy [ponchoHi]

stomach żołądek [JowONdek]

stomach ache ból żołądka [bool Jowontka]

stone (rock) kamień [kam-yenyuh]

stop (verb) zatrzymywać się [zatshimiwach sheh]/zatrzymać się [zatshimach]

please, stop here (to taxi driver etc) proszę się tu zatrzymać [prosheh – too]

do you stop near ...? czy jest przystanek w pobliżu ...? [chi yest pshistanek f pobleeJoo]

stop it! proszę przestać! [prosheh pshestach]

stopover przerwa w podróży [psherva f podrooJi]

storm burza [booJa]

straight prosty [prosti] (whisky etc) czysty [chisti]

it's straight ahead prosto

straightaway natychmiast [natiH-myast]

strange (odd) dziwny [djeevni]

stranger nieznajomy [n-yeznī-omi]

I'm a stranger here ja nie jestem tutejszy/tutejsza [ya n-yeh yestem tootayshi/tootaysha]

strap pasek

strawberry truskawka [trooskafka]

stream strumień [stroom-yenyuh]

street ulica [ooleetsa]

on the street na ulicy [ooleetsi]

streetmap plan miasta [m-yasta]

string sznurek [shnoorek]

strong silny [sheelni]

stuck zablokowany [zablokovani]

  it's stuck zacięło się [zacheh-wo sheh]

student (male/female) student [stoodent], studentka [stoodentka]

stupid głupi [gwoopee]

suburb peryferie [perifer-yeh]

subway (US) metro, kolejka podziemna [kolayka podJemna]

suddenly nagle [nagleh]

suede zamsz [zamsh]

sugar cukier [tsook-yer]

suit (man's) garnitur [garneetoor]

  (woman's) kostium [kost-yoom]

  it doesn't suit me (jacket etc) źle na mnie leży [Jleh na mnyeh leJi]

  it suits you (to man) dobrze panu w tym [dobJeh panoo f tim]

  (to woman) ładnie pani w tym [wad-nyeh panee]

suitcase walizka [valeeska]

summer lato

  in the summer w lecie [vlecheh], latem

sun słońce [swontseh]

  in the sun na słońcu [swontsoo]

  out of the sun w cieniu [f chen-yoo]

sunbathe opalać się [opalach sheh]/opalalić się [opaleech]

sunblock (cream) krem

chroniący skórę [Hron-yONtsi skooreh]

sunburn poparzenie słoneczne [popaJen-yeh swonechneh]

sunburnt opalony [opaloni]

Sunday niedziela [n-yedjela]

sunglasses okulary słoneczne [okoolari swonechneh]

sun lounger (chair for lying on) leżak [leJak]

sunny słoneczny [swonechni]

  it's sunny jest pogodnie [yest pogod-nyeh]

sunroof (in car) otwierany dach [ot-fyerani daH]

sunset zachód słońca [zaHoot swontsa]

sunshade parasol

sunshine słońce [swontseh]

sunstroke udar słoneczny [oodar swonechni]

suntan opalenizna [opaleneezna]

suntan lotion krem do opalania [opalan-ya]

suntanned opalony [opaloni]

suntan oil olejek do opalania [olayek do opalan-ya]

super ekstra, super [sooper]

supermarket sklep samoobsługowy [samo-obswoogovi], Sam

supper kolacja [kolats-ya]

supplement (extra charge) dopłata [dopwata]

sure: are you sure? (to man) czy jest pan pewny? [chi yest pan pevni]

(to woman) czy jest pani
pewna? [panee pevna]
(fam) czy jesteś
pewny/pewna? [yestesh]
sure! oczywiście! [ochiveesh-cheh]
surface mail poczta zwykła
[pochta zvikwa]
surname nazwisko [nazveesko]
swearword przekleństwo
[psheklenistfo]
sweater sweter [sfeter]
sweatshirt bluza [blooza]
Sweden Szwecja [shvets-ya]
Swedish szwedzki [shvetskee]
sweet (taste) słodki [swotkee]
(noun: dessert) deser
sweets cukierki [tsook-yerkee]
swelling opuchlizna
[opooHleezna]
swim (verb) pływać [pwivach]
I'm going for a swim idę
popływać [eedeh popwivach]
let's go for a swim chodźmy
popływać [Hochmi popwivach]
swimming costume kostium
kąpielowy [kost-yoom komp-yelovi]
swimming pool basen,
pływalnia [pwival-nya]
swimming trunks slipy
kąpielowe [sleepi komp-yeloveh]
switch (noun) przełącznik
[psheh-wonchneek]
switch off zgasić [zgasheech]
switch on zapalić [zapaleech]
swollen spuchnięty [spooH-nyenti]

T

table stół [stoo^{wuh}]
(in restaurant) stolik [stoleek]
a table for two stolik dla
dwóch osób [dvooH osoop]
tablecloth obrus [obroos]
table tennis tenis stołowy
[tenees stowovi]
table wine wino stołowe
[veeno stowoveh]
tailback (of traffic) zator
tailor krawiec [krav-yets]
take (verb) brać [brach]/wziąć
[vJonch]
can you take me to the ...?
czy może mnie pan/pani
podwieźć do ...? [chi moJeh
mnyeh pan/panee pod-vyesh-ch]
do you take credit cards? czy
można zapłacić kartą
kredytową? [moJna
zapwacheech kartON kreditovON]
I'll take it wezmę to [vezmeh]
can I take this? (leaflet etc) czy
mogę to sobie wziąć?
[mogeh to sob-yeh vJonch]
how long does it take? jak
długo to potrwa? [yak dwoogo
to potrva]
it takes three hours to
potrwa trzy godziny
is this seat taken? czy tu
ktoś siedzi? [too ktosh shedjee]
hamburger to take away
hamburger na wynos
[hamboorger na vinos]
can you take a little off here?

(to hairdresser) czy może pan/pani trochę tu podciąć? [troHeh too potchonch]

talcum powder talk [tahlk]

talk (verb) mówić [moovich]/ powiedzieć [pov-yedjech]

tall wysoki [visokee]

tampons tampony [tamponi]

tan (noun) opalenizna [opaleneezna]

to get a tan opalić się [opaleech sheh]

tank (of car) zbiornik [z-byorneek]

tap kran

tape (for cassette) taśma magnetofonowa [tashma magnetofonova]

tape measure centymetr [tsentimetr]

tape recorder magnetofon [magnetofon]

taste (noun) smak

can I taste it? czy mogę tego spróbować? [chi mogeh tego sproobovach]

taxi taksówka [taksoofka]

will you get me a taxi? czy może pan/pani sprowadzić mi taksówkę? [chi moJeh pan/panee sprovadjeech mee taksoovkeh]

where can I find a taxi? gdzie mogę złapać taksówkę? [gjeh mogeh zwapach taksoovkeh]

dialogues

to the airport/to the Forum Hotel, please proszę na lotnisko/do hotelu Forum [prosheh na lotneesko]

how much will it be? ile to wyniesie? [eeleh to vin-yesheh]

90 zlotys dziewięćdziesiąt złotych [zwotiH]

that's fine right here, thanks w porządku, mogę tu wysiąść [f poJontkoo mogeh too vishonsh-ch]

I'd like to order a taxi for 8 a.m. chciałbym/chciałabym zamówić taksówkę na godzinę ósmą rano [Hchawuhbim/Hchawabim zamooveech taksoofkeh]

where are you going? dokąd kurs? [dokont koors]

to the airport na lotnisko [lotneesko]

where are you leaving from? a skąd? [skont]

my address is ... podaję adres ... [podi-eh]

what is your phone number? numer telefonu? [noomer telefonoo]

Taxis are cheap enough to make them a viable proposition for regular use. Be wary of unmetered taxis (unless you agree the price in advance) and of drivers who demand payment in hard currency, and always ensure that the driver switches on the meter when you begin your journey. To be safe from extortion, it's best to call a radio-taxi, for which there is no call-out charge. Because of the inflation of the past few years, what you actually pay is the meter fare times a multiplier, the current figure for the latter being displayed on a little sign; prices are fifty per cent higher after 11 p.m.

Prices are also raised by fifty per cent for journeys outside the city limits. However, costs are always negotiable for longer journeys, for example, between towns, and can work out very reasonable if split among a group.

taxi-driver taksówkarz
[taksoofkash]

taxi rank postój taksówek
[postooyuh taksoovek]

tea (drink) herbata [нerbata]
tea for one/two please
proszę jedną herbatę/dwie
herbaty [prosheh yednoN
herbateh/dvyeh herbati]

Tea is drunk Russian-style in the glass, without milk and often with lemon. Cafés and restaurants will give you hot water and a teabag (China tea as a rule), but in bars tea is more likely to be **naturalna** style – a spoonful of tea leaves with the water poured on top.

teabags herbata w torebkach
[f torepkaн]

teach uczyć [oochich]/nauczyć
could you teach me? czy
może mnie pan/pani
nauczyć? [chi moјeh mnyeh
pan/panee]

teacher (man/woman)
nauczyciel [na-oochichel],
nauczycielka

team drużyna [drooJina]

teaspoon łyżeczka [wiJechka]

tea towel ścierka do naczyń
[sh-cherka do nachinyuh]

teenager nastolatek

teeth zęby [zembi]

telegram telegram

telephone telefon
see **phone**

television telewizja [televeez-ya]

tell: could you tell him ...?
proszę mu powiedzieć ...
[prosheh moo pov-yedjech]

temperature (weather)
temperatura [temperatoora]
(fever) gorączka [goronchka]

tennis tenis [tenees]

tennis ball piłka tenisowa
[peewuhka teneesova]

tennis court kort tenisowy
[teneesovi]

tennis racket rakieta tenisowa
[rak-yeta]

tent namiot [nam-yot]

term (at university) semestr
(at school) okres szkolny
[shkolni]

terminus (rail) stacja końcowa

[stats-ya kontsova]
terrible straszny [strashni]
terrific fantastyczny
[fantastichni]
than* niż [neesh], od
  smaller than mniejszy od
  [mnyayshi]
thank (verb) dziękować
[djenkovach]/podziękować
  thanks, thank you dziękuję
  [djenkoo-yeh]
  thank you very much
  dziękuję bardzo [bards-o]
  thanks for the lift dziękuję
  bardzo za podwiezienie
  no thanks dziękuję, nie
  [n-yeh]

dialogue

thanks dziękuję
that's OK, don't mention it
drobiazg, nie ma o czym
mówić [drob-yask n-yeh ma o
chim mooveech]

that*: that boy ten chłopiec
[Hwop-yets]
  that girl ta dziewczyna
  [djefchina]
  that one ten/ta/to
  (further away)
  tamten/tamta/tamto
  I hope that ... mam nadzieję,
  że ... [nadjayen Jeh]
  that's nice jak to miło [yak to
  meewo]
  is that ...? czy to jest ...? [chi
  to yest]

that's it! (that's right) właśnie!
[vwash-nyeh]
the*
theatre teatr [teh-atr]
their* ich [eeH]
theirs* ich
them* ich
  for them dla nich [neeH]
  with them z nimi
  who? – them (people/things)
  kto? – oni/one [onee/oneh]
then (at that time) wtedy [ftedi]
  (after that) potem
there tam
  over there tam
  up there tam u góry [oo goori]
  is/are there ...? czy
  jest/są ...? [chi yest/soN]
  there is ... jest ...
  there are ... są ...
  there you are (giving something)
  proszę [prosheh]
thermometer termometr
Thermos® flask termos
these*: these men ci
  mężczyźni [chee]
  these women te kobiety [teh]
  I'd like these poproszę te
  [poprosheh teh]
they* one [oneh], oni (mpl)
  [onee]
thick gruby [groobi]
  (forest, hair) gęsty [gensti]
  (stupid) tępy [tempi]
thief (man/woman) złodziej
[zwodjay], złodziejka
[zwodjayka]
thigh udo [oodo]
thin cienki [chenkee]

thing rzecz [Jech]
  my things moje rzeczy
  [moyeh Jechi]
think myśleć [mishlech]
  I think so chyba tak [Hiba tak]
  I don't think so chyba nie
  [n-yeh]
  I'll think about it pomyślę o
  tym [pomishleh o tim]
third party insurance
  ubezpieczenie od
  odpowiedzialności cywilnej
  [oobesp-yechen-yeh ot otpov-
  yedjalnosh-chee tsiveelnay]
thirsty: I'm thirsty chce mi się
  pić [Htseh mee sheh peech]
this*: this boy ten chłopiec
  this girl ta dziewczyna
  this one ten/ta/to
  this is my wife to moja żona
  [moya Jona]
  is this ...? czy to ...? [chi]
those*: those men ci
  mężczyźni [chee]
  those women te kobiety [teh]
  which ones? – those które? –
  te [ktooreh]
thread (noun) nitka [neetka]
throat gardło [gardwo]
throat pastilles pastylki od
  bólu gardła [pastilkee od booloo
  gardwa]
through przez [pshez]
  does it go through ...? (train,
  bus) czy przejeżdża przez ...?
  [chi pshayeJdja]
throw (verb) rzucać
  [Jootsach]/rzucić [Joocheech]
throw away (verb) wyrzucać

[viJoochach]/wyrzucić
  [viJoocheech]
thumb kciuk [kchook]
thunderstorm burza [booJa]
Thursday czwartek [chvartek]
ticket bilet [beelet]

dialogue

a return to Olsztyn
  powrotny do Olsztyna
  [povrotni do olshtina]
  coming back when? kiedy
  pan/pani wraca? [k-yedi
  pan/panee vratsa]
  today/next Tuesday
  dzisiaj/w przyszły wtorek
  [djeeshi/f pshishwi ftorek]
  that will be 8 zlotys osiem
  złotych [zwotiH]

ticket office (bus, rail) kasa
  biletowa [beeletova]
tide: high tide przypływ
  [pshipwif]
  low tide odpływ [otpwif]
tie (necktie) krawat [kravat]
tight (clothes etc) ciasny [chasni]
  it's too tight to jest za ciasne
  [yest za chasneh]
tights rajstopy [ristopi]
till kasa
time* czas [chas]
  what's the time? która
  godzina? [ktoora godjeena]
  this time tym razem [tim]
  last time zeszłym razem
  [zeshwim]
  next time następnym razem

[nastempnim]

three times trzy razy [tshi razi]

timetable rozkład jazdy
[rozkwat yazdi]

tin (can) puszka [pooshka]

tinfoil cynfolia [tsinfol-ya]

tin-opener otwieracz do
puszek [ot-fyerach do pooshek]

tiny maleńki [malenkee]

tip (to waiter etc) napiwek
[napeevek]

 There are no hard and
fast rules about tipping,
but a common practice is
to round the bill up to the nearest
1,000 złotys, except in upmarket
places, where leaving ten per cent is
the established practice.

tired zmęczony [zmenchoni]

I'm tired jestem
zmęczony/jestem zmęczona
[yestem zmenchoni]

tissues chusteczki
jednorazowe [Hoostechkee
yednorazoveh]

to: to Wroclaw/London do
Wrocławia/Londynu
[vrotswav-ya/londinoo]

to Germany/England do
Niemiec/Anglii [n-yem-yets/
anglee-ee]

to the post office na pocztę
[pochteh]

toast (bread) grzanka [gJanka],
tost

today dziś [djeesh]

toe palec u nogi [palets oo

nogee]

together razem

we're together (in shop etc)
jesteśmy razem [yesteshmi]

toilet toaleta

where is the toilet? gdzie jest
toaleta? [gjeh yest]

I have to go to the toilet
muszę iść do toalety
[moosheh eesh-ch do toaleti]

 Public toilets (**toalety,
ubikacja** or **WC**) are
generally found at railway
and bus stations, in restaurants,
museums, pubs and other public
places. They are usually fresh, clean
and in good working order, with
soap dispensers or bars of soap,
paper towels or hand dryers and no
shortage of toilet paper. Most of
them are **płatne**, i.e. you pay 20-50
groszy.

toilet paper papier toaletowy
[pap-yer to-aletovi]

token (for phone) żeton [Jeton]

tomato pomidor [pomeedor]

tomato juice sok
pomidorowy [pomeedorovi]

tomato ketchup keczup
[kechoop]

tomorrow jutro [yootro]

tomorrow morning jutro
rano

the day after tomorrow
pojutrze [po-yootsheh]

toner (cosmetic) tonik
kosmetyczny [toneek

kosmetichni]

tongue język [yenzik]

tonic (water) tonik [toneek]

tonight dziś wieczorem [djeesh v-yechorem]

tonsillitis angina [angeena]

too (excessively) za
  (also) też [tesh]
  too hot za gorąco [gorontso]
  too much za dużo [dooJo]
  me too ja też [ya tesh]

tooth ząb [zomp]

toothache ból zęba [bool zemba]

toothbrush szczoteczka do zębów [sh-chotechka do zemboof]

toothpaste pasta do zębów

top: on top of ... na powierzchni... [pov-yeshHnee]
  at the top na górze [gooJeh]
  at the top of ... na górze ...
  top floor górne piętro [goorneh p-yentro]

topless toples

torch latarka

total (noun) suma [sooma]

touch (verb) dotykać [dotikach]/dotknąć [dotknonch]
  do not touch! nie dotykaj! [n-ye dotikai]

tour (noun) wycieczka [vichechka]
  is there a tour of ...? czy są wycieczki po ...? [chi son vichechkee]

tour guide (man/woman) przewodnik [pshevodneek], przewodniczka

[pshevodneechka]

tourist turysta **m** [toorista], turystka **f** [tooristka]

tourist information office biuro informacji turystycznej [b-yooro eenformats-yee tooristichnay]

As a rule, Orbis offices are open from 9 or 10 a.m. until 5 p.m. (or later in major cities) during the week; hours are shorter on Saturdays, sometimes with closure on alternate weeks. Other tourist information offices are normally open Monday to Friday 9 a.m. to 4 p.m.

tour operator biuro podróży [podrooJi]

towards w kierunku [f k-yeroonkoo]

towel ręcznik [renchneek]

town miasto [m-yasto]
  in town w mieście [v m-yesh-cheh]
  just out of town tuż za miastem [toosh za m-yastem]

town centre centrum miasta [tsentroom m-yasta]

town hall ratusz [ratoosh]

toy zabawka [zabafka]

track (US) peron

tracksuit dres sportowy [sportovi]

traditional tradycyjny [traditsee-ni]

traffic ruch drogowy [rooH drogovi]

traffic jam korek
traffic lights światła [sh-fyatwa]
trailer przyczepa [pshichepa]
trailer park camping dla
przyczep turystycznych
[kampeenk dla pshichep
tooristichniH]
train pociąg [pochonk]
  by train pociągiem [pochong-
  yem]

dialogue

**is this the train for
Giżycko?** czy to jest
pociąg do Giżycka? [chi to
yest pochonk do geeJitska]
**sure/no, you want that
platform there** tak/nie,
musi pan/pani przejść na
tamten peron [n-yeh
mooshee pan/panee pshaysh-ch
na tamten peron]

Polish State Railways
(**PKP**) is a reasonably
efficient organization and
runs three main types of train:
Express services (**ekspresowy**) are
the ones to go for if you're travelling
long distances, as they stop at the
main cities only (although they are
generally extremely slow).
Expresses are marked in red on
timetables, with an R in a box
alongside. So-called fast trains
(**pośpieszne**), again marked in red,
have more stops, and reservations
are optional.

The normal services (**normalne** or
osobowe) are shown in black and
should be avoided whenever
possible: they stop at every stop.
Fares are very reasonable compared
to Western prices. It's worth paying
the fifty per cent extra to travel first
class or make a reservation
(**miejscówka**) as trains can be
crowded; a reservation is
compulsory on express trains.
Reservations can be made up to
sixty days in advance, or ninety days
for return trips.
Most long inter-city journeys are
best done overnight; they're often
conveniently timed so that you leave
around 10 or 11 p.m. and arrive
between 6 and 9 a.m. For these, it's
best to book either a sleeper
(**sypialny**) or a couchette; the total
cost will probably be little more than
a room in a cheap hotel.
Buying tickets is no problem in small
places, but in the main train stations
long queues are endemic. As an
alternative to the station queues,
you can buy tickets for journeys of
over 100km at Orbis offices.

trainers (shoes) adidasy
  [adeedasi]
train station dworzec
  kolejowy [dvoJets kolayovi]
tram tramwaj [tramvi]

Trams are the basis of the
public transport system in
nearly all Polish cities.

They usually run from about 5 a.m. to midnight, and departure times are clearly posted at the stops. Tickets must be bought from Ruch kiosks. On boarding, you should immediately cancel your ticket in one of the machines. If you change trams, you'll need a second ticket.
see **bus**

translate tłumaczyć [twoomachich]/przetłumaczyć [pshetwoomachich]
could you translate that? czy może to pan/pani przetłumaczyć? [chi moJeh to pan/panee]
translator (man/woman) tłumacz [twoomach], tłumaczka [twoomachka]
trash (waste) śmieci [shmyechee]
trashcan pojemnik na śmieci [poyemneek]
travel podróżować [podrooJovach]
we're travelling around Wielkopolska/the Mazurian District zwiedzamy Wielkopolskę/Mazury [z-vyeds-ami v-yelkopolskeh/mazoori]
travel agent's biuro podróży [b-yooro podrooJi]
traveller's cheque czek podróżny [chek podrooJni]
tray taca [tatsa]
tree drzewo [dJevo]
tremendous kolosalny

[kolosalni]
trendy modny [modni]
trim: just a trim please (to hairdresser) proszę tylko podciąć [prosheh tilko potchonch]
trip (excursion) wycieczka [vichechka]
I'd like to go on a trip to ... chciałbym/chciałabym zrobić wycieczkę do ... [Hchawuhbim/Hchawabim zrobeech vichechkeh]
trolley wózek [voozek]
trolleybus trolejbus [trolayboos]
trouble (noun) problem [problem]
I'm having trouble with ... mam problemy z ... [problemi z]
trousers spodnie [spod-nyeh]
true prawdziwy [pravdjeevi]
that's not true to nieprawda [n-yepravda]
trunk (US: of car) bagażnik [bagaJneek]
trunks (swimming) slipy kąpielowe [sleepi komp-yeloveh]
try (verb) próbować [proobovach]
can I try it? (food, doing something) czy mogę spróbować? [chi mogeh sproobovach]
try on przymierzać [pshim-yeJach]
can I try it on? czy można przymierzyć? [chee moJna pshim-yeJich]

T-shirt T-shirt
Tuesday wtorek [ftorek]
tuna tuńczyk [toonchik]
tunnel tunel [toonel]
turn: turn left/right skręcić w
lewo/skręcić w prawo
[skrencheech vlevo/skrentseech f
pravo]
turn off: where do I turn off? w
którym miejscu mam
skręcić z głównej drogi? [f
ktoorim myaystsoo mam
skrencheech zgwoovnay droge]
can you turn the heating off?
czy może pan/pani
wyłączyć ogrzewanie? [chi
moJeh pan/panee viwonchich
ogJevan-yeh]
**turn on: can you turn the
heating on?** czy może
pan/pani włączyć
ogrzewanie? [vwonchich]
turning (in road) przecznica
[pshechneetsa]
first turning on the left
pierwsza przecznica w lewo
TV telewizja [televeez-ya]
tweezers szczypczyki [sh-
chipchikee]
twice dwa razy [dva razi]
twice as much dwa razy tyle
[tileh]
twin room pokój z dwoma
łóżkami [pokoo^{yuh} z dvoma
wooshkamee]
twist: I've twisted my ankle
zwichnąłem/zwichnęłam
nogę w kostce
[zveeHnowem/zveeHneh-wam nogeh

f kost-tseh]
type (noun) rodzaj [rods-ī]
another type of ... ... innego
rodzaju [eennego rods-ī-oo]
typical typowy [tipovi]
tyre opona

U

ugly brzydki [bJitkee]
UK Wielka Brytania [v-yelka
britan-ya]
ulcer wrzód [vJoot]
umbrella parasol
uncle wuj [voo^{yuh}]
unconscious nieprzytomny
[n-yepshitomni]
under (in position) pod
(less than) poniżej [poneeJay]
underdone (meat)
niedosmażony
[n-yedosmaJoni]
underground (railway) metro,
kolejka podziemna [kolayka
podJemna]
see **bus**
underpants slipy [sleepi]
understand rozumieć [rozoom-
yech]/zrozumieć
I understand rozumiem
[rozoom-yem]
I don't understand nie
rozumiem [n-yeh]
do you understand? czy
pan/pani rozumie? [chi
pan/panee rozoom-yeh]
unemployed bezrobotny
[bezrobotni]

unfashionable niemodny [n-yemodni]

United States Stany Zjednoczone [stani z-yednochoneh]

university uniwersytet [ooneeversitet]

unleaded petrol benzyna bezołowiowa [benzina bezowov-yova]

unlimited mileage nieograniczony przebieg [n-yeograneechoni psheb-yek]

unlock otworzyć [otfoJich]

unpack rozpakować [rospakovach]

until* aż do [ash]

unusual niezwykły [n-yezvikwi]

up do góry [goori]
  up there u góry [oo]
  he's not up yet (not out of bed) jeszcze nie wstał [yesh-cheh n-yeh fstawuh]
  what's up? (what's wrong?) co się tu dzieje? [tso sheh too djayeh]

upmarket (restaurant, hotel etc) wysokiej klasy [visokyay klasi]

upper circle galeria drugiego piętra [galer-ya droog-yego p-yentra]

upset stomach rozstrój żołądka [rostroo-yuh Jowontka]

upside down do góry nogami [goori nogamee]

upstairs na piętrze [p-yentsheh]

up-to-date aktualny [aktoo-alni]

urgent pilny [peelni]

us* nas
  with us z nami [znamee]
  for us dla nas

USA USA [oo es a]

use (verb) używać [ooJivach]
  may I use ...? czy mogę skorzystać z ...? [chi mogeh skoJistach s]

useful użyteczny [ooJitechni]

usual zwykły [zvikwi]
  the usual (drink etc) to co zwykle [tso zvikleh]

V

vacancy: do you have any vacancies? (hotel) czy mają państwo wolne pokoje? [chi mī-ON panstfo volneh pokoyeh]
  see **room**

vacation (from university) przerwa semestralna [psherva]
  (US: holiday) wakacje [vakats-yeh]
  on vacation na wakacjach [vakats-yaH]

vaccination szczepienie [sh-chep-yen-yeh]

vacuum cleaner odkurzacz [otkooJach]

valid (ticket etc) ważny [vaJni]
  how long is it valid for? jak długo zachowuje ważność? [yak dwoogo zaHovooyeh vaJnosh-ch]

valley dolina [doleena]

valuable (adj) cenny [tsen-ni]

van furgonetka [foorgonetka]

vanilla wanilia [vaneel-ya]

  a vanilla ice cream lody
  waniliowe [lodi vaneel-yoveh]

vary: it varies to różnie bywa
  [rooJ-nyeh biva]

vase wazon [vazon]

veal cielęcina [chelencheena]

vegetables jarzyny [yaJini]

vegetarian (man/woman) jarosz
  [yarosh], jaroszka [yaroshka]

vegetarian dishes dania
  jarskie [dan-ya yarsk-yeh]

vending machine automat
  towarowy [owtomat tovarovi]

very bardzo [bards-o]

  very little for me dla mnie
  tylko troszeczkę [mnyeh tilko
  troshechkeh]

  I like it very much bardzo mi
  się to podoba [mee sheh]

vest (under shirt) podkoszulka
  [potkoshoolka]

via przez [pshez]

video (noun: film) wideo
  [veedeh-o]

  (recorder) magnetowid
  [magnetoveet]

view widok [veedok]

villa willa [veel-la]

village wieś f [v-yesh]

vinegar ocet [otset]

vineyard winnica [veen-neetsa]

visa wiza [veeza]

visit (verb: person) odwiedzać
  [od-vyedsach]/odwiedzić [od-
  vyedjeech]

  (place) zwiedzać [z-vyedsach]/

zwiedzić [z-vyedjich]

  I'd like to visit ...
  chciałbym/chciałabym
  zwiedzić ...
  [Hchawuhbim/Hchawabim]

Vistula Wisła [veeswa]

vital niezbędne
  [n-yezbendneh]

  it's vital that we do that
  musimy to bezwzględnie
  zrobić [moosheemi to bezvzglend-
  nyeh zrobeech]

vodka wódka [vootka]

 It's with vodka (**wódka**)
that the Poles really get
into their stride. Best of
the clear vodkas are **Żytnia**, **Krakus**
and **Wyborowa**, valuable export
earners often more easily available
abroad than at home. A perfectly
acceptable everyday substitute is
Polonez, one of the most popular
brands.
Of the flavoured varieties, first on
most people's list is the legendary
Żubrówka, infused with bison grass
from the Białowieża forest – there's
a stem in every bottle.
Pieprzówka, by contrast, has a
sharp, peppery flavour. The juniper-
flavoured **Myśliwska** tastes a bit
like gin, while the whisky-coloured
Jarzębiak is flavoured with
rowanberries. Others to look out for
are **Wiśniówka**, a sweetish strong
wild cherry concoction; **Krupnik**,
which is akin to whisky liqueur;
Cytrynówka, a lemon vodka; and

Miodówka, a rare honey vodka. Last but by no means least on any basic list comes **Pejsachówka**, which, at 75 per cent proof, is by far the strongest on the market, rivalled in strength only by the home-produced **bimber**, the Polish version of moonshine. Ideally vodka is served neat, well-chilled, in measures of 25, 50 or 100 grammes and knocked back in one go, with a mineral water chaser.

voice głos [gwos]
voltage napięcie [nap-yencheh]

Electricity is the standard continental 220 volts. Round two-pin plugs are used so you'll need to bring an adapter.

vomit wymiotować [vim-yotovach]/zwymiotować

W

waist talia [tal-ya]
waistcoat kamizelka [kameezelka]
wait czekać [chekach]/poczekać
  wait for me proszę na mnie poczekać [prosheh na mnyeh pochekach]
  don't wait for me proszę na mnie nie czekać [n-yeh]
  **can I wait until my wife gets

here?** chciałbym poczekać na moją żonę [Hchawuhbim pochekach na moyON Joneh]
  can you do it while I wait? czy może to pan/pani zrobić na poczekaniu? [chi moJeh to pan/panee zrobeech na pochekan-yoo]
  could you wait here for me? czy może tu pan na mnie zaczekać? [moJeh too pan na mnyeh zachekach]
waiter kelner
  waiter! proszę pana! [prosheh]
waitress kelnerka
  waitress! proszę pani! [prosheh panee]
wake: can you wake me up at 5.30? proszę mnie obudzić o godzinie piątej trzydzieści [prosheh mnyeh oboodjeech o godjeen-yeh]
wake-up call budzenie telefoniczne [boodsen-yeh telefoneechneh]
Wales Walia [val-ya]
walk: is it a long walk? czy to daleki spacer? [chi to dalekee spatser]
  it's only a short walk to tylko krótki spacer [tilko krootkee]
  I'll walk pójdę piechotą [poovuhdeh p-yeHotON]
  I'm going for a walk idę na spacer [eedeh]
Walkman® walkman [wokmen]
wall (inside) ściana [sh-chana] (outside) mur [moor]
wallet portfel

want: I want a ... chcę ...
[Htseh]
I don't want any ... nie
chcę ... [n-yeh]
I want to go home chcę
wracać do domu
I don't want to nie chcę
what do you want? czego
pan/pani chce? [chego
pan/panee]
ward (in hospital) oddział [od-
dja^{wuh}]
warm ciepły [chepwi]
I'm so warm jest mi bardzo
ciepło [yest mee bards-o chepwo]
Warsaw Warszawa [varshava]
was*: he was on był [bi^{wuh}]
she was ona była [biwa]
it was ono było [biwo]
wash (clothes) prać
[prach]/uprać [ooprach]
(oneself) myć się [mich
sheh]/umyć się [oomich
sheh]
can you wash these? czy
może to pan/pani uprać?
[chi moJeh to pan/panee ooprach]
washer (for bolt etc) podkładka
[potkwatka]
washhand basin umywalka
[oomivalka]
washing (clothes) pranie [pran-
yeh]
washing machine pralka
washing powder proszek do
prania [proshek do pran-ya]
washing-up liquid płyn do
zmywania naczyń [pwin do
zmivan-ya nachin^{yuh}]
wasp osa

watch (wristwatch) zegarek
**will you watch my things for
me?** czy może mi pan/pani
popilnować rzeczy? [chi
moJeh mee pan/panee
popeelnovach Jechi]
watch out! uwaga! [oovaga]
watch strap pasek do zegarka
water woda [voda]
may I have some water? czy
mogę prosić o trochę
wody? [chi mogeh prosheech o
troHeh vodi]
waterproof (adj)
nieprzemakalny
[n-yepshemakalni]
waterskiing narciarstwo
wodne [narcharstfo vodneh]
wave (in sea) fala
way droga
it's this way to tędy [tendi]
it's that way to tamtędy
[tamtendi]
is it a long way to ...? czy
daleko do ...? [chi]
no way! nie ma mowy!
[n-yeh ma movi]

dialogue

could you tell me the way
to ...? proszę mi
powiedzieć którędy
do ...? [prosheh mee pov-
yedjech ktoorendi do]
go straight on until you
reach the traffic lights
proszę iść prosto, aż do
świateł [eesh-ch – ash do

sh-fyateh^(wuh)]
turn left skręcić w lewo
[skrencheech vlevo]
take the first on the right
skręcić w pierwszą
przecznicę na prawo [f
p-yerfshON pshechneetseh na
pravo]
see where?

we* my [mi]
weak słaby [swabi]
weather pogoda
wedding ślub [shloop]
Wednesday środa [shroda]
week tydzień [tidjen^(yuh)]
  a week (from) today od dziś
  za tydzień [djeesh]
  a week (from) tomorrow od
  jutra za tydzień [ot yootra]
weekend weekend [weekent]
  at the weekend w czasie
  weekendu [f chasheh
  weekendoo]
weight waga [vaga]
weird dziwaczny [djeevachni]
weirdo dziwadło [djeevadwo]
welcome: welcome to ...
  witamy w ... [veetami v]
  you're welcome proszę
  bardzo [prosheh bards-o]
well: I don't feel well źle się
  czuję [Jleh sheh choo-yeh]
  she's not well ona źle się
  czuje [Jleh sheh choo-yeh]
  you speak English very well
  pan/pani mówi bardzo
  dobrze po angielsku
  [pan/panee moovee bards-o dobJeh

po ang-yelskoo]
well done! brawo! [bravo]
this one as well ten też [tesh]
well well! (surprise) no proszę!
[prosheh]

dialogue

how are you? jak się
pan/pani ma? [yak sheh
pan/panee]
very well, thanks, and you?
dziękuję, bardzo dobrze,
a pan/pani? [djenkoo-yeh
bards-o dobJeh]

well-done (meat) wysmażone
[vismajoneh]
Welsh walijski [valee-skee]
  I'm Welsh (man/woman) jestem
  Walijczykiem/Walijką
  [yestem valee-chik-yem/
  valee-kON]
were*: we were
  byliśmy/byłyśmy
  [bileeshmi/biwishmi]
  you were (sing, fam)
  byłeś/byłaś [biwesh/biwash]
  (sing, pol) pan był/pani była
  [bi^(wuh)/panee biwa]
  they were (men/women)
  byli/były [biwi]
west zachód [zaHoot]
  in the west na zachodzie
  [zaHodjeh]
West Indian (adj)
  zachodnioindyjski [zaHod-
  nyo-eendee-skee]
wet wilgotny [veelgotni]

what? co takiego? [tso tak-yego]

what's that? co to jest? [yest]

what should I do? co mam zrobić? [zrobeech]

what a view! ale widok! [aleh veedok]

what bus do I take? jakim autobusem mam jechać? [yakeem owtoboosem mam yeнach]

wheel koło [kowo]

wheelchair wózek inwalidzki [voozek eenvaleetskee]

when? kiedy? [k-yedi]

when we get back kiedy wrócimy [k-yedi vroocheemi]

when's the train/ferry? o której godzinie odchodzi pociąg/prom? [ktooray godjeen-yeh otнodjee]

where? gdzie? [gjeh]

I don't know where it is nie wiem, gdzie to jest [n-yeh v-yem – yest]

dialogue

where is the cathedral? gdzie jest katedra?
it's over there tam
could you show me where it is on the map? czy może mi pan/pani pokazać na mapie? [chi moجeh mee pan/panee pokazach na map-yeh]
it's just here tutaj [tootĭ]
see way

which: which bus? który autobus? [ktoori owtoboos]

dialogue

which one? który/która/które? [ktoori/ktoora/ktooreh]
that one ten/ta/to
this one? czy ten/ta/to? [chi]
no, that one nie, tamten/tamta/tamto [n-yeh]

while: while I'm here podczas gdy tu jestem [podchas gdi too yestem]

whisky 'whisky'

white biały [b-yawi]

white wine białe wino [b-yaweh veeno]

who? kto?

who is it? kto tam?

the man who ... człowiek, który ... [chwov-yek ktoori]

whole: the whole week cały tydzień [tsawi tidjen*yuh*]

the whole lot wszystko [fshistko]

whose: whose is this? czyje to jest? [chi-yeh to yest]

why? dlaczego? [dlachego]

why not? dlaczego nie? [n-yeh]

wide szeroki [sherokee]

wife: my wife moja żona [moya ɹona]

will*: will you do it for me? czy to pan/pani dla mnie zrobi? [chi to pan/panee dla mnyeh

zrobee]
wind (noun) wiatr [v-yatr]
window okno
  near the window przy oknie [pshi ok-nyeh]
  in the window (of shop) na wystawie [vistav-yeh]
window seat miejsce przy oknie [myaystseh pshi ok-nyeh]
windscreen przednia szyba [pshed-nya shiba]
windscreen wiper wycieraczka [vicherachka]
windsurfing windsurfing [weendsoorfeenk]
windy: it's so windy dziś jest duży wiatr [djeesh yest dooji v-yatr]
wine wino [veeno]
  can we have some more wine? czy możemy prosić o jeszcze więcej wina? [chi moJemi prosheech o yesh-cheh v-yentsay veena]
wine list karta win [veen]
winter zima [Jeema]
  in the winter w zimie [vJeem-yeh]
winter holiday wakacje zimowe [vakats-yeh Jeemoveh]
wire drut [droot]
  (electric) przewód [pshevoot]
wish: best wishes najlepsze życzenia [nilepsheh Jichen-ya]
with* z
  I'm staying with ... mieszkam u … [m-yeshkam oo]
without* bez
witness świadek [sh-fyadek]

will you be a witness for me? czy będzie pan/pani moim świadkiem? [chi bends-yeh pan/panee mo-eem sh-fyad-kyem]
woman kobieta [kob-yeta]

women
Sexual harassment is less obviously prevalent than in western Europe, but lack of familiarity with the cultural norms means it's easier to misinterpret situations, and rural Poland is still extremely conservative: the further out you go, the more likely it is that women travelling alone will attract bemused stares. If you do encounter problems, you'll invariably find other Poles willing to help – the Polish people are renowned for their hospitality to strangers and will do much to make you feel welcome. The only particular places to avoid are the more old-fashioned drinking places and hotel nightclubs, where plenty of men will assume you're a prostitute.

wonderful cudowny [tsoodovni]
won't*: it won't start (engine) nie chce się zapalić [n-yeh Htseh sheh zapaleech]
wood (material) drewno [drevno]
woods (forest) las
wool wełna [veh^{wuh}na]
word słowo [swovo]
work (noun) praca [pratsa]
  it's not working to nie działa

[n-yeh djawa]

I work in ... pracuję w ... [pratsoo-yeh v]

world świat [sh-fyat]

World War II druga wojna światowa [drooga voyna sh-fyatova]

worry martwić się [martfeech sheh]/zmartwić się

I'm worried jestem zmartwiony/zmartwiona [yestem zmart-fyoni/zmart-fyona]

don't worry proszę się nie martwić [prosheh sheh n-yeh martfeech]

worse gorszy [gorshi]

it's worse jest gorzej [yest goJay]

worst najgorszy [nIgorshi]

worth: is it worth a visit? czy to warto zwiedzić? [chi to varto z-vyedjeech]

would: would you give this to ...? czy mógłby pan/mogłaby pani dać to ...? [chi moogᵘʰbi pan/mogwabi panee dach]

wrap: could you wrap it up? proszę to zapakować [prosheh to zapakovach]

wrapping paper papier do pakowania [pap-yer do pakovan-ya]

wrist nadgarstek [nadgarstek]

write pisać [peesach]/napisać

could you write it down? proszę to napisać [prosheh]

how do you write it? jak to się pisze? [yak to sheh peesheh]

writing paper papier listowy [pap-yer leestovi]

wrong: it's the wrong key to nie ten klucz [n-yeh]

this is the wrong train to nie ten pociąg

the bill's wrong rachunek się nie zgadza [raHoonek sheh n-yeh zgadsa]

sorry, wrong number przepraszam, to pomyłka [psheprasham to pomiʷᵘʰka]

sorry, wrong room przepraszam, to nie ten pokój [psheprasham]

there's something wrong with ... coś jest nie w porządku z ... [tsosh yest n-yeh fpoJontkoo]

what's wrong? co tu się dzieje? [tso too sheh djayeh]

X

X-ray rentgen

Y

yacht jacht [yaHt]

yard*

year rok

yellow żółty [Jooʷᵘʰti]

yes tak

yesterday wczoraj [fchorI]

yesterday morning wczoraj rano

the day before yesterday

przedwczoraj [pshetfchorī]
yet jeszcze [yesh-cheh]

dialogue

is it here yet? czy to już
jest? [chi to yoosh yest]
no, not yet jeszcze nie
[n-yeh]
you'll have to wait a little
longer yet będzie musiał
pan/musiała pani jeszcze
trochę poczekać [bendjeh
mooshaᵂᵘʰ pan/mooshawa panee
– troнeh pochekach]

yoghurt jogurt [yogoort]
you* (sing, fam) ty [ti]
(pol) pan/pani [panee]
(pl, pol) państwo [panstfo]
this is for you (sing, fam) to
dla ciebie [cheb-yeh]
(pol) to dla pana/pani
(pl, pol) to dla państwa
with you (sing, fam) z tobą
[stobON]
(sing, pol) z panem/panią
[pan-yON]

There are different words
for 'you' in Polish. Poles
address each other
formally, unless they are well
acquainted. The polite forms of 'you'
(**pan** to a man and **pani** to a woman)
are used by younger people
addressing their elders and at work
between people of different status.
You should always speak to a

stranger, or even a comparative
stranger, using pan or pani.
Państwo is the polite plural form. **Ty**
is the familiar word for 'you' and is
used among family members (but
not by young people to the elderly),
close friends, young people and
children.
see **Basics** page 30

young młody [mwodi]
your/yours* (sing, fam) twój
[tfooyuh], twoja [tfoya], twoje
[tfoyeh]
(pol: man/woman) pana/pani
[panee]
youth hostel schronisko
młodzieżowe [sнroneesko
mwodjeJoveh]

Z

zero zero
zip zamek błyskawiczny
[bwiskaveechni]
could you put a new zip on?
czy może pan/pani tu
wszyć zamek błyskawiczny?
[chi moJeh pan/panee too fshich]
zip code kod pocztowy
[pochtovi]
zoo zoo [zo-o]

Polish

→

English

Colloquialisms

The following are words you may well hear. You shouldn't be tempted to use any of the stronger ones unless you are sure of your audience.

cholera! [Holera] damn!, shit!
cicho bądź! [cheeHo bonch] shut up!
cześć! [chesh-ch] hi!, hello!; cheerio!, bye!
ekstra! great!
idiota [eed-yota] nutter
kretyn [kretin] twit
kurwa! fuck!
nie ma mowy! [movi] no way!
spadaj! [spadï] get lost!
świnia [shfeen-ya] pig; bastard
tępak [tempak] thickhead
wariat [var-yat] barmy
wykończony [vikonichoni] knackered
zalany [zalani] pissed

The Polish Alphabet

This section is in Polish alphabetical order:

a, ą, b, c, ć, d, e, ę, f, g, h, i, j, k, l, ł, m, n, ń, o, ó, p, q, r, s, ś, t, u, w, x, y, z, ź, ż

A

a and
abonament season ticket
absurdalny [apsoordalni] ridiculous
aby [abi] to, in order to
adapter record player
adidasy [adeedasi] trainers
adoptowany [adoptovani] adopted
adres address
adresat addressee
adwokat [advokat] lawyer, solicitor
afisz [afeesh] poster
afrykański [afrikanskee] African
agencja [agents-ya] agency
agrafka safety pin
agresywny [agresivni] aggressive
ajent [ī-ent] agent
aksamit [aksameet] velvet
aktor actor
aktorka actress
aktówka [aktoofka] briefcase
aktualny [aktoo-alni] up-to-date, current
akumulator [akoomoolator] battery (for car)
akwarela [akfarela] water-colour
al. Ave
alarm pożarowy [poJarovi] fire alarm
albo or
ale [aleh] but
aleja [alaya] avenue

alejka [alayka] lane
alergia [alerg-ya] allergy
ależ [alesh] but
  ależ tak! oh yes!; of course!
amatorski [amatorskee] non-professional, amateur
ambasada embassy
ambitny [ambeetni] ambitious
ambona pulpit
Ameryka [amerika] America
amerykański [amerikanskee] American
amortyzator [amortizator] shock-absorber
Angielka [ang-yelka] Englishwoman
angielski [ang-yelskee] English
angina [angeena] tonsillitis
Anglia [ang-lya] England
Anglicy [angleetsi] the English
Anglik [angleek] Englishman
ani ... ani ... [anee] neither ... nor ...
antena aerial
antybiotyk [antibi-otik] antibiotic
antyhistamina [antiheestameena] antihistamine
antykoncepcyjny [antikontseptsee-ni] contraceptive
antykwariat [antikfar-yat] antique shop; second hand bookshop/bookstore
antyseptyczny [antiseptichni] antiseptic
aparat fotograficzny [fotografeechni] camera
aparat słuchowy [swooHovi]

hearing aid

apartament suite

apetyt [apetit] appetite

apteka pharmacy, chemist's

apteka dyżurna [diJoorna] duty pharmacy

architekt [arHeetekt] architect

architektura [arHeetektoora] architecture

aresztować [areshtovach] to arrest

arkusz [arkoosh] sheet (of paper)

artykuły chemiczne [artikoowi Hemeechneh] household cleaning materials

artykuły piśmienne [peeshmyenneh] stationer's

artykuły pościelowe [poshcheloveh] bed linen

artykuły spożywcze [spoJifcheh] groceries

artysta m [artista], **artystka f** [artistka] artist

aspiryna [aspeerina] aspirin

atak attack; fit

atak serca [sertsa] heart attack

atleta athlete; body builder

atłas [atwas] satin

atrakcje [atrakts-yeh] attractions

atrakcyjny [atraktsee-ni] attractive

atrament ink

audycja [owditsya] broadcast; radio programme

australijski [owstralee-skee] Australian

Austria [owstr-ya] Austria

autentyczny [owtentichni] genuine

auto [owto] car

autobus [owtoboos] bus

autobusem by bus

autobus nocny [notsni] night bus

autobus pośpieszny [poshpyeshni] limited stop bus (more expensive service)

linia autobusowa [leen-ya owtoboosova] bus route

autokar [owtokar] coach

automat [owtomat] slot machine

automat sprzedający bilety [spshedi-ontsi beeleti] ticket vending machine

automat sprzedający napoje drinks dispenser

automat telefoniczny [telefoneechni] payphone

automatyczna skrzynia biegów [owtomatichna skshin-ya b-yegoov] automatic gear box

automatyczne połączenie [owtomatichneh powonchen-yeh] direct dialling

automatyczny [owtomatichni] automatic

autor [owtor], **autorka** [owtorka] author

autostop [owtostop] hitch-hiking

autostrada [owtostrada] motorway, freeway, highway

awantura [avantoora] row (argument)

awaria [avar-ya] failure;

breakdown

awaria prądu [prondoo] power cut

awaryjne wyjście [avaree-neh vee-sh-cheh] emergency exit

aż: aż tyle! [ash tileh] so much!; so many!

aż do [aɹ do] until; as far as

B

babka [bapka] grandmother

bachor [baHor] brat

bać się [bach sheh] to be afraid (of)

badanie lekarskie [badan-yeh lekarsk-yeh] medical examination

bagażnik [bagaɹneek] boot, (US) trunk

bagażowy [bagaɹovi] porter

bagaż podręczny [bagash podrenchni] hand luggage, hand baggage

bajeczny [bī-echni] fabulous

bajka [bīka] fairy tale

bajka dla dzieci [djechee] children's story

bak petrol tank, (US) gas tank

bakteryjny [bakteree-ni] bacterial

balet ballet

balkon balcony

BALTONA duty-free shop

bałagan [bawagan] mess

Bałtyk [bowtik] Baltic

bandaż [bandash] bandage

bank bank

banknot banknote, (US) bill

bankomat cash dispenser, ATM

bar bar; buffet

bardziej [bardjay] more

bardziej interesujący more interesting

bardzo [bards-o] very; very much

bardzo dziękuję [djenkoo-yeh] thank you very much

bardzo lubić [loobeech] to be fond of; to enjoy

bardzo mi miło! [mee meewo] pleased to meet you!

bardzo nie lubić [n-yeh loobeech] to dislike

bar jarski [yarskee] self-service snack bar, serving vegetarian-type meals, soft drinks and desserts

barmanka barmaid

bar mleczny [mlechni] self-service snack bar, serving vegetarian-type meals, soft drinks and desserts

bar szybkiej obsługi [ship-kyay opswoogee] snack bar

barwa [barva] colour

basen swimming pool

bateria [bater-ya] battery

bawełna [baveh^{wuh}na] cotton

bawełniany [baveh^{wuh}nyani] cotton (adj)

bawić się [baveech sheh] to play with

dobrze się bawić [dobɹeh sheh baveech] to enjoy oneself

Belgia [belg-ya] Belgium

benzyna [benzina] petrol, (US) gas

benzyna bezołowiowa [bezovov-yova] unleaded

bez [bes] without

bez wyjątku [vi-yontkoo] without exception

bez zmian [z-myan] no change

bezdomny [bezdomni] homeless

beze [bezeh] without

beze mnie! [mn-yeh] count me out!

beznadziejny [beznadjayni] hopeless

bezpiecznik [besp-yechneek] fuse

bezpieczny [besp-yechni] safe

bezpłatny [bespwatni] free (of charge)

bezpośredni [besposhredni] direct

bezrobotny [bezrobotni] unemployed

bezsenność [bes-sennosh-ch] insomnia

beżowy [beJovi] beige

będą [bendON] they will be; you will be

będę [bendeh] I will be

będzie [bendjeh] he/she/it will be; you will be

będziecie [bendjecheh] you will be

będziemy [bendjemi] we will be

będziesz [bendjesh] you will be

białko [b-ya^{wuh}ko] protein; egg white

białoruski [b-yaworooskee] Belarussian

Białoruś [b-yaworoosh] Belarus

biały [b-yawi] white

biblioteka [beebl-yoteka] library

bibułka [beeboo^{wuh}ka] tissue paper

bić/pobić [beech] to beat

bić się [sheh] to fight

biedny [b-yedni] poor

bieg [b-yek] gear

biegać/biec [b-yegach/b-yets] to run

biegunka [b-yegoonka] diarrhoea

bielizna [b-yeleezna] underwear

bielizna pościelowa [posh-chelova] bed linen

bilet [beelet] ticket

bilet powrotny [povrotni] return ticket, round trip ticket

bilet ulgowy [oolgovi] reduced fare

bilety [beeleti] tickets

bilety MZK [em-zet-kah] bus tickets (sold here)

bilety wyprzedane [vipshedaneh] sold out

biodro [b-yodro] hip

biorę [b-yoreh] I take

biurko [b-yoorko] desk

biuro [b-yooro] office

biuro numerów [noomeroof] directory enquiries

biuro podróży [podrooJi] travel agency

biuro rzeczy znalezionych

[Jechi znaleJoniH] lost property office

biwak [beevak] camping spot

biwakować [beevakovach] to camp

biwakowanie wzbronione no camping

biżuteria [beeJooter-ya] jewellery

blankiet [blank-yet] blank form

bliski [bleeskee] near

bliźnięta [bleeJn-yenta] twins

bliżej [bleeJay] nearer, closer

blok mieszkaniowy [m-yeshkan-yovi] apartment block

blondynka [blondinka] blonde

bluzka [blooska] blouse

błąd [bwont] error, mistake

błędnie obliczyć [bwend-nyeh obleechich] to miscalculate

błękitny [bwenkeetni] blue

błoto [bwoto] mud

błyskawica [bwiskaveetsa] lightning

bogaty [bogati] rich

boi się [bo-ee sheh] he/she is afraid

boisko [bo-eesko] playing field

boisko piłkarskie [peewuhkarsk-yeh] football ground

boja [boya] buoy

boję się [boyeh sheh] I'm afraid

bolący [bolontsi] painful

boleć [bolech] to hurt; to ache

boli [bolee] it hurts

bomba bomb

bordo maroon

Bośnia [bosh-nya] Bosnia

Boże Ciało [boJeh cha-wo]

Corpus Christi

Boże Narodzenie [narodsen-yeh] Christmas

Bóg [book] God

bójka [booyuhka] fight

ból [bool] ache

ból gardła [bool gardwa] sore throat

ból głowy [gwovi] headache

ból ucha [ooHa] earache

ból zęba [zemba] toothache

ból żołądka [Jowontka] stomachache

brać/wziąć [brach/v Jonch] to take

brakuje: czego brakuje? [chego brakoo-yeh] what is missing?

brałam [brawam], brałem [brawem] I was taking

brama gates

bramka gate

bransoletka [bransoletka] bracelet

brat brother

bratanek nephew (brother's son)

bratanica [brataneetsa] niece (brother's daughter)

brawo! [bravo] well done!

brązowy [bronzovi] brown

brew f [bref] eyebrow

broda beard

brodzik [brodjeek] children's pool

broszka [broshka] brooch

broszura [broshoora] brochure; leaflet

brud [broot] dirt

brudny [broodni] dirty

brwi [brvee] eyebrows

brydż [brich] bridge (card game)

brylant [brilant] diamond

brytyjski [britee-skee] British

brzeg [bJek] shore; edge

Brzezinka [bJeJeenka] Birkenau

brzoskwinia [bJoskfeen-ya] peach

brzydki [bJitkee] ugly

budka telefoniczna [bootka telefoneechna] phone box

budynek [boodinek] building

budzenie telefoniczne [boodsen-yeh telefoneechneh] wake-up call

budzić/obudzić [boodjeech/ oboodjeech] to wake (someone)

budzić się/obudzić się [sheh] to wake up

budzik [boodjeek] alarm clock

bufet [boofet] refreshments

bursztyn [boorshtin] amber

burza [booJa] storm

but [boot] boot; shoe

butelka [bootelka] bottle

buty narciarskie [booti narcharsk-yeh] ski boots

być [bich] to be

być może [moJeh] maybe

byk [bik] bull

byli [bilee] they were; you were

byliście [bileesh-cheh] you were; we have been

byliśmy [bileeshmi] we were; we have been

był [bi^{wuh}] he/it was; he/it has been; you were; you have been

been

była [biwa] she/it was; she/it has been; you were; you have been

byłam [biwam] I was; I have been

byłaś [biwash] you were; you have been

byłem [biwem] I was; I have been

byłeś [biwesh] you were; you have been

było [biwo] it was; it has been

były [biwi] they were; you were

byłyście [biwish-cheh] you were

byłyśmy [biwishmi] we were; we have been

C

całkiem [tsa^{wuh}k-yem] quite

całkiem dobry pretty good

całować/pocałować [tsawovach/potsawovach] to kiss

cały [tsawi] all

cały dzień [djen^{yuh}] all day

camping [kampeeng] campsite

cążki do paznokci [tsonshkee do paznokchee] nail clippers

cegła [tsegwa] brick

celnik [tselneek] Customs officer

cel podróży [tsel podrooJi] destination

cena [tsena] price

cena łączna [wonchna] all-inclusive price

cenny [tsen-ni] valuable

centrala [tsentrala] operator

centralne ogrzewanie
[tsentralneh ogJevan-yeh] central
heating

centrum [tsentroom] town
centre

centrum handlowe [handloveh]
shopping centre

centrum miasta [m-yasta] city
centre

centymetr [tsentimetr]
centimetre; tape measure

Cepelia [tsepel-ya] shop selling
handicrafts, folk art and
souvenirs

cerkiew [tser-kyef] Russian
Orthodox church

chcę [Htseh] I want

chciałabym [Hchawabim],
chciałbym [Hcha^wuh bim] I
would like

chcieć [Hchech] to want

chciwy [Hcheevi] greedy

chętnie [Hent-nyeh] yes please;
with pleasure

Chiny [Heeni] China

chiński [Heenskee] Chinese

chipsy [cheepsi] crisps, (US)
potato chips

chłodnica [Hwodneetsa]
radiator (of car)

chłodny [Hwodni] cool

chłopiec [Hwop-yets] boy;
boyfriend

chmura [Hmoora] cloud

chociaż [Hochash] although

chodnik [Hodneek] pavement,

sidewalk

chodzić [Hodjeech] to walk

o co chodzi? [tso Hodjee]
what's the matter?

chodźmy! [Hochmi] let's go!

cholera! [Holera] damn!, shit!

cholerny kłopot [Holerni kwopot]
it's a bloody nuisance

chora [Hora] ill

chora na cukrzycę
[tsookshitseh] diabetic

chorągiew [Horong-yef] flag

choroba [Horoba] disease

choroba morska [morska]
seasickness

choroba weneryczna
[venerichna] VD

choroba zakaźna [zakaJna]
infectious disease

Chorwacja [Horvats-ya] Croatia

chorować na grypę [Horovach na
gripeh] to be ill with flu

chory [Hori] ill

chory na cukrzycę m
[tsookshitseh] diabetic

chować/schować [Hovach/
sHovach] to hide

chrapać [Hrapach] to snore

chronić [Hroneech] to protect

chrzciny [Hsh-cheeni]
christening

chudy [Hoodi] skinny

chusteczka do nosa
[Hoostechka do nosa]
handkerchief

chusteczki jednorazowe
[Hoostechkee yednorazoveh]
tissues, Kleenex®

chustka [Hoostka] headscarf

chwileczkę [Hveelechkeh] one moment

chyba nie [Hiba n-yeh] I don't think so

chyba tak I think so

ci [chee] you; to you; these

ciało [chawo] body

ciasny [chasni] tight

ciąć [chonch] to cut

ciągłym: w ciągłym użytku in constant use (no parking)

ciągnąć [chongnonch] to pull

ciąża [chonja] pregnancy

w ciąży [f chonji] pregnant

cicho bądź! [cheeHo bonch] shut up!

cichy [cheeHi] quiet

ciebie [cheb-yeh] you

ciemnowłosy [chemnovwosi] dark-haired

ciemny [chemni] dark

cienki [chenkee] thin

cień [chenyuh] shadow

cień do powiek [pov-yek] eye shadow

ciepła woda [chepwa voda] hot water

ciepły [chepwi] warm

cierpki [cherpkee] tart

ciężar heavy load

ciężarówka [chenjaroofka] lorry

ciężki [chenshkee] heavy

ciężkie pojazdy heavy vehicles

ciotka [chotka] aunt

cisza [cheesha] silence

cisza! quiet!

ciśnienie [cheesh-nyen-yeh] air pressure

ciśnienie krwi [krfee] blood pressure

ciśnienie w oponach [v oponaH] tyre pressure

cło [tswo] Customs; Customs duty

cmentarz [tsmentash] cemetery

Cmentarz Żydowski [tsmentash Jidofskee] Jewish Cemetery

co ...? [tso] what ...?

cocktail bar [koktil bar] café selling milk-based soft drinks, cakes and desserts

codziennie [tsodjen-nyeh] every day

codzienny [tsodjenni] daily

cokolwiek [tsokol-vyek] anything

co się tu dzieje? [tso sheh too djayeh] what's going on?

co słychać? [swiHach] what's happening?

coś [tsosh] something, anything

coś innego [eennego] something else

co takiego? [tso tak-yego] what?

co to jest? [yest] what's this?

córka [tsoorka] daughter

cuchnący [tsooHnontsi] stinking, smelly

cudowny [tsoodovni] wonderful

cudzoziemiec [tsoods-oJem-yets], cudzoziemka foreigner

cukierek [tsook-yerek] sweet, candy

cukierki [tsook-yerkee] sweets, candies

cukiernia [tsook-yern-ya] cake shop

cygaro [tsigaro] cigar

czajniczek [chineechek] teapot

czajnik [chineek] kettle

czapka [chapka] cap

czarno-biały [charnob-yawi] black and white

czarny [charni] black

czas [chas] time

nie mam czasu [n-yeh mam chasoo] I have no time

czasami [chasamee] sometimes

czas lokalny [chas lokalni] local time

czasopismo [chasopeesmo] magazine

Czechy [cheHi] Czech Republic

czego? [chego] what?

czek [chek] cheque, (US) check

czekać/podczekać [chekach] to wait

czekolada [chekolada] chocolate

czekolada mleczna [mlechna] milk chocolate

czepek kąpielowy [chepek komp-yelovi] bathing cap

czerstwy [cherstfi] stale

czerwiec [cherv-yets] June

czerwony [chervoni] red

czeski [cheskee] Czech

cześć! [chesh-ch] hi!, hello!; cheerio!, bye!

często [chensto] often

częsty [chensti] frequent

części zamienne [chensh-chee zam-yenneh] spare parts

część f [chensh-ch] part

czkawka [chkafka] hiccups

członek [chwonek] penis

człowiek [chwov-yek] man; person

czoło [chowo] forehead

czterdzieści [chterdjesh-chee] forty

czternaście [chternash-cheh] fourteen

cztery [chteri] four

czterysta [chterista] four hundred

czuć [chooch] to feel

jak się czujesz? [sheh choo-yesh] how are you feeling?

czuć się doskonale [doskonaleh] to feel well

źle się czuć [Jleh] to feel unwell

czwartek [chfartek] Thursday

czwarty [chfarti] fourth

czy [chi] if; whether

czy ...? does ...?; is it ...?

czy jest ...? [yest] is there ...?

czy są ...? [soN] are there ...?

czy pan/pani ...? [pan/panee] do you ...?

czyj [chiyuh] whose

czyja [chi-ya] whose

czyje [chi-yeh] whose

czyje to jest? [yest] whose is this?

czym [chim] what; with what; about what

o czym myślisz? [mishleesh] what are you thinking about?

czy mogę ...? [mogeh] may I ...?

czy mogłaby pani ...? [mogwabi panee], czy mógłby pan ...? [moogʷᵘʰbi pan] could you ...?

czy można ...? [moʌna] may I ...?; are we allowed to ...?

czynsz [chinsh] rent
    płacić czynsz [pwacheech] to pay rent

czysty [chisti] clean

czyścić/oczyścić [chish-cheech] to clean

czyścić na sucho dry clean only

czytać [chitach] to read

czyżby? [chiʌbi] really?

Ć

ćwierć f [ch-fyerch] quarter

D

dach [daʜ] roof

daję [dĩ-eh] I give

daj pierwszeństwo przejazdu give way

dalej [dalay] further

daleko far (away)

damski [damskee] ladies' toilets, ladies' room

Dania [dan-ya] Denmark

danie [dan-yeh] dish; course

data date (time)

dawać/dać [davach/dach] to give

dawniej [dav-nyay] in the past

decydować [detsidovach] to decide

decyzja [detsiz-ya] decision

delikatesy [deleekatesi] delicatessen

demokratyczny [demokratichni] democratic

dentysta m [dentista], dentystka f [dentistka] dentist

Desa shop selling antiques, works of art and jewellery

deseń [desenʸᵘʰ] pattern

deska do prasowania [prasovan-ya] ironing board

deska windsurfingowa [weendsoorfeengova] sailboard

deszcz [desh-ch] rain

dewizy [deveezi] foreign currency

dezodorant deodorant

dętka [dentka] inner tube

dieta [d-yeta] diet

dla for

dlaczego? [dlachego] why?
    dlaczego nie? [n-yeh] why not?

dla inwalidów for the disabled

dla matek z dziećmi for mothers with children

dla niepalących [n-yehpalonsiʜ] non-smoking; non-smokers; no smoking

dla osób starszych for the elderly

dla palących [palontsiʜ]

smoking; smokers

dla panów [panoof] gents'
toilet, men's room

dla pań [pan^{yuh}] ladies' toilet,
ladies' room

długi [dwoogee] long

długopis [dwoogopees]
ballpoint pen

długość f [dwoogosh-ch] length

dłuższy [dwoosh-shi] longer

dni days

dni robocze [robocheh]
weekdays

dno bottom

na dnie [dnyeh] at the
bottom of

do to; into; until

do soboty [soboti] see you
Saturday; by Saturday

dobranoc [dobranots] good
night

dobry [dobri] good; kind

dobry wieczór [v-yechoor]
good evening

dobrze [dobJeh] OK, all right,
will do; fine; well

dobrze się bawić [sheh baveech]
to enjoy oneself

dobrze wysmażony [vismaJoni]
well-done (steak)

dodatek supplement

dodatki [dodatkee] accessories

dodatkowy [dodatkovi]
additional

do góry [goori] up; upwards

do góry nogami [nogamee]
upside down

dogodny [dogodni] convenient

dojrzały [doyJawi] ripe

dokładnie! [dokwad-nyeh]
exactly!

dokładny [dokwadni] accurate

dolina [doleena] valley

dom house

w domu [v domoo] at home

domagać się [domagach sheh]
to insist

domowej roboty [domovay
roboti] homemade

dom towarowy [tovarovi]
department store

dopłata [dopwata] supplement;
surcharge

dopuszcza się ruch lokalny no
through road except for
access

dorosły [doroswi] adult

dorośli [doroshlee] adults

doskonały [doskonawi]
excellent

dostać [dostach] to get

dostarczyć [dostarchich] to
deliver

dostawa [dostava] delivery

dosyć [dosich] enough

mam dosyć ... I'm fed up
with ...

dość tego! [dosh-ch tego] that's
enough!

doświadczony [dosh-fyatchoni]
experienced

dotykać/dotknąć [dotikach/
dotknonch] to touch

nie dotykać! do not touch!

**dowiadywać się/dowiedzieć
się** [dov-yadivach sheh/dov-
yedjech] to find out

do widzenia [veedsen-ya]

goodbye

dowód osobisty [dovoot osobeesti] ID card

do wynajęcia [vinī-encha] for hire, to rent

do zobaczenia [zobachen-ya] see you later

dozwolone [dozvoloneh] allowed

dół: na dole [na doleh] down there

drabina [drabeena] ladder

drabinka [drabeenka] stepladder

dres sportowy [sportovi] tracksuit

drewniany [drevn-yani] wooden

drewno [drevno] wood

drobne pl [drobneh] small change

droga road; way

droga pożarowa [poJarova] fire escape

drogeria [droger-ya] shop selling toiletries, cosmetics, detergents and herbal remedies

drogi [drogee] dear, expensive

drogowskaz [drogofskaz] signpost

droższy [drosh-shi] dearer, more expensive

druga klasa [drooga] second class

Druga Wojna Światowa [voyna sh-fyatova] World War Two

drugi [droogee] second; other
  ten drugi the other one

druk [drook] printed matter

drukarka [drookarka] printer

drut [droot] wire

drużyna [drooJina] team

drzazga [dJazga] splinter

drzewo [dJevo] tree; wood

drzwi pl [dJvee] door

dumny [doomni] proud

duński [doonskee] Danish

dusznica bolesna [dooshneetsa] angina

duszno: jest duszno [yest dooshno] it's humid
  jest mi duszno [mee] I can't breathe

duszny [dooshni] sultry, close

dużo [dooJo] a lot (of); much; many

dużo więcej [v-yentsay] a lot more

dużo większy a lot bigger

duży [dooJi] big, large

dwa [dva] two

dwadzieścia [dvadjesh-cha] twenty

dwadzieścia jeden [yeden] twenty one

dwaj [dvī] two

dwanaście [dvanash-cheh] twelve

dwa posiłki dziennie [dva posheewuhkee djen-nyeh] half board

dwa razy [razi] twice

dwa razy dziennie twice a day

dwa razy dziennie po jedzeniu twice daily after meals

dwie [d-vyeh] two

dwieście [d-vyesh-cheh] two

hundred

dwoje [dvoyeh] two

dworze: na dworze [dvoJeh] outside

dworzec [dvoJets] station

dworzec autobusowy [owtoboosovi] bus station

dworzec centralny [tsentralni] central station

dworzec kolejowy [kolayovi] railway station

dworzec lotniczy [lotneechi] airport terminal

dwukrotnie [dvookrot-nyeh] twice

dym [dim] smoke

dyrektor [direktor] director; manager

dyrektorka szkoły [shkowi] headmistress

dyrektor szkoły headmaster

dyrygent [dirigent] conductor (of orchestra)

dysk [disk] disk

dyskietka [disk-yetka] diskette

dyskoteka [diskoteka] disco

dywan [divan] carpet

dywanik [divaneek] rug

dzbanek [dsbanek] jug

dziadek [djadek] grandfather

dział [djawuh] department

działać: to nie działa [n-yeh djawa] it's not working

dział damski [damskee] ladies' department

dziąsło [djonswo] gum (in mouth)

dzieci [djechee] children

dziecko [djetsko] child

dzieje: co się tu dzieje? [tso sheh too djayeh] what's happening?

dziękuję [djenkoo-yeh] thanks

dzielić się/podzielić się [djeleech sheh] to share

dzielnica [djelneetsa] district

dzielnica mieszkaniowa [m-yeshkan-yova] residential district

dziennik [djen-neek] diary (for personal experiences)

dzień [djen^yuh] day

dzień dobry [djen^yuh dobri] hello; good morning; good afternoon

dzień Wszystkich Świętych All Saints' Day

dziesiąty [djeshonti] tenth

dziesięć [djechench] ten

dziesięć tysięcy [tishentsi] ten thousand

dziewczyna [djefchina] girl; girlfriend

dziewiąty [djev-yonti] ninth

dziewięć [djev-yench] nine

dziewięćdziesiąt [djev-yendjeshont] ninety

dziewięćset [djev-yenchset] nine hundred

dziewiętnaście [djev-yentnash-cheh] nineteen

dziękować [djenkovach] to thank

dziękuję [djenkoo-yeh] thank you, thanks; no thank you

dziki [djeekee] wild

dzikie beach without attendant or facilities

dzisiaj [djeeshī] today
dzisiaj po południu [powood-nyoo] this afternoon
dzisiaj rano this morning
dzisiaj wieczorem [v-yechorem] this evening, tonight
dziś [djeesh] today
dziś wieczorem [v-yechorem] tonight
dziura [djoora] holé
dziwny [djeevni] strange, odd
dzwon [dsvon] bell (in church)
dzwonek [dsvonek] bell (on door, bike)
dzwonić/zadzwonić [dsvoneech] to ring, to phone, to call
dźwignia zmiany biegów [djveeg-nya z-myani b-yegoof] gear lever
dżinsy [djeensi] jeans

E
—

Ekspres express train
ekspres express delivery
ekspresowy [ekspresovi] express
ekstra 98 octane petrol/gas
ekstra! great!
elektryczność [elektrichnosh-ch] electricity
elektryczny [elektrichni] electric
elektryk [elektrik] electrician
emeryt [emerit], **emerytka** [emeritka] pensioner
emerytura [emeritoora]

retirement; pension
jestem na emeryturze [yestem na emeritooJeh] I'm retired
estoński [estonskee] Estonian
etykietka [etik-yetka] label
Euroczeki [eh-oorochekee] Eurocheques
Europa Wschodnia [eh-ooropa vsHod-nya] Eastern Europe
europejski [eh-ooropayskee] European
ewangelik [evangeleek], **ewangeliczka** [evangeleechka] Protestant

F
—

fabryka [fabrika] factory
facet [fatset] bloke
fajka [fika] pipe (to smoke)
faksować [faksovach] to fax
fala wave
fala upałów [oopawoov] heatwave
fałszywy [fawuhshivi] false; counterfeit
farba paint
fantastyczny [fantastichni] fantastic, terrific
festiwal [festeeval] festival
festiwal muzyczny/ jazzowy/folkloru [moozichni/ djezovi/folkloroo] music/jazz/ folklore festival
filiżanka [feeleeJanka] cup
film kolorowy [kolorovi] colour film
filtr [feeltr] filter

filtr do wody [do vodi] water filter

filtr numer [noomer]**, filtr ochronny** [ohron-ni] protection factor

fioletowy [f-yoletovi] purple

firanka [feeranka] net curtain

flesz [flesh] flash

flet flute

flirtować [fleertovach] to flirt

folia aluminiowa [fol-ya aloomeen-yova] aluminium foil

folklor folklore

fontanna [fontan-na] fountain

formularz [formoolash] form (document)

fortepian [fortep-yan] grand piano

fotograf photographer

fotografia [fotograf-ya] photograph

fotografować [fotografovach] to photograph

Francja [frants-ya] France

francuski [frantsooskee] French

fryzjer [friz-yer] hairdresser

fryzjer damski [damskee] ladies' hairdresser's

fryzjerka [friz-yerka] hairdresser

fryzjer męski [menskee] men's hairdresser's, barber's

fryzjerski: salon fryzjerski [friz-yerskee] hairdresser's

funt szterling [foont shterleeng] pound sterling

furgonetka [foorgonetka] van

futro [footro] fur; fur coat

G

gabinet lekarski [gabeenet lekarskee] doctor's surgery

galanteria skórzana [galanter-ya skooJana] leather goods

galeria sztuki [galer-ya shtookee] art gallery

garaż [garash] garage

gardło [gardwo] throat

garnek saucepan

garnitur [garneetoor] suit (man's)

gasić/zgasić [gasheech/zgasheech] to switch off

gaśnica (przeciwpożarowa) [gashneetsa (pshecheef-poJarova)] fire extinguisher

gatunek [gatoonek] kind; brand; class

gaz gas

gazeta newspaper

gazety [gazeti] newspapers

gaz w butli [v bootlee] camping gas

gaźnik [gaJneek] carburettor

gdy? [gdi] when?

gdzie? [gjeh] where?

gdzie to jest? [yest] where is it?

gdzie indziej [eendjay] elsewhere

gdzieś [gjesh] somewhere

genialny [gen-yalni] brilliant (idea, person)

gęś f [gensh] goose

giez [g-yes] horsefly

gips [geeps] plaster cast

w gipsie [v geepsheh] in

plaster
gitara [geetara] guitar
gładki [gwadkee] smooth;
plain (not patterned)
głęboki [gwembokee] deep
głodny [gwodni] hungry
umieram z głodu [oom-yeram z
gwodoo] I'm starving
głos [gwos] voice
głosować [gwosovach] to vote
głośny [gwoshni] loud
głowa [gwova] head
główna droga [gwoovna droga]
main road (in country)
główna ulica [ooleetsa] main
road (in town)
główny [gwoovni] main
głuchy [gwooHi] deaf
głupi [gwoopee] stupid
gniazdko [gn-yastko], **gniazdo**
[gn-yazdo] socket, power
point
gniazdo ptasie [ptasheh] bird's
nest
gniewać się [g-nyevach sheh] to
be angry
go him; it
godzina [godjeena] hour;
o'clock
godzina 11-ta wieczór
[v-yechoor] 11 p.m.
godzina 3-cia popołudniu
[powood-nyoo] 3 p.m.
godzina szczytu [sh-chitoo]
rush hour
godziny odwiedzin [godjeeni
odv-yedjeen] visiting hours
godziny urzędowania
[ooJendovan-ya] office hours

golarka shaver
golenie [golen-yeh] shave
golić się [goleech sheh] to shave
gorący [gorontsi] hot
gorączka [goronchka] fever
gorszy [gorshi] worse
gorzej [goJay] worse
coraz gorzej [tsoras] worse
and worse
gorzki bitter
gospodarstwo rolne
[gospodarstfo rolneh] farm
goście [gosh-cheh] guests
gościnność f [gosh-cheennosh-
ch] hospitality
gościnny [gosh-cheenni]
hospitable
gość [gosh-ch] guest
gotować/ugotować [gotovach/
oogotovach] to cook; to
prepare food; to boil (water)
gotowy [gotovi] ready
gotówka [gotoofka] cash
goździki [godjeekee] carnations
góra [goora] mountain
do góry [goori] up; upwards
do góry nogami [nogamee]
upside down
gra game (to play)
grać/zagrać [grach] to play
grad hail
gramatyka [gramatika]
grammar
granatowy [granatovi] navy
blue
granica [graneetsa] border
za granicą [graneetsoN] abroad
gratulacje! [gratoolats-yeh]
congratulations!

Grecja [grets-ya] Greece
grosz grosz (1/100 of a zloty)
grób [groop] grave
gruby [groobi] thick; fat
grudzień [groodjenᵞᵘʰ] December
  w grudniu [v grood-nyoo] in December
grupa [groopa] group
grupa krwi [krfee] blood group
grypa [gripa] flu
gryzie [griJeh] it bites
gryźć/pogryść [grish-ch] to bite; to chew
grzebień [gJeb-yenᵞᵘʰ] comb
grzejnik [gJayneek] heater
grzmot [gJJmot] thunder
gubić/zgubić [goobeech zgoobeech] to lose
guma [gooma] rubber; puncture
guma do żucia [Joocha] chewing gum
gumka [goomka] elastic; eraser; rubber band
guz [goos] lump; tumour
guzik [goozeek] button
gwałt [gvaᵂᵘʰt] rape
gwarancja [gvarants-ya] guarantee
gwiazda [g-vyazda] star
gwiazda filmowa [feelmova] film star, movie star
gwoździe [gvoJdjeh] nails (in wall)
gwóźdź [gvoosh-ch] nail (in wall)

H

halka slip (garment)
hałas [hawas] noise
hałaśliwy [hawashleevi] noisy
hamować [hamovach] to brake
hamulce [hamooltseh] brakes
hamulec [hamoolets] brake
hamulec bezpieczeństwa [besp-yechenistfa] emergency brake; communication cord
Hindus [Heendoos], **Hinduska** [Heendooska] Indian
hinduski [heendooskee] Indian
historia [heestor-ya] history; story
Hiszpania [Heeshpan-ya] Spain
hiszpański [heeshpanskee] Spanish
hokej [hokay] hockey
Holandia [Holand-ya] Holland
holenderski [holenderskee] Dutch
homoseksualista m [homoseksoo-aleesta] gay
hotelowy [Hotelovi] hotel (adj)
humor [hoomor] humour
huśtawka [hooshtafka] swing (for children)
hydraulik [hidrowleek] plumber

I

i [ee] and
ich [eeH] their; theirs; them;

of them
idą [eedON] they go, they are going; you go, you are going
idę [eedeh] I go, I'm going
idę spać [spach] I'm going to bed
już idę! [yoosh] I'm coming!
idiota [eed-yota] nutter
idzie [eedjeh] he/she/it goes, he/she/it is going; you go, you are going
idziecie [eedjecheh] you go, you are going
idziemy [eedjemi] we go, we are going
idziesz [eedjesh] you go, you are going
igła [eegwa] needle
igła z nitką [neetkON] needle and thread
ile? [eeleh] how many?; how much?
ile razy? [razi] how many times?
ilość [eelosh-ch] amount, quantity
wielka ilość [v-yelka] a large quantity
im [eem] them; to them
imię [eem-yeh] first name, forename
na imię mi Jacek [eem-yeh mee] my name is Jacek
imiona [eem-yona] forenames
imitacja [eemeetats-ya] imitation
imponujący [eemponoo-yontsi] impressive

informacja [eenformats-ya] information; enquiries
informacja turystyczna [tooristichna] tourist information
inna [een-na] another; other; different
inną [ee-nON] another; with another; other; different
inne [een-neh] others; other ones; different
innego [een-nego] another; of another; other; different
... innego rodzaju [rodsi-oo] another type of ...
innej [een-nay] another; of another; other; different
inni [een-nee] others; other ones; different
inny [een-ni] another; other; different
innych [een-nich] others; other ones; different
innym [een-nim] another; with another; other; different
innymi [een-nimee] other; with others; other ones; different
instrument muzyczny [eenstrooment moozichni] musical instrument
inteligentny [eenteleegentni] intelligent
interesować się [eenteresovach sheh] to be interested in
interesujący [eenteresoo-yontsi] interesting
inwalida [eenvaleeda] disabled
Irlandia [eerland-ya] Ireland
irlandzki [eerlantskee] Irish

irytujący [eeritoo-yontsi] annoying

iść/pójść [eesh-ch/pooᵛᵘʰsh-ch] to go

iść do domu [domoo] to go home

iść na piechotę [p-yeHoteh] to walk, to go on foot

iść na spacer [spatser] to go for a walk

iść po to go and get (something)

iść za to follow

proszę iść za mną [prosheh — mnON] follow me

J

ja [ya] I; me

ja też [tesh] so do I; so am I; me too

ja też nie [n-yeh] nor do I; nor am I; me neither

jacht [yaHt] yacht

jacy [yatsi] which; what; what sort; which ones

jadalnia [yadal-nya] dining room

jadam [yadam] I eat

jadę [yadeh] I go, I'm going; I'm driving; I'm travelling

jadę do ... I'm going to ...

jadę samochodem [samoHodem] I'm going by car

jadł [yadwuʰ] he has eaten, he ate

jadła [yadwa] she has eaten, she ate

jadłaś [yadwash], jadłeś [yadwesh] you have eaten, you ate

jak? [yak] how?

jak on się nazywa? [sheh naziva] what is his name?

jaka [yaka] which; what; what sort; which one

jaką [yakON] what; with what; which

jaki [yaki] which; what; what sort; which one

jakich [yakeeH] what; of what; which ones

jakie [yak-yeh] which; what; what sort; which one; which ones

jakiego [yak-yego] what; which

jakiej [yak-yay] what; of what; to what; which

jakiemu [yak-yemoo] what; to what; which

jakim [yakeem] what; with what; which

jakimi what; with what; which ones

jakość f [yakosh-ch] quality

jarski [yarskee] vegetarian

jarosz [yarosh], jaroszka [yaroshka] vegetarian

jarzyny [yaJini] vegetables

jaskinia [yaskeen-ya] cave

jaskrawoczerwony [yaskravochervoni] bright red

jaskrawy [yaskravi] bright (colour)

jasnoniebieski [yasnon-yeb-yeskee] light blue, pale blue

jasnowłosy [yasnovwosi] fair-haired

jasnozielony [yasnoJeloni] light green, pale green

jasny [yasni] clear, obvious; light (colour)

jazda konna [yazda konna] horse riding

jazda na rowerze [roveJeh] cycling

jazda po pijanemu [pee-yanemoo] drunken driving

ją [yoN] her

je [yeh] them; it; he/she/it eats; you eat

jechać [yeHach] to go (by transport)

   jechać pociągiem/autobusem to travel by train/bus

jeden [yeden] one

jedenaście [yedenash-cheh] eleven

jedna [yedna], **jedno** [yedno] one

jednostka [yednostka] unit (on phonecard)

jedwab [yedvap] silk

jedwab naturalny [natooralni] pure silk

jedwabny [yedvabni] silk (adj)

jedzenie [yedsen-yeh] food

jego [yego] his; it; him

jej [yay] her; hers; of her; to her

jemu [yemoo] him; it; to him; to it

jemy [yemi] we eat, we are eating

jesień f [yeshenʸuh] autumn, (US) fall

jesienią [yeshen-yON] in the autumn, in the fall

jest [yest] is; are; it is; there is; there are

jest zimno [Jeemno] it's cold

jest automatyczne połączenie you can dial direct

jestem [yestem] I am

jesteś [yestesh], **jesteście** [yestesh-cheh] you are

jesteśmy [yesteshmi] we are

jeszcze [yesh-cheh] still; even more

jeszcze coś? [tsosh] anything else?

jeszcze jeden/jedna/jedno [yeden/yedna/yedno] another one

jeszcze nie [n-yeh] not yet

jeść [yesh-ch] to eat

   jeść śniadanie/obiad/kolację [sh-nyadan-yeh/ob-yat/kolats-yen] to have breakfast/dinner/supper

jeśli [yeshlee] if

jezdnia carriageway

jezioro [yeJoro] lake

jeździć konno [yeJdjeech kon-no] to ride

jeździć na nartach [nartaH] to ski

język [yenzik] tongue; language

jubiler [yoobeeler] jeweller's

jutro [yootro] tomorrow

   jutro rano tomorrow morning

już [yoosh] already

już idę! [eedeh] I'm coming!

już proszę [prosheh] just a minute

już wyszła [vishwa] she's gone

już wrócił [vroocheewuh] he's back

K

kabaret floor show

kabel lead; cable

kabina [kabeena] cabin

kac [kats] hangover

kaczka [kachka] duck

kajak [ki-ak] canoe

kajakarstwo [ki-akarstfo] canoeing

kalendarz [kalendash] calendar

kalkulator [kalkoolator] calculator

kaloryfer [kalorifer] radiator

kalosze [kalosheh] wellingtons

kamienny [kam-yen-ni] stone (adj)

kamień [kam-yenyuh] stone

kamizelka ratunkowa [kameezelka ratoonkova] life jacket

kamizelka ratunkowa jest pod twoim fotelem life jacket is under your seat

kanadyjski [kanadee-skee] Canadian

kanał [kanawuh] canal

kanapa sofa, settee

kanister na benzynę [kaneester na benzineh] petrol can

kantor bank; bureau de change

kantor walutowy [valootovi] bureau de change

kantor wymiany walut [vim-yani valoot] bureau de change

kapela folk band

kapelusz [kapeloosh] hat

kapitan [kapeetan] captain

kaplica [kapleetsa] chapel

kapsel cap (of bottle)

karabin [karabeen] rifle

karafka carafe

karaluch [karalooн] cockroach

kardiolog [kard-yolog] heart specialist

karetka pogotowia [pogotov-ya] ambulance

karmić [karmeech] to feed

karmić piersią [p-yershoN] to breastfeed

karnet autobusowy [owtoboosovi] book of bus tickets

Karpaty [karpati] Carpathian Mountains

karta card

karta kredytowa [kreditova] credit card

karta magnetyczna [magnetichna] phonecard

karta pocztowa [pochtova] postcard

karta telefoniczna [telefonichna] phonecard

karta wstępu na pokład [fstempoo na pokwat] boarding pass

kartka papieru [pap-yeroo]

piece of paper

karton carton; cardboard box

kasa till, cash desk, cashier

kasa biletowa [beeletova] ticket office

kasa nie zwraca pieniędzy no cash refunds

kasa teatralna [teh-atralna] box office

kaseta cassette

kask helmet

kaszel [kashel] cough

kaszleć [kashlech] to cough

katar cold (illness)

katar sienny [shenni] hay fever

katastrofa crash; disaster

katedra cathedral

katolicki [katoleetskee] Catholic

jestem katolikiem/katoliczką [yestem katoleek-yem/ katoleechkON] I'm a Catholic

kawaler [kavaler] bachelor

kawalerka [kavalerka] flatlet

kawałek [kavawek] piece; slice

kawiarnia [kav-yarn-ya] café serving coffee, tea, cakes, desserts and wine

każda [kaJda], **każde** [kaJdeh], **każdy** [kaJdi] each, every

w każdym wypadku [f kaJdim vipatkoo] in every case

dla każdego z was [kaJdego s vas] for each of you

za każdym razem [razem] every time

o każdej porze [kaJday poJeh] at any time

każdą [kaJdON] each; with

each

każdego [kaJdego] each; of each

każdej [kaJday] each; of each; to each

każdemu [kaJdemoo] each; to each

każdym [kaJdim] each; with each

kąpiel f [komp-yel] bath

kąpiel wzbroniona no swimming

kąt [kont] corner

kelner waiter

kelnerka waitress

kichać [keeHach] to sneeze

kiedy? [k-yedi] when?

kiedy indziej [eendjay] some other time

kiedykolwiek [k-yedikol-vyek] ever

kiedyś [k-yedish] once; ever

kieliszek [k-yeleeshek] glass (for drinking)

kieliszek do wina [veena] wine glass

kieliszek wina glass of wine

kiepski [k-yepskee] poor (quality); disappointing

kiermasz [k-yermash] market

kierowca m/f [k-yerovtsa] driver

kierownica [k-yerovneetsa] steering wheel

kierowniczka [k-yerovneechka] manageress

kierownik [k-yerovneek] manager

kierunek [k-yeroonek] direction

kierunkowskaz [k-yeroonkofskas]

indicator

kieszeń [k-yeshen^yuh] pocket

kije do golfa [kee-yeh] golf clubs

kijek do nart [kee-yek] ski pole

kilim [keeleem] decorative rug

kilka [keelka], **kilkoro** [keelkoro], **kilku** [keelkoo] a few; several

kilkadziesiąt [keelkadjeshont] a number of ... (between 20 and 100); several dozen

kilkanaście [keelkanash-cheh] a number of ... (between 10 and 20)

kilometrów na godzinę [keelometroof na godjeeneh] kilometres per hour

kim [keem] whom; with whom

z kim [s] with whom

o kim of/about whom

kino [keeno] cinema, movie theater

kiosk Ruchu [k-yosk rooHoo] newspaper kiosk

klakson horn

klamerka buckle

klamerka do włosów [vwosoof] hair slide

klasa class

klasa turystyczna [tooristichna] economy class

klasztor [klashtor] monastery

klatka cage

klatka piersiowa [p-yershova] chest

klej [klay] glue

kleszcz [klesh-ch] tick

klimat [kleemat] climate

klimatyzacja [kleematizats-ya] air-conditioning

klimatyzowany [kleematizovani] air-conditioned

klinika [kleeneeka] clinic

klub [kloop] club

klub nocny [notsni] nightclub

klucz [klooch] key

klucz do nakrętek [nakrentek] spanner

klucz do otwierania butelek [ot-fyeran-ya bootelek] bottle-opener

klucz maszynowy [mashinovi] wrench

kluczyki [kloochikee] car keys

kładę [kwadeh] I put

kłamać [kwamach] to tell a lie

kłaść/położyć [kwash-ch/ powoJich] to put

kłopot [kwopot] trouble

kłódka [kwootka] padlock

kobieta [kob-yeta] woman

kobiety [kob-yeti] women

koc [kots] blanket

kochać [koHach] to love

kochać się [sheh] to make love

kocioł do centralnego ogrzewania [kocho^wuh do tsentralnego ogJevan-ya] central heating boiler

kod [kod] code

kod adresowy [kod adresovi] post code, zip code

kodeks code

kodeks drogowy [drogovi] highway code

kod pocztowy [kot pochtovi]

postal code, zip code
kogo who; whom
koja [koya] bunk, berth (on ship)
koklusz [kokloosh] whooping cough
kolacja [kolats-ya] supper, evening meal
kolano knee
kolczyki [kolchikee] earrings
kolega m colleague; friend
kolej [kolay] railway
kolejka [kolayka] queue
kolejka linowa [leenova] cable car
koleżanka [koleJanka] colleague; friend
kolor colour
kolorowy [kolorovi] colour (adj); colourful
kolosalny [kolosalni] tremendous
koleją [kolayON] by rail
kołdra [kowuhdra] quilt
kołek do bielizny [kowek do b-yeleezni] clothes peg
kołnierz [kowuhnyesh] collar
koło [kowo] circle; wheel; near; by; around
koło ratunkowe [ratoonkoveh] lifebelt
koło zapasowe [zapasoveh] spare tyre
kołyska [kowiska] cradle
komar mosquito
komisariat [komeesar-yat] police station
komórka [komoorka] mobile (phone), cell phone

kompas compass
komplement compliment
komplet full
komputer [kompooter] computer
komu [komoo] whom; to whom
komunistyczny [komooneestichni] communist
komunizm [komooneezm] communism
koncert [kontsert] concert
konduktor [kondooktor] bus conductor; ticket inspector
konfekcja [konfekts-ya] ready-to-wear clothing
konfekcja damska [damska] ladies' fashions
konfekcja męska [menska] menswear
konferencja [konferents-ya] conference
koniec [kon-yets] end
do końca [kontsa] to the end
na końcu ulicy [kontsoo ooleetsi] at the end of the street
w końcu at last, eventually
koniec autostrady end of motorway/highway
koniec ograniczenia szybkości end of speed restrictions
koniecznie: jeśli koniecznie chcesz [yeshlee kon-yech-ñeh нtsesh] if you insist
konieczny [kon-yechni] necessary
konkurs [konkoors]

Ko

competition

konsulat [konsoolat] consulate

koń [kon^{yuh}] horse

kończyć/skończyć [konchich/ skonchich] to finish

już kończę [yoosh koncheh] I've almost finished

kończyć się [sheh] to end

koperta envelope

koperta lotnicza [lotneecha] airmail envelope

korek plug; cork; traffic jam

korkociąg [korkochonk] corkscrew

koronka lace

koronkowy obrus [koronkovi obroos] lace tablecloth

kort tenisowy [teneesovi] tennis court

korytarz [koritash] corridor

korzystać [koJistach] to use, to make use of

kosmetyk do demakijażu [kosmetik do demakee-yaJoo] make-up remover, cleanser

kosmetyki [kosmetikee] cosmetics

kostium [kost-yoom] suit (woman's)

kostium kąpielowy [komp-yelovi] swimming costume

kostka ankle

koszmar [koshmar] nightmare

kosztować [koshtovach] to cost

ile to kosztuje? [eeleh to koshtoo-yeh] how much does it cost?

koszula [koshoola] shirt

koszula nocna [notsna]

nightdress

koszyk [koshik] basket

kościół [kosh-choo^{wuh}] church

kościół ewangelicki [evangeleetskee] Protestant church

kość [kosh-ch] bone

kot cat

kotwica [kotfeetsa] anchor

koza goat

kożuch [koJooH] sheepskin coat

kółko do kluczy [koo^{wuh}ko do kloochi] keyring

krab crab

kradzież f [kradjesh] theft

kraj [krī] country (nation)

krajobraz [krī-obras] scenery

krajowy [krī-ovi] domestic

krajowy lot domestic flight

Kraków [krakoof] Cracow

w Krakowie [f krakov-yeh] in Cracow

kran tap, faucet

kraść/ukraść [krash-ch/ookrash-ch] to steal

krawat [kravat] tie, necktie

kredka do ust [oost] lipstick

krem do golenia [golen-ya] shaving foam

krem do opalania [opalan-ya] suntan lotion

krem kosmetyczny [kosmetichni] cold cream

krem nawilżający [naveelJī-ontsi] moisturizer

kremowy [kremovi] cream

krem przeciw owadom [pshecheef ovadom] insect

repellent

kretyn [kretin] twit

krew [kref] blood

kręcić się [krencheech sheh] to turn round; to revolve

kręci mi się w głowie [krenchee mee sheh v gwov-yeh] I feel dizzy

kręcone włosy [krentsoneh vwosi] curly hair

krewna [krevna]**, krewny m** [krevni] relative

krewni [krevnee] relatives

kropla drop

krople [kropleh] drops

krople do oczu [ochoo] eyedrops

krowa [krova] cow

król [krool] king

królik [krooleek] rabbit

królowa [kroolova] queen

krótki [krootkee] short

krótkowzroczny [krootkovzrochni] shortsighted

krwawić [krfaveech] to bleed

kryty basen [kriti basen] indoor swimming pool

krzaki [kshakee] bushes

krzesło [ksheswo] chair

krzewy [kshevi] shrubs

krzyczeć/krzyknąć [kshichech/ kshiknonch] to scream

krzyż [kshish] cross

ksiądz [kshonts] priest

książeczka czekowa [kshonJechka chekova] cheque book, checkbook

książę [kshonJeh] prince

książka [kshonshka] book

książka telefoniczna [telefoneechna] telephone directory

księgarnia [kshengarn-ya] bookshop, bookstore

księżna [kshenJna] princess

księżniczka [kshenJneechka] princess

księżyc [kshenJits] moon

kształt [kshta^{wuht}] shape

kto? who?

kto mówi? [moovee] who's speaking?

kto tam? who is it?, who is there?

ktokolwiek [ktokol-vyek] anybody

która [ktoora] which; which one; who; that

która godzina? [godjeena] what's the time?

którą [ktoorON] which; with which; which one; which ones; who; that

które [ktooreh] which; which one; which ones; who; that

którego [ktoorego] what; of what; which

której [ktooray] what; of what; which

o której godzinie ...? [godjee n-yeh] at what time ...?

który [ktoori] which; which one; who; that

których [ktooriH] which; of which; which ones; who; that

którykolwiek [ktoorikol-vyek] either of them

którymi [ktoorimee] which; with which; which ones; who; that

którzy [ktooji] which; which ones; who; that

ktoś [ktosh] somebody, someone; anybody

kubek [koobek] mug

kubeł [koobehʷᵘʰ] bucket

kubeł na śmieci [shm-yechee] bin

kucharka [kooharka] cook

kucharz [koohash] cook; chef

kuchenka [koohenka] cooker

kuchenka mikrofalowa [meekrofalova] microwave oven

kuchnia [kooh-nya] kitchen

kucyk [kootsik] pony

kufel [koofel] beer mug

kule [kooleh] crutches

kupię [koop-yeh] I will buy

kupować/kupić [koopovach/koopeech] to buy

kupuję [koopoo-yeh] I buy, I am buying

kura [koora] hen

kuracja [koorats-ya] cure; medical treatment

kurcz [koorch] cramp

kurczę [koorcheh] chicken

kurs [koors] exchange rate; taxi fare

kurs nauki języka [na-ookee yenzika] language course

kurs walutowy [valootovi] exchange rate

kurtka [koortka] jacket

kurtka ortalionowa [ortal-yonova] anorak

kurtyna [koortina] curtain

kurwa [koorva] whore

kurwa! fuck!

kurz [koosh] dust

kuszetka [kooshetka] couchette

kuzyn [koozin], **kuzynka** [koozinka] cousin

kwaskowy [kfaskovi] tart (flavour)

kwaśny [kfashni] sour

kwatery prywatne private rooms

kwiaciarnia [k-fyacharn-ya] florist

kwiat [k-fyat] flower

kwiecień [k-fyechenʷᵘʰ] April

w kwietniu [f k-fyet-nyoo] in April

kwit [kfeet] receipt

L

lakier do paznokci [lak-yer do paznokchee] nail varnish

lakier do włosów [vwosoof] hair spray

lalka doll

lampa lamp

laryngolog [laringolog] ear, nose and throat specialist

las forest

lata years

latać/polecieć [latach/polechech] to fly

latarka torch

lato summer

latem in the summer
lawina [laveena] avalanche
lądować [londovach] to land
lądowanie landing
lądowanie awaryjne
emergency landing
lecie: w lecie [v lecheh]
legginsy [legeensi] leggings
lejek [layek] funnel
lek medicine; drug
lekarstwo [lekarstfo] medicine
lekarstwo na kaszel [kashel]
cough medicine
lekarz [lekash], lekarka [lekarka]
doctor
lekcja [lekts-ya] lesson
lekki [lekkee] light (not heavy)
lekkoatletyka [lek-koatletika]
athletics
leniwy [leneevi] lazy
lepiej [lep-yay] better
coraz lepiej [tsoras] better
and better
lepszy [lepshi] better
leśniczówka [leshneechoofka]
gamekeeper's cottage
letni [letnee] summery;
summer (adj)
leworęczny [levorenchni] left-
handed
lewy [levi] left
na lewo [levo] on the left; to
the left
po lewej stronie [levay stron-
yeh] on the left
lezbijka [lezbee-ka] lesbian
leżak [leJak] deck chair
-li [lee] past tense ending
liczba [leechba] number

licznik [leechneek] meter (in
taxi)
lina [leena] rope
linia kolejowa [leen-ya kolayova]
railway line
linia lotnicza [lotneecha] airline
linia podmiejska [podm-yayska]
suburban line
linka do bielizny [leenka do
b-yeleezni] clothes line
lipiec [leep-yets] July
w lipcu [v leeptsoo] in July
list [leest] letter
lista [leesta] list
list ekspres express letter
list lotniczy [lotneechi] airmail
letter
listonosz [leestonosh] postman,
mailman
listopad [leestopat] November
w listopadzie [v-leestopadjeh]
in November
list polecony [poletsoni]
registered letter
-liście [leesh-cheh] past tense
ending
liść [leesh-ch] leaf
-liśmy [leeshmi] past tense
ending
litewski [leetefskee] Lithuanian
Litwa [leetfa] Lithuania
lizak [leezak] lollipop
lodówka [lodoofka] fridge
lody pl [lodi] ice cream
lody sorbetowe [sorbetoveh] ice
lollies
lody w waflu [v vafloo] ice-
cream cone
lokomotywa [lokomotiva]

engine (train)
Londyn [londin] London
los fate; lottery ticket
zły los [zwi] bad luck
taki mój los [takee mooᵞᵘʰ] just
  my luck
lot flight
lot bezpośredni [besposhrednee]
  direct flight
lot czarterowy [charterovi]
  charter flight
lot krajowy [krī-ovi] domestic
  flight
lotnisko [lotneesko] airport
lot opóźniony [opooჃn-yoni]
  delayed flight
lot rejsowy [raysovi] scheduled
  flight
lód [loot] ice
lubić [loobeech] to like
lubię ... [loob-yeh] I like ...
ludność [loodnosh-ch]
  population
ludzie [loodjeh] people
luksus [looksoos] luxury
luksusowy [looksoosovi] luxury
  (adj)
lunapark [loonapark] funfair
lusterko [loosterko] mirror
  (small)
lusterko wsteczne [fstechneh]
  rearview mirror
lustro [loostro] mirror (large)
luty [looti] February
  w lutym [v lootim] in
  February
lżejszy [lჃayshi] lighter

Ł

ładny [wadni] pretty; nice
  ładna pogoda [wadna pogoda]
  fine weather
łagodny [wagodni] mild
łamać/złamać [wamach/
  zwamach] to break
łańcuch [wantsooʜ] chain
łapać [wapach] to catch
łapówka [wapoofka] bribe
łatwy [watfi] easy
łazienka [waჃenka] bathroom
łokieć [wok-yech] elbow
łopatka [wopatka] spade
łotewski [wotefskee] Latvian
Łotwa [wotfa] Latvia
łowienie ryb wzbronione no
  fishing
łódka gumowa [wootka
  goomova] rubber dinghy
łódź f [wooch] boat
łóżeczko [wooჃechko] cot (for
  baby)
łóżko [wooshko] bed
łóżko piętrowe [p-yentroveh]
  bunk beds
łóżko polowe [poloveh]
  campbed
łóżko samoopalające
  [samoopalī-ontseh] sunbed
łysy [wisi] bald
łyżeczka [wiჃechka] teaspoon
łyżka [wishka] spoon
łyżwy [wiჃvi] skates

M

ma he/she/it has; you have
 nie ma ... [n-yeh] there is
 no ...; there are no ...
 nie ma go he is not here
macie [macheh] you have
macocha [matsoHa]
 stepmother
magistrala main road
magnetofon tape recorder
magnetofon kasetowy
 [kasetovi] cassette player
magnetowid [magnetoveet]
 video recorder
maj [mī] May
 w maju [v mī-oo] in May
mają [mī-on] they have; you
 have
majteczki [mītechkee] knickers,
 pants, panties
majtki [mītkee] knickers,
 pants, panties
makijaż [makee-yash] make-up
maleńki [malenikee] tiny
malować [malovach] to paint
mało [mawo] few; little
 mało turystów [tooristoof] few
 tourists
 mało czasu [chasoo] little
 time
mały [mawi] small, little
mam I have
 mam ... lat I'm ... years old
 mam nadzieję [nadjayen] I
 hope
mama mum
mamy [mami] we have

mapa map
mapa samochodowa
 [samoHodova] motorist's map,
 road map
mapa turystyczna [tooristichna]
 tourist map
marka make, brand name
martwić się [martfeech sheh] to
 worry about
marzec [maJets] March
 w marcu [v martsoo] in March
marzenie [maJen-yeh] dream;
 wish
masa netto net weight
maska bonnet, (US) hood (of
 car)
maska do nurkowania
 [noorkovan-ya] snorkel
maska tlenowa [tlenova]
 oxygen mask
masz [mash] you have
maszyna do pisania [mashina
 do peesan-ya] typewriter
maszynka do golenia [mashinka
 do golen-ya] razor
maść [mash-ch] ointment
mata beach mat
materac [materats] mattress
materac dmuchany [dmooHani]
 lilo
materiał [mater-yawuh] material,
 cloth, fabric
matka mother
Mazowsze [mazofsheh]
 Mazovia
Mazury [mazoori] Mazurian
 Lake District
mądry [mondri] clever
mąż [monsh] husband

mdłości [mdwosh-chee] nausea
meble [mebleh] furniture
mechanik [meHaneek] mechanic
mecz [mech] match (sport)
meduza [medooza] jellyfish
metro underground, (US) subway
mewa [meva] seagull
męski [menskee] gents' toilet, men's room
mężatka [menJatka] married woman
mężczyzna [mensh-chizna] man
mgła [mgwa] fog
mi [mee] me; to me
miałam [m-yawam], **miałem** [m-yawem] I had
miasto [m-yasto] city; town
mieć [m-yech] to have
mieć mdłości [mdwosh-chee] to feel sick
mieć nadzieję [nadjayeh] to hope
mieć rację [m-yech rats-yeh] to be right
ma pan/pani rację [pan/panee] you are right
nie ma pan/pani racji [n-yeh] you are wrong
miejsca (siedzące) [m-yaystsa (shedsontseh)] seats
miejsce [m-yaystseh] seat, place
miejscowość nadmorska f [m-yaystsovosh-ch] seaside resort
miejscówka [m-yaystsoofka] seat reservation
miejski [m-yayskee] municipal

miesiąc [m-yeshonts] month
miesiąc miodowy [m-yodovi] honeymoon
miesiączka [m-yeshonchka] period; menstruation
mieszać [m-yeshach] to mix
mieszkać [m-yeshkach] to live (in town etc); to stay
mieszkam w Warszawie [m-yeshkam v] I live in Warsaw
mieszkam u ... [oo] I am staying with ...
mieszkam w hotelu [f hoteloo] I am staying at a hotel
mieszkanie [m-yeshkan-yeh] apartment, flat
mieszkanie do wynajęcia apartment for rent
między [m-yendsi] among; between
między innymi [een-nimee] among other things
między nami mówiąc [namee moov-yonts] between you and me
międzylądowanie intermediate stop
międzynarodowy [m-yendsi-narodovi] international
międzynarodowy lot international flight
miękki [m-yenk-kee] soft
mięsień [m-yenshen-yuh] muscle
migrena [meegrena] migraine
miło mi pana/panią poznać [meewo mee pana/pan-yON poznach] nice to meet you
miłość f [meewosh-ch] love

miły [meewi] nice, pleasant

minuta [meenoota] minute

miska [meeska] bowl

mleczko kosmetyczne [mlechko kosmetichneh] skin cleanser

mleczny bar [mlechni bar] restaurant serving vegetarian dishes

młody [mwodi] young

młodzież [mwodjesh] young people

młotek [mwotek] hammer

mną [mnON] me

mniam mniam! [mn-yam mn-yam] yum-yum!

mnie [mnyeh] me; of me; to me

mniej [m-nyay] less

mniej więcej [v-yentsay] more or less

mniej niż ... [neesh] less than ...

mniejszy [m-nyayshi] smaller

moda fashion

modlitwa [modleetfa] prayer

modny [modni] fashionable

mogę [mogeh] I can

mogłam [mogwam], mogłem [mogwem] I could, I was able to

moi [mo-ee] my

moich [mo-eeH] my; of my; mine; of mine

moim [mo-eem], moimi [mo-eemee] my; with my; by my; mine

moja [moya] my; mine

moją [moyON] my; with my; by my; mine

moje [moyeh] my; mine

moje własne ... [vwasneh] my own ...

mojego [moyego], mojej [moyay] my; of my; mine; of mine

mojemu [moyemoo] my; to my; mine; to mine

mokry [mokri] wet

moneta coin

morze [moJeh] sea

Morze Bałtyckie [bowtitsk-yeh] Baltic Sea

most bridge (over river)

mostek bridge (dental)

motocykl [mototsikl] motorbike

motorówka [motoroofka] motorboat

motyl [motil] butterfly

może [moJeh] perhaps

może nie [n-yeh] perhaps not

możesz [moJesh] you can

możliwy [moJleevi] possible

to możliwe [moJleeveh] it's possible

możliwie jak najszybciej/najwięcej [moJleev-yeh yak nishipchay/nīv-yentsay] as soon/much as possible

móc [moots] can, to be able to

mój [mooyuh] my; mine

mówi [moovee] he/she speaks; he/she is talking

mówicie [mooveets-yeh] you speak; you are talking

mówić/powiedzieć [mooveech/pov-yedjech] to say; to tell; to

speak; to talk

mówię [moov-yeh] I speak; I am talking

mówisz [mooveesh] you speak; you are talking

mogłaby: czy mogłaby pani ...? [chi mogwabi panee] could you ...?

mogłabym [mogwabim], **mógłbym** [moog^wuh^bim] I could, I might

mógłby: czy mógłby pan ...? [moog^wuh^bi pan] could you ...?

MPT [em-peh-teh] municipal taxi company

mroźny [mroJni] frosty

mrożonki fpl [mroJonkee] frozen food

mrożony [mroJoni] frozen

mrówka [mroofka] ant

mróz [mroos] frost

msza [msha] mass

mu [moo] him; to him; it; to it

mucha [mooHa] fly

mur [moor] wall (outside)

musieć [mooshech] must, to have to

muszę [moosheh] I must, I have to

muszę iść [moosheh eesh-ch] I must go

muzeum [moozeh-oom] museum

muzyka [moozika] music

muzyka klasyczna [klasichna] classical music

muzyka ludowa [loodova] folk music

muzyka pop pop music

muzyka rokowa [rokova] rock music

my [mi] we

mycie i ułożenie włosów [micheh ee oowoJen-yeh vwosoof] shampoo and set

myć/umyć [mich/oomich] to wash

myć/umyć ręce [rentseh] to wash one's hands

myć się [sheh] to wash oneself, to have a wash

mydło [midwo] soap

myjnia samochodowa [mee-nya samoHodova] car wash

mysz [mish] mouse

myśleć [mishlech] to think

myślę że ... [mishleh Jeh] I think that ...

MZK [em zet kah] municipal transport company

N

na on; to; at; for

na pocztę to the post office

na poczcie at the post office

na niebie in the sky

na plaży on the beach

na plażę to the beach

nabożeństwo [naboJenstfo] church service

na czczo on an empty stomach

naczynia [nachin-ya] crockery

nad over; above

nad rzeką [JekON] by the river

na dworcu [dvortsoo] at the station

nadać [nadach] to post, to mail

nadawca [nadaftsa] sender

nadbrzeże [nadbJeJeh] quay

nadgarstek [nadgarstek] wrist

nad morzem [moJem] at the seaside, by the sea

na dole [doleh] at the bottom; downstairs; down there

nadwaga bagażu [nadvaga bagaJoo] excess baggage

na dworze [dvoJeh] outdoors

nadzieja [nadjaya] hope
mam nadzieję, że ... [nadjayeh Jeh] I hope that ...

nagi [nagee] naked

nagle [nagleh] suddenly

na górze [gooJeh] at the top; upstairs

nagrobek [nagrobek] gravestone

najbardziej [nibardjay] the most

najbliżej [nibleeJay] nearest to

najbliższy [nibleesh-shi] the nearest

najem [ni-em] lease

najgorszy [nigorshi] worst

najlepiej spożyć przed ... best before ...

najlepszy [nilepshi] best

najpóźniej [nipooJ-nyay] latest

najwyższe piętro [nivish-sheh p-yentro] top floor

nakrętka [nakrentka] nut (for bolt)

należeć [naleJech] to belong

nam us; to us

nami [namee] us; with us
z nami with us

namiot [nam-yot] tent

nampopować [nampopovach] to pump (up)

napad [napat] assault

napełniać [napehwuhnyach] to fill

napiwek [napeevek] tip (to waiter)

napompować [napompovach] to pump; to pump up

napój [napooyuh] drink

naprawa [naprava] repair

naprawa obuwia [oboov-ya] shoe repairer

naprawdę [napravdeh] really
naprawdę? is that so?

naprawiać/naprawić [napravyach/napraveech] to mend, to repair

naprzeciwko [napshecheefko] opposite

na przykład [pshikwat] for example

narciarstwo [narcharstfo] skiing

narciarstwo wodne [vodneh] waterskiing

nareszcie! [naresh-cheh] at last!

narodowość [narodovosh-ch] nationality

na ropę [ropeh] diesel-powered

narty [narti] skis

narty wodne [vodneh] waterskis

narzeczona/narzeczony
[naJechona/naJechoni] fiancée,
fiancé

narzędzie [naJendjeh] tool

nas us

nasi [nashee] our; ours

na spacer [spatser] for a walk

na sprzedaż [spshedash] for
sale

następny [nastempni] next

nastolatek [nastolatek],
nastolatka [nastolatka]
teenager

nastrój [nastrooyuh] mood

nasz [nash] our; ours

nasza [nasha] our; ours

naszą [nashON] our; ours; with
our; with ours

na szczęście [sh-chensh-cheh]
fortunately

nasze [nasheh] our; ours

naszego [nashego] our; ours;
of our; of ours

naszej [nashay] our; ours; of
our; of ours; to our; to ours

naszemu [nashemoo] our;
ours; to our; to ours

naszych [nashiH] our; ours

naszyjnik [nashee-neek]
necklace

naszym [nashim], **naszymi**
[nashimee] our; ours; with
our; with ours

naturalny [natooralni] natural

natychmiast [natiHm-yast]
immediately

nauczyciel [na-oochichel],
nauczycielka teacher

nauczyć [na-oochich] to teach

nauczyć się [sheh] to learn

nauka [na-ooka] science

nawet [navet] even

nawet jeśli [yeshlee] even if

nawet wtedy [ftedi] even
then

na wynos [vinos] take away, to
go

na zdrowie! [zdrov-yeh]
cheers!; bless you!

na zewnątrz [zevnontsh]
outside

nazwa [nazva] name

nazwisko [nazveesko] surname

nazwisko panieńskie [pan-yens-
kyeh] maiden name

nazywać się [nazivach sheh] to
be called

nazywam się ... [nazivam] I
am called ..., my name is ...

na żądanie [Jondan-yeh]
request stop

negatyw [negatif] negative
(film)

nerki [nerkee] kidneys

nerwowy [nervovi] nervous

nią [n-yON] her; by her
z nią with her

nic [neets] nothing

nic nie słyszę [n-yeh swisheh] I
can't hear anything

nic nie szkodzi [shkodjee] it
doesn't matter

nic mu nie jest [moo — yest]
there is nothing wrong
with him

to na nic it's no good

nich [neeH] them
o nich about them

nici [neechee] cotton thread

nic więcej [v-yentsay] nothing else

niczego: niczego tu nie ma [neechego too n-yeh ma] there is nothing here

do niczego useless, worthless

nie [n-yeh] no; not; them

nie bardzo [bards-o] not very much

nie chcę ... [Htseh] I don't want any ...

niebezpieczeństwo [n-yebes-pyechenstfo] danger

niebezpieczne skrzyżowanie dangerous junction

niebezpieczny [n-yebes-pyechni] dangerous

niebezpieczny zakręt dangerous bend

niebieski [n-yeb-yeskee] blue

niebo [n-yebo] sky

nieczynny [n-yechin-ni] out of order

niedaleko od [n-yedaleko ot] not far from

nie deptać trawników keep off the grass

niedziela [n-yedjela] Sunday

w niedzielę on Sunday

niedziele i święta Sundays and public holidays

w niedziele i dni świąteczne on Sundays and public holidays

niego [n-yego] his; him; its

niej [n-yay] her

nie ma ... [n-yeh ma] no ...; we haven't got any ...

nie ma już ... [yoosh] no more ...

nie ma tego we don't have that

nie ma mowy! [movi] no way!

nie ma przejazdu road closed

nie ma sprawy [spravi] no problem

Niemcy [n-yemtsi] Germany

niemiecki [n-yem-yetskee] German

niemodny [n-yemodni] unfashionable

niemowlę [n-yemovleh] baby

niemożliwy [n-yemoJleevi] impossible

nienawidzieć [n-yenaveedjech] to hate

nieograniczony przebieg [n-yeh-ograneechoni psheb-yek] unlimited mileage

nie otwierać drzwi w czasie biegu pociągu do not open the door while the train is moving

nie palić no smoking

nieporozumienie [n-yeporozoom-yen-yeh] misunderstanding

niepotrzebny [n-yepotshebni] unnecessary

nieprawda [n-yepravda] not true

nieprzyjemny [n-yepshi-yemni] unpleasant

nieprzytomny [n-yepshitomni] unconscious

nierówna nawierzchnia uneven road surface

niespodzianka [n-yespodjanka]

surprise

niestety [n-yesteti]
unfortunately

niestrawność [n-yestravnosh-ch]
indigestion

nieść [n-yesh-ch] to carry

nieśmiały [n-yeshm-yawi] shy

nieświeży [n-yesh-fyeЛi] stale;
off; bad

nieuprzejmy [n-yeh-oopshaymi]
rude

**nieuzasadnione użycie będzie
karane** penalty for misuse

nieważne [n-yevaЛneh] it
doesn't matter

nieważny [n-yevaЛni] not valid

niewidomy [n-yeveedomi] blind

niewiele czasu [n-yev-yeleh
chasoo] not much time

niewinny [n-yeveenni] innocent

nie wolno [n-yeh volno] it is
forbidden

nie wychylać się do not lean
out of the window

niezależny [n-yezaleЛni]
independent

niezamężna [n-yezamenЛna]
single, unmarried (woman)

nie zatrzymuje się w ... does
not stop in ...

nie zawiera ... contains no ...

nie zawiera cukru sugar-free

**nie zawiera tłuszczów
zwierzęcych** contains no
animal fat

niezbędny [n-yezbendni]
essential

niezbyt często [n-yezbit chensto]
not too often

nieznośny [n-yeznoshni]
horrible

nie żartuj! [Лartooyuh] don't
make me laugh!

nieżonaty [n-yeЛonati] single,
unmarried (man)

nigdy [neegdi] never

nigdzie [neegdjeh] nowhere

nikim nobody, no-one; with
nobody, with no-one

nikogo [neekogo] nobody

nikt [neekt] nobody, no-one

nim [neem] him; it; them;
with him; with it

nimi [neemee] them

niski [neeskee] low

niskocukrowy low in sugar

niskooktanowa [neeskooktanova]
low octane; super (94 octane)

nitka [neetka] thread

niż [neesh] than; low pressure

noc [nots] night

nocą [notsON] at night

nocleg [notslek]
accommodation; overnight
stay

noclegi private rooms

nocna zmiana [notsna z-myana]
night shift

nocny klub/lokal [notsni kloop]
nightclub

nocny portier [port-yer] night
porter

noga leg

normalne [nomalneh] slow,
normal (train service)

normalny [nomalni] normal

Norwegia [norveg-ya] Norway

norweski [norveskee]

Norwegian
nos nose
nosić/nieść [nosheech/n-yesh-ch] to carry
nosze [nosheh] stretcher
notatnik [notatneek] diary; notebook
notatnik adresowy [adresovi] address book
notes notebook
Nowa Zelandia [nova zeland-ya] New Zealand
nowoczesny [novochesni] modern
nowy [novi] new
Nowy Rok New Year
nożyczki [noJichkee] scissors
nóż [noosh] knife
nudny [noodni] boring
nudzi mi się [noodjee mee sheh] I am bored
numer [noomer] number
numer kierunkowy [k-yeroonkovi] dialling code
numer rejestracyjny [rayestratsee-ni] registration number
numer telefonu [telefonoo] phone number
nurkować [noorkovach] dive
nurkowanie [noorkovan-yeh] skin-diving

O

o at; about; of
oba both of them
obejmować/objąć [obaymovach/ ob-yonch] to include; to embrace
obiad [ob-yat] lunch
obie [ob-yeh] both of them
obiecywać/obiecać [ob-yetsivach/ob-yetsach] to promise
obiektyw [ob-yektif] lens
objazd [ob-yast] diversion, diverted traffic, detour
objąć [ob-yonch] to include; to embrace
obniżka [obneeshka] reduction (of prices)
obniżka cen reduced prices
oboje [oboyeh] both; both of them
obojga [oboyga] both; both of them
obok beside, next to
obóz koncentracyjny [oboos kontsentratsee-ni] concentration camp
obrabować [obrabovach] to rob
obraz painting
obraźliwy [obraJleevi] offensive
obrażać/obrazić [obraJach/ obraJeech] to offend
obrażać się/obrazić się [sheh] to be offended
obrączka ślubna [obronchka shloobna] wedding ring
obrus [obroos] tablecloth
obrus haftowany [haftovani] embroidered tablecloth
obrzydliwy [obJidleevi] disgusting
obsługa [opswooga] service
obudzić [oboodjeech] to wake

(someone)

obudzić się [sheh] to wake up

obuwie [oboov-yeh] shoes

obyczaj [obichī] custom

ochota: mam ochotę na ... [oHoteh] I feel like ...

czy masz ochotę na ... [chi mash] would you like ...?

ochrona środowiska [oHrona shrodoveeska] protection of the environment

oczy [ochi] eyes

oczyścić [ochish-cheech] to clean

oczywisty [ochiveesti] obvious

oczywiście [ochiveesh-cheh] of course

od from; off; of; than; for; since

odbiór bagażu [od-byoor bagaJoo] baggage claim

oddawać/oddać [od-davach/od-dach] to give back

oddychać [od-diHach] to breathe

oddział [od-djaᵂᵘʰ] ward (in hospital)

odebrać [odebrach] to collect

odjazd [od-yast] departure

odjazd o godzinie ... departing at ...

odjazdy departures

odkurzacz [otkooJach] vacuum cleaner

odległość f [odlegwosh-ch] distance

odlot departure

odloty [odloti] departures

odpływ [odpwif] low tide

odpoczynek [otpochinek] rest (sleep)

odpoczywać/odpocząć [otpochivach/otpochonch] to take a rest

odpowiadać [otpov-yadach] to answer

odpowiedzialny [otpov-yedjalni] responsible

odpowiedź f [otpov-yech] answer

odprawa bagażowa [otprava bagaJova], **odprawa bagażu** [bagaJoo] check-in

odprawa biletowo-bagażowa [beeletovobagaJova] check-in

odprawa paszportowa passport control

odra measles

odważny [odvaJni] brave

odwiedzać/odwiedzić [od-vyedsach/od-vyedjeech] to visit

odwołać [odvowach] to cancel

odzież damska [odjesh damska] ladies' clothing

odzież męska [menska] menswear

odżywka do włosów [odjifka do vwosoof] conditioner

ogień [og-yenᵛᵘʰ] fire

ognie sztuczne [og-nyeh shtoochneh] fireworks

ogon tail

ogółem [ogoowem] altogether

ograniczenie szybkości speed limit

ogród [ogroot] garden

w ogrodzie [v ogrodjeh] in the garden

ogrzewanie [ogJevan-yeh] heating

ojca [oytsa] father's

ojciec [oychets] father

ojczym [oychim] stepfather

okazja [okaz-ya] bargain

Okęcie [okencheh] Warsaw Airport

okiennice [ok-yen-neetseh] shutters

okno window

oko eye

około [okowo] about, approximately

okrągły [okrongwi] round, circular

okres period

okropny [okropni] horrible

to okropne! [okropneh] that's awful!

okulary [okoolari] glasses, eyeglasses

okulary słoneczne [swonechneh] sunglasses

okulista [okooleesta] optician

olej [olay] oil

olejek do opalania [olayek do opalan-ya] suntan oil

olej napędowy [napendovi] diesel (fuel)

ołówek [owoovek] pencil

omyłka [omiʷuʰka] error, mistake

on he

ona she

one [oneh], **oni** [onee] they

ono it

opalać się/opalić się [opalach sheh/opaleech] to sunbathe; to

get a tan

opalenizna [opaleneezna] suntan

opalony [opaloni] suntanned

oparzenie [opaJen-yeh] burn

oparzyć się [opaJich sheh] to burn oneself

operacja [operats-ya] operation

opiekować się [op-yekovach sheh] to look after

opiekun [op-yekoon], **opiekunka** [op-yekoonka] carer; childminder

opłata [opwata] charge

opłata krajowa [krī-ova] inland postage

opłata pocztowa [pochtova] postage

opłata za wstęp [fstemp] admission charge

opona tyre

opóźnienie [opooJn-yen-yeh] delay

opóźniony [opooJn-yoni] delayed

oprawka okularów [oprafka okoolaroof] frame (glasses)

oprócz [oprooch] except

oprócz niedziel except Sundays

opryszczka [oprish-chka] cold sore

optyk [optik] optician

optymistyczny [optimeestichni] optimistic

opuszczać/opuścić [opoosh-chach/opoosh-cheech] to leave

organizować [organeezovach] to

organize
orkiestra [ork-yestra] orchestra
osa wasp
osiem [oshem] eight
osiemdziesiąt [oshemdjeshont] eighty
osiemnaście [oshemnash-cheh] eighteen
osiemset [oshemset] eight hundred
osioł [osho^{wuh}] donkey
osoba person
osobno separately
osobny [osobni] separate
osobowe [osoboveh] slow, normal (train service)
osobowy pociąg slow train
ostateczny [ostatechni] final
ostatni [ostatnee] last
ostrożnie! [ostroʃn-yeh] be careful!
ostry [ostri] sharp
ostry dyżur [diʃoor] emergency department, casualty department
ostry zakręt sharp bend
ostrzeżenie warning
ostrzyc włosy [ostshits vwosi] to have a haircut
oś [osh] axle
ość [osh-ch] fishbone
ośla łączka [oshla wonchka] nursery slope
ośrodek [oshrodek] centre
ośrodek sportowy [sportovi] sports centre
ośrodek zdrowia [zdrov-ya] health centre
Oświęcim [osh-fyencheem]

Auschwitz
oto here is/are
otrzymać [otshimach] to receive
otwarte całą dobę open all day
otwarte od 8-ej do 20-tej opening hours from 8 a.m. to 8 p.m.
otwarty [otfarti] open
otwieracz do puszek [ot-fyerach do pooshek] tin-opener
otwierać/otworzyć [ot-fyerach/otfoʃich] to open; to unlock
otworzyć [otfoʃich] to open; to unlock
otwór [otfoor] hole
owad [ovat] insect
owca [ovtsa] sheep
owoc [ovots] fruit (one)
owoce [ovotseh] fruit

Ó

ósmy [oosmi] eighth

P

pachnący [paHnontsi] scented, fragrant
paczka [pachka] packet; parcel
paczka papierosów [pap-yerosoof] packet of cigarettes
paczki [pachkee] parcels counter
padać: pada deszcz [desh-ch] it's raining

213

pada śnieg [sh-nyek] it's
  snowing
pająk [pī-onk] spider
pakować [pakovach] to pack
palacz [palach], **palaczka**
  [palachka] smoker
palce [paltseh] fingers; toes
palec [palets] finger
palec u nogi [oo nogee] toe
palenie wzbronione no
  smoking
palić [paleech] to smoke; to
  burn
palić się [sheh] to burn
pali się! [palee] fire!
  ... pali się ... is on fire
paliwomierz [paleevom-yesh]
  fuel gauge
palto coat
pałac [pawats] palace
pamiątka [pam-yontka]
  souvenir
pamiętać [pam-yentach] to
  remember
pamiętam [pam-yentam] I
  remember
pampersy [pampersi]
  disposable nappies/diapers
pan gentleman; you
  pan jest [yest] you are
  pan ma you have
Pan Mr
pana your
pani [panee] lady; you; your
  pani jest [yest] you have
  pani ma you have
Pani [panee] Mrs; Miss; Ms
panie [pan-yeh] ladies; you
panika [paneeka] panic

panowie [panov-yeh]
  gentlemen; you
panów [panoof] you; your;
  yours
  dla panów for you
pantofle [pantofleh] slippers
pań [panyuh] you; your; yours
  dla pań for you
państwo [panstfo] state; ladies
  and gentlemen; you
państwowy [panstfovi] state,
  state-run
papeteria [papeter-ya]
  stationery
papier [pap-yer] paper
papier do pakowania [pakovan-
  ya] wrapping paper
papier listowy [leestovi]
  writing paper
papieros [pap-yeros] cigarette
papierowy [pap-yerovi] paper
  (adj)
papier toaletowy [toaletovi]
  toilet paper
Papież [pap-yesh] Pope
para couple (two people);
  steam, vapour
  para ... a pair of ...
parafia [paraf-ya] parish
parasol umbrella; sunshade,
  beach parasol
parasolka umbrella
parking [parkeeng] car park,
  (US) parking lot
parkować [parkovach] to park
parkowanie wzbronione no
  parking
parowóz [parovoos] steam
  locomotive

parter ground floor, (US) first floor

pas lane

pasażer [pasaJer], **pasażerka** [pasaJerka] passenger

pasażerowie passengers

pasażerów prosi się o pozostanie na swoich miejscach passengers are requested to stay in their seats

pas bezpieczeństwa [besp-yechenstfa] seat belt

pasek belt; strap; stripe

w paski [f paskee] striped

pasek do zegarka watch strap

pasjonujący [pas-yonoo-yontsi] exciting

pasmanteria [pasmanter-ya] haberdashery

pas startowy [startovi] runway

pas szybkiego ruchu [ship-kyego rooHoo] fast lane

pasta do butów [bootoof] shoe polish

pasta do zębów [zemboof] toothpaste

pastylki od bólu gardła [pastilkee od booloo gardwa] throat pastilles

pasuje: to pasuje [pasoo-yeh] it fits

paszport [pashport] passport

patelnia [patel-nya] frying pan

patrzeć [patshech] to look; to look at

paznokcie [paznokcheh] fingernails; toenails

październik [paJdjerneek]

October

w październiku [f paJdjerneekoo] in October

pchać/pchnąć [pHach/pHnonch] to push

pchła [pHwa] flea

pchnąć [pHnonch] to push

pedał [pedawuh] pedal

pedał gazu [gazoo] accelerator

pełne utrzymanie [pehwuhneh ootshiman-yeh] full board

pełno ... [pehwuhno] plenty of ...

pełny [pehwuhni] full

pełen ... [pewen] full of ...

penicylina [peneetsileena] penicillin

pensjonat [pens-yonat] guesthouse

perfumy [perfoomi] perfume

peron platform, (US) track

peryferie [perifer-yeh] suburbs

pewny [pevni] sure, certain

czy to pewne? [chi to pevneh] is it definite?

czy jest pan pewien? [yest pan pev-yen] are you sure?

czy jest pani pewna? [panee pevna] are you sure?

pęcherz [penHesh] bladder; blister

pędzel [pendsel] paint brush

pędzel do golenia [golen-ya] shaving brush

pękać/pęknąć [penkach/penknonch] to burst

pianino [p-yaneeno] piano

piasek [p-yasek] sand

piątek [p-yontek] Friday

piąty [p-yonti] fifth

pić [peech] to drink

piecyk [p-yetsik] oven

piecyk elektryczny [elektrichni] electric fire

pieczywo [p-yechivo] baker's; bread

piekarnia [p-yekarn-ya] bakery

pielęgniarka [p-yeleng-nyarka], pielęgniarz [p-yeleng-nyash] nurse

pieluszka [p-yelooshka] nappy, diaper

pieluszki jednorazowe [p-yelooshkee yednorazoveh] disposable nappies

pieniądze [p-yen-yondseh] money

pieprzny [p-yepshni] hot, spicy

pierś f [p-yersh] breast

pierścionek [p-yersh-chonek] ring (on finger)

pierwsza klasa [p-yerfsha klasa] first class

pierwsza pomoc [pomots] first aid

pierwszeństwo przejazdu right of way

pierwsze piętro [p-yerfsheh p-yentro] first floor, (US) second floor

pierwszy [p-yerfshi] first

pierwszy raz [ras] the first time

pies [p-yes] dog

pieszo [p-yesho] on foot

pieszy [p-yeshi] pedestrian

pięć [p-yench] five

pięćdziesiąt [p-yench-djeshont] fifty

pięćset [p-yenchset] five hundred

piękny [p-yenkni] beautiful

piętnaście [p-yentnash-cheh] fifteen

piętro [p-yentro] floor, storey

pigułka [peegoo^wuh^ka] pill

pigułka antykoncepcyjna [antikontseptsee-na] contraceptive pill

pijany [pee-yani] drunk

piję [pee-yeh] I drink, I am drinking

pikantny [peekantni] savoury

pilnik do paznokci [peelneek do paznokchee] nailfile

pilny [peelni] urgent

piłeczka golfowa [peewechka golfova] golf ball

piłka [pee^wuh^ka] ball

piłka nożna [noJna] football

piosenka [p-yosenka] song

pióro [p-yooro] pen

pisać [peesach] to write

pisak [peesak] felt-tip pen

pistolet [peestolet] pistol

piszę [peesheh] I write, I am writing

jak to się pisze? [yak to sheh] how do you spell it?

piwiarnia [peev-yarn-ya] beer cellar; pub

piwnica [peevneetsa] cellar

piżama [peeJama] pyjamas

PKP [peh ka peh] Polish National Railways

PKS [peh ka ess] coach and country bus service; bus

making limited stops

pl. square

plac [plats] square (in town)

plac zabaw [zabaf] playground

plakat poster

plama stain

plan map; plan

plan miasta [m-yasta] city map

plaster Elastoplast®, Bandaid®

plastyk [plastik] plastic

platyna [platina] platinum

plaża [plaJa] beach

plecak [pletsak] rucksack

plecy pl [pletsi] back (of body)

plomba filling

plus [ploos] plus

płacić [pwacheech] to pay

  płacić gotówką [gotoofkON] to pay cash

  ile płacę? [eeleh pwatseh] how much is it?

płakać [pwakach] to cry

płaski [pwaskee] flat (adj)

płaszcz nieprzemakalny [pwash-ch n-yepshemakalni] raincoat

płatne [pwatneh] charge (to use beach)

płot [pwot] fence

płuca [pwootsa] lungs

płukać [pwookach] to rinse

płukać gardło [gardwo] to gargle

płukanka koloryzująca [pwookanka kolorizoo-yontsa] tint

płyn [pwin] liquid; fluid

płyn do zmywania naczyń [zmivan-ya nachin^(yuh)] washing-up liquid

płynnie [pwin-nyeh] fluently

płyn po goleniu [golen-yoo] aftershave

płyn przeciw komarom/owadom [pshecheef komarom/ovadom] insect repellent

płyn przeciw zamarzaniu [zamar-zan-yoo] antifreeze

płyta [pwita] record

płyta kompaktowa [kompaktova] compact disc

pływać/popłynąć [pwivach/popwinonch] to swim; to sail; to float

pływalnia [pwival-nya] swimming pool

pływanie [pwivan-yeh] swimming

po after; on; over; past; up

po angielsku [ang-yelskoo] in English

po dwa dla każdego [kaJdego] two each

po co? [tso] what for?

po ile ...? [eeleh] how much are the ...?

pobić [pobeech] to beat

pobierać opłatę [pob-yerach opwateh] to charge

pobyt [pobit] stay

pocałować [potsawovach] to kiss

pocałunek [potsawoonek] kiss

pochmurny [poHmoorni] cloudy

pochwa [poHfa] vagina

pociąg [pochonk] train

pociąg ekspresowy [ekspresovi] express train

pociągi do ... trains to ...

pociąg osobowy [osobovi] slow train

pociąg podmiejski [podmyayskee] local train

pociąg pośpieszny [poshpyeshni] fast train

pocić się [pocheech sheh] to sweat, to perspire

początek [pochontek] beginning

początkujący [pochontkoo-yontsi] beginner

poczekalnia [pochekal-nya] waiting room

poczekam tutaj [pochekam tootī] I'll wait here

poczta [pochta] post office; post, mail

poczta lotnicza [lotneecha] airmail

pocztą lotniczą [pochtON lotneechON] by airmail

Poczta, Telegraf, Telefon post, telegram and telephone office, main post office

pocztówka [pochtoofka] postcard

pod under; below; by; at; near

pod numerem 10 at number 10

pod Warszawą near Warsaw

podawać/podać [podavach/podach] to pass; to serve

proszę mi podać ... [prosheh mee] pass me the ..., please

podać cenę [tseneh] to give a price

podarty [podarti] torn

podbródek [podbroodek] chin

podczas [potchas] during

podeszwa [podeshfa] sole (of shoe)

pod górę [gooreh] uphill

podłoga [podwoga] floor (of room)

podnośnik [podnoshneek] jack

pod ochroną [OHronON] protected

podobać się [podobach sheh] please

podoba mi się [mee] I like it

on/ona mi się podoba I like him/her

podobny [podobni] similar

podpaska higieniczna [potpaska heeg-yeneechna] sanitary towel/napkin

podpis [potpees] signature

podpisać [potpeesach] to sign

pod prąd [pront] upstream

podręcznik [podrenchneek] textbook

podróż [podroosh] journey

podróżować [podrooJovach] to travel

podróżować autostopem [podrooJovach owtostopem] to hitch-hike

podróż służbowa [podroosh swooJbova] business trip

pod spodem [pot] underneath

poduszka [podooshka] pillow; cushion

poduszkowiec [podooshkov-yets] hovercraft

pod warunkiem ... [varoonk-yem] on condition (that), provided (that)

podwozić/podwieźć [podvoJeech/podv-yesh-ch] to give a lift to

podwójny [podvooyuhni] double

pogoda weather

pogodny dzień [pogodni djenyuh] fine day

pogotowie [pogotov-yeh] casualty; ambulance

pogotowie ratunkowe [ratoonkoveh] casualty; ambulance

pogotowie techniczne [teHneechneh] breakdown service

pogryść [pogrish-ch] to chew

pogrzeb [pogJep] funeral

pojazd [poyast] vehicle

po jedzeniu after food

pojemnik na śmieci [poyemneek na shm-yechee] dustbin, trashcan

pojutrze [poyootsheh] the day after tomorrow

pokazywać/pokazać [pokazivach/pokazach] to show

pokład [pokwat] deck

pokoje do wynajęcia rooms to let

pokojówka [pokoyoofka] chambermaid

pokój [pokooyuh] room

pokój dwuosobowy [dvoo-osobovi] double room

pokój jednoosobowy [yedno-osobovi] single room

pokój nr ... room no. ...

pokrywka [pokrifka] lid

pokwitowanie [pokfeetovan-yeh] receipt

Polacy [polatsi] the Poles

Polak Pole

pole [poleh] field

polecać/polecić [poletsach/ polecheech] to recommend

polecieć [polechech] to fly

polecony [poletsoni] registered (letter)

pole golfowe [poleh golfoveh] golf course

policja [poleets-ya] police

policjant [poleets-yant] policeman

polityczny [poleetichni] political

polityka [poleetika] politics

Polka Pole

polowanie wzbronione no hunting

Polska Poland

polski [polskee] Polish

połączenie [powonchen-yeh] connection

połowa [powova] half

położyć [powoJich] to put

położyć się [sheh] to lie down

położyć się do łóżka [wooshka] to go to bed

południe [powood-nyeh] midday, noon; south

na południe od ... south of ...

Południowa Afryka [powood-nyova afrika] South Africa

południowy [powood-nyovi]

PO

southern

południowy wschód [fsHoot] southeast

południowy zachód [zaHoot] southwest

pomagać/pomóc [pomagach/pomoots] to help

pomarańczowy [pomaranchovi] orange (colour)

pomnik [pomneek] monument; statue

Pomorze [pomoJeh] Pomerania

pomóc [pomoots] to help

pompa pump

pompować/napompować [pompovach/napompovach] to pump (up)

pomyłka [pomiᵂᵘʰka] mistake; wrong number

poniedziałek [pon-yedjawek] Monday

ponieważ [pon-yevash] because

pończochy [ponchoHi] stockings

po otwarciu przechowywać w lodówce refrigerate after opening

poparzenie słoneczne [popaJen-yeh swonechneh] sunburn

popić wodą take with water

popielniczka [pop-yelneechka] ashtray

po pierwsze [p-yerfsheh] first

popłynąć [popwinonch] to swim; to sail; to float

popołudnie [popowood-nyeh] afternoon

po południu [powood-nyoo] in the afternoon

poprawny [popravni] correct

poprosić [poprosheech] to ask (for something)

poproszę [poprosheh] yes please

poproszę ... may I speak to ...

poproszę o ... may I have a ...

porada advice

poradzić [poradjeech] to advise

pora roku [rokoo] season

porcelana [portselana] china, porcelain

porcja [ports-ya] portion

porcja dziecinna [djecheenna] children's portion

port harbour; port

portfel wallet

portier [port-yer] doorman

portmonetka purse

portret portrait

poruszyć [porooshich] to move

porządek [poJondek] order

w porządku [f poJontkoo] that's all right

wszystko w porządku [fshistko] everything's fine

posiłek [posheewek] meal

posłodzić [poswodjeech] to sweeten; to add sugar

poste restante [post restan] poste restante

postój taksówek [postooyᵘʰ taksoovek] taxi rank

poszedł [poshedᵂᵘʰ] he went, he has gone

poszedłem [poshedwem] I went, I have gone

poszliśmy [poshleeshmi] we went, we have gone

poszła [poshwa] she went, she has gone

poszłam [poshwam] I went, I have gone

poszłyśmy [poshwishmi] we went, we have gone

poszukać [poshookach] to look for

pośladki pl [poshlatkee] bottom, buttocks

pośpieszne fast train making limited stops

pośpieszny autobus [poshpyeshni owtoboos] bus making limited stops

potem then; afterwards

potężny [potenJni] powerful

potrawa [potrava] dish (food)

potrzeba [potsheba] need

potrzeba mi ... [mee] I need ...

nie potrzeba [n-yeh] there's no need

potwierdzić [pot-fyerdjeech] to confirm

poważny [povaJni] serious

powiedzieć [pov-yedjech] to say; to tell

nie powiem [n-yeh pov-yem] I won't tell

nie umiem powiedzieć [oom-yem] I can't say

powierzchnia [pov-yesh-Hnya] surface

powieść [pov-yesh-ch] novel

powietrze [pov-yetsheh] air

powiększenie [pov-yenkshen-yeh] enlargement

powinien pan ... [poveen-yen], **powinna pani ...** [poveen-na panee] you should ...

powodzenia! [povodsen-ya] good luck!

powoli [povolee] slowly

powolny [povolni] slow

powód [povoot] reason

powódź [povooch] flood

powrotna podróż [povrotna podroosh] return journey, round trip

powrót [povroot] return

powtarzać/powtórzyć [poftaJach/poftooJich] to repeat

poza beyond

poziom oleju [poJom olayoo] oil level

pozwalać/pozwolić [pozvalach/pozvoleech] to let, to allow

pożar [poJar] fire (blaze)

pożar! fire!

pożyczać/pożyczyć [poJichach/poJichich] to lend; to borrow

pójdę [pooyuhdeh] I'll go

pójdę piechotą [p-yeHotoN] I'll walk

pójdziesz [pooyuhdjesh] you will go

pójść [pooyuhsh-ch] to go

pójść po to fetch

pół ceny [poowuh tseni] half price

pół godziny [godjeeni] half an hour

półka [poowuhka] shelf

pół litra [leetra] half a litre

półmisek [poo^{wuh}meesek] platter, dish

północ [poo^{wuh}nots] midnight; north

na północ od north of

Północna Irlandia [poo^{wuh}notsna eerland-ya] Northern Ireland

północny [poo^{wuh}notsni] northern

północny wschód [fsHoot] northeast

północny zachód [zaHoot] northwest

półwysep [poo^{wuh}visep] peninsula

później [pooɹn-yay] later; later on

późny [pooɹni] late

praca [pratsa] work; job

pracować [pratsovach] to work

pracuję w [pratsoo-yeh v] … I work in …

pracuję jako ... [yako] I work as …

prać/uprać [prach/ooprach] to wash (clothes)

prać w temp.40°C wash at 40°C

praktyczny [praktichni] practical

pralka washing machine

pralnia [pral-nya] laundry (place)

pralnia chemiczna [Hemeechna] dry-cleaner

pralnia samoobsługowa [samo-opswoogova] launderette, laundromat

pranie [pran-yeh] laundry, washing

prasa newspapers, press

w prasie [f prasheh] in the papers

prasować/uprasować [prasovach/ooprasovach] to iron

prawda [pravda] truth

prawda! that's right

prawda? isn't that so?

prawdopodobnie [pravdopodob-nyeh] probably

prawdziwy [pravdjeevi] true; real

prawidłowy [praveedwovi] right, correct

prawie [prav-yeh] almost

prawie nic [neets] hardly anything

prawie nigdy [neegdi] hardly ever

prawie zawsze [zafsheh] most of the time

prawniczka [pravneechka], prawnik [pravneek] lawyer

prawo [pravo] law; right

prawo do ... the right to …

prawo jazdy [yazdi] driving licence

prawy [pravi] right (side)

na prawo [pravo] to the right; on the right

po prawej stronie [pravay stron-yeh] on the right

premier [prem-yer] Prime Minister

prezent present, gift

prezerwatywa [prezervativa] condom

prezydent [prezident] president

procent [protsent] per cent

prognoza pogody [pogodi] weather forecast

prom ferry

prosić/poprosić [prosheech/poprosheech] to ask, to request

prosimy o wygaszenie papierosów please extinguish your cigarettes

prosimy zapiąć pasy fasten your seat belts

prosto straight ahead

prosty [prosti] straight

proszek do prania [proshek do pran-ya] washing powder

mleko w proszku [f proshkoo] powdered milk

proszę [prosheh] please; here you are

proszę! come in!

proszę na ... to the ... please

proszę o ... can I have ...?

proszę bardzo [bards-o] you're welcome, not at all; help yourself; here you are

proszę bilety do kontroli tickets, please

proszę nie dotykać please do not touch

proszę nie odkładać słuchawki [n-yeh otkwadach swooHafkee] hold the line

proszę nie palić please do not smoke

proszę pana Sir

proszę pana! waiter!

proszę pani Madam

proszę pani! waitress!

proszę tego nie ruszać do not touch

proszę wejść [vaysh-ch] come straight in

proszę zająć miejsca please take your seats

proszę zamkać drzwi please close the door

proszę zapytać w informacji please ask at the information desk

proszki od bólu głowy [proshkee od booloo gwovi] headache pills

... proszki na raz take ... pills at a time

proszę poczekać [prosheh pochekach] just a minute

proteza zębowa [proteza zembova] dentures

prowadzić samochód [provadjeech samoHoot] to drive

prowadzić do ... to lead to ...

próbować/spróbować [proobovach/sproobovach] to try; to taste

próchnica [prooHneetsa] caries, tooth decay

prysznic [prishneets] shower

prywatny [privatni] private

przebierać się [psheb-yerach sheh] to get changed

przebita dętka [pshebeeta dentka] puncture, (US) flat

przebita opona flat tyre

przebywać [pshebivach] to stay, to remain

przechodzić/przejść [psheHodjeech/pshaysh-ch] to go

through

przechodzić przez [pshes] to cross

przechowalnia bagażu [psheHoval-nya bagaJoo] left luggage, baggage check

przechowywać w chłodnym miejscu store in a cool place

przeciąg [pshechonk] draught

przeciek [pshechek] leak

przeciekać [pshechekach] to leak

przeciw [pshecheef] against

przeciwny [pshecheevni] opposite

w przeciwnym kierunku [f pshecheevnim k-yeroonkoo] in the opposite direction

przed [pshet] in front of; before

przed jedzeniem before food

przedłużacz [pshedwooJach] extension lead

przednia szyba [pshed-nya shiba] windscreen

przedsiębiorstwo państwowe state-run enterprise

przedsiębiorstwo prywatne [privatneh] private enterprise

przedstawiciel [pshetstaveechel] agent

przedstawić [pshetstaveech] to introduce

przedstawienie [pshetstav-yen-yeh] show (in theatre)

przedszkole [pshechkoleh] kindergarten, nursery school

przedtem [pshet-tem] before

przedwczoraj [pshetfchori] the day before yesterday

przedział [pshedjawuh] compartment

przedział dla niepalących [n-yepalontsiH] non-smoking compartment

przejazd kolejowy level crossing, grade crossing

przejście dla pieszych pedestrian crossing

przejście do pociągów dalekobieżnych to long-distance trains

przejście na perony to the platforms

przejście podziemne underpass

przejście wbronione no trespassing

przejść [pshaysh-ch] to go through

przekaz [pshekas] money order

przekazy pieniężne [pshekazi p-yen-yenJneh] money orders

przekleństwo [psheklenstfo] swearword

przeklinać [pshekleenach] to swear

przelotny deszcz [pshelotni desh-ch] shower (rain)

przełącznik napięcia [pshewonchneek nap-yencha] adapter (for voltage)

przełęcz [pshewench] pass (mountain)

przemysł [pshemiswuh] industry

przenocować [pshenotsovach] to put up for the night

przepis [pshepees] recipe

przepisy [pshepeesi] regulations

przepisy ruchu drogowego highway code

przepraszać/przeprosić [psheprashach/psheprosheech] to apologize

przepraszam [psheprasham] excuse me, sorry

przepraszam bardzo [bards-o] I am very sorry, I do apologize

przeprosić [psheprosheech] to apologize

przeprosiny [psheprosheeni] apology

przerażający [psheraĵi-ontsi] appalling

przerwa [psherva] break; interval (at theatre)

przerwa obiadowa closed for lunch

przerwa semestralna vacation (from university)

przesadzać/przesadzić [pshesadsach/pshesadjeech] to exaggerate

przesiadać się/przesiąść się [psheshadach sheh/psheshonch] to change (trains, buses)

przesiadka! [psheshatka] all change!

z przesiadką w ... [s psheshantkon v] change at ...

przesłona [psheswona] shutter (on camera)

przesyłka [pshesiᵂᵘʰka] parcel; mail

przeszkadzać/przeszkodzić [psheshkadsach/psheshkodjeech] to disturb

to mi nie przeszkadza [mee n-yeh psheshkadsa] I don't mind at all

przeszkoda [psheshkoda] obstacle

przeszłość [psheshwosh-ch] the past

w przeszłości [f psheshwosh-chee] in the past

prześcieradło [pshesh-cheradwo] sheet

przetłumaczyć [pshetwoomachich] to translate; to interpret

przewodniczka [pshevodneechka] guide

przewodnik [pshevodneek] guide; guidebook

przewracać/przewrócić [pshevratsach/pshevroocheech] to knock over

przewracać się/przewrócić się [pshevratsach sheh/pshevroocheech] to fall over

przez [pshes] through; across; via; for; by

przejść przez ulicę [pshaysh-ch – ooleetseh] to cross the street

przez chwilę [Hfeeleh] for a moment

przez długi czas [dwoogee chas] for a long time

przez przypadek [pshipadek] by accident

przez telefon by phone
przez radio on the radio
przeziębienie [psheJemb-yen-yeh] cold (illness)
przeziębiony: jestem przeziębiony [yestem psheJemb-yoni] I've got a cold
przezwisko [pshezveesko] nickname
przodek [pshodek] ancestor
przód [pshoot] front (part)
do przodu [pshodoo] forward
z przodu [s] in front
przy [pshi] by; at; beside; next to
przy granicy on the border
przybywać/przybyć [pshibivach/pshibich] to arrive
przychodnia [pshiнod-nya] outpatients
przychodzić/przyjść [pshiнodjeech/pshee-sh-ch] to come
przyczepa [pshichepa] trailer (behind car)
przyczepa turystyczna [tooristichna] caravan, (US) trailer
przyczyna [pshichina] cause
przygnębiony [pshignemb-yoni] depressed
przygotować [pshigotovach] to prepare
przyjaciel [pshi-yachel], **przyjaciółka** [pshi-yachoo^wuh^ka] friend
przyjazd [pshi-yast] arrival
przyjazd o godzinie ... arriving at ...

przyjazdy [pshi-yazdi] arrivals
przyjąć [pshi-yonch] to accept
przyjechać [pshi-yeнach] to arrive (by car, train etc)
przyjemność [pshi-yemnosh-ch] pleasure
z przyjemnością [s pshi-yemnosh-choN] with pleasure
przyjemny [pshi-yemni] pleasant
przyjęcie [pshi-yencheh] party; reception (for guests)
przyjmować/przyjąć [pshi-ymovach/pshi-yonch] to accept
przyjść [pshee-sh-ch] to come
przykład [pshikwat] example
na przykład for example
przylecieć [pshilechech] to arrive (by plane)
przylepiec [pshilep-yets] plaster, Bandaid®
przylot [pshilot] arrival
przyloty arrivals
przymierzać/przymierzyć [pshim-yeJach/pshim-yeJich] to try on
przymierzalnia [pshim-yeJal-nya] fitting room
przymierzyć [pshim-yeJich] to try on
przynajmniej [pshinim-nyay] at least
przynosić/przynieść [pshinosheech/pshin-yesh-ch] to bring
przypadek [pshipadek] chance
przypadkiem [pshipat-kyem] by chance
przypalić [pshipaleech] to burn

(food)

przypalone [pshipaloneh] burnt (food)

przypływ [pshipwif] high tide

przystanek [pshistanek] stop

przystanek autobusowy [owtoboosovi] bus stop

przystanek na żądanie [Jondan-yeh] request stop

przystanek tramwajowy [tramvī-ovi] tram stop

przystojny [pshistoyni] handsome

przyszłość [pshishwosh-ch] future

w przyszłości [f pshishwosh-chee] in the future

przyszły [pshishwi] next

w przyszłym tygodniu/miesiącu/roku [f pshishwim tigod-nyoo/m-yeshontsoo/rokoo] next week/month/year

przyszywać/przyszyć [pshishivach/pshishich] to sew on

przy telefonie [pshi telefon-yeh] speaking

przytomny [pshitomni] conscious

przywitać [pshiveetach] to greet, to welcome

psuć się/zepsuć się [psooch sheh/zepsooch] to break down (car); to get damaged; to go off (food)

psy [psi] dogs

pszczoła [psh-chowa] bee

ptak [ptak] bird

PTT [peh teh teh] post, telegram and telephone office, main post office

PTTK [peh teh teh ka] Polish Tourist Association

publiczność f [poobleechnosh-ch] audience

publiczny [poobleechni] public

pudełko [poodeh^wu^ko] box

pudełko czekoladek [chekoladek] box of chocolates

pukać/zapukać [pookach/zapookach] to knock

punkt pierwszej pomocy [poonkt p-yerfshay pomotsi], **punkt sanitarny** [saneetarni] First-Aid Post

punktualnie [poonktoo-al-nyeh] on time

pusty [poosti] empty

puszka [pooshka] can, tin

w puszce [f pooshtseh] canned, tinned

pytać/zapytać [pitach/zapitach] to ask (question)

pytanie [pitan-yeh] question

PZMot Polish motoring organization

R

rachunek [raHoonek] bill, (US) check

racja: ma pan/pani rację [panee rats-yeh] you are right

nie ma pan/pani racji [n-yeh

–rats-yee] you are wrong

raczej [rachay] rather

radzić/poradzić [radjeech/ poradjeech] to advise

rajstopy [ristopi] tights, pantyhose

rak [rak] cancer; crayfish

rakieta [rak-yeta] racket (tennis, squash); rocket

rakietka [rak-yetka] bat (table tennis etc)

ramię [ram-yeh] arm; shoulder

ramiona [ram-yona] arms; shoulders

rana wound

ranny [ran-ni] injured

rano morning; in the morning

ratować/uratować [ratovach/ ooratovach] to save

ratownik [ratovneek] lifeguard

ratunku! [ratoonkoo] help!

ratusz [ratoosh] town hall

raz [ras] once

  raz dziennie [djen-nyeh] once a day

  dwa razy w tygodniu [razi f tigod-nyoo] twice weekly

razem together

rączka [ronchka] handle (on suitcase, pan)

recepcja [retsepts-ya] reception (in hotel)

recepcjonista m [retsepts- yoneesta], **recepcjonistka f** [retsepts-yoneestka] receptionist

recepta [retsepta] prescription

reflektory [reflektori] headlights

regulamin [regoolameen] rules and regulations

rejon [rayon] region

rejs [rays] cruise (on ship)

religia [releeg-ya] religion

remanent stock-taking

remont renovation; closed for renovation

rencista m [rencheesta], **rencistka f** [rencheestka] old- age pensioner

rentgen X-ray

resor spring (in car)

restauracja [restowrats-ya] restaurant

reszta [reshta] rest (remaining); change

reumatyzm [reh-oomatizm] rheumatism

rezerwacja [rezervats-ya] reservation

rezerwować/zarezerwować [rezervovach] to book, to reserve

ręce [rentseh] hands; arms

ręcznik [renchneek] towel

ręcznik kąpielowy [komp-yelovi] bath towel

ręka [renka] hand; arm

rękaw [renkaf] sleeve

rękawiczki [renkaveechkee] gloves

rękodzieło [renkodjewo] handicrafts

robić/zrobić [robeech] to do; to make

robić na drutach [drootaн] to knit

robić pranie [pran-yeh] to do the washing

robić zakupy [zakoopi] to go shopping

robię [rob-yeh] I make; I am making; I am doing

robisz: co robisz? [tso robeesh] what are you doing?

roboty drogowe roadworks

rocznica [rochneetsa] anniversary

rocznica ślubu [shlooboo] wedding anniversary

rodzaj [rodsī] type, kind

rodzice [rodjeetseh] parents

rodzić/urodzić [rodjeech/oorodjeech] to give birth

rodzina [rodjeena] family

róg [rook] corner

rogiem: za rogiem [rog-yem] round the corner

rogu: na rogu [rogoo] on the corner

rok year

rolety [roleti] blinds

rolki roller skates

rolnik [rolneek] farmer

rondo roundabout (for traffic)

Rosja [ros-ya] Russia

rosyjski [rosee-skee] Russian

roślina [roshleena] plant

rower [rover] bicycle

rowerem [roverem] by bike

rowery [roveri] bicycles

rowerzysta m [roveJista] cyclist

rozbijać/rozbić [rozbee-yach/rozbeech] to crush; to break

rozbić namiot [nam-yot] to put up a tent

rozciągać/rozciągnąć [roschongach/roschognonch] to stretch

rozdzielacz [rozdjelach] distributor

rozgałęziacz [rozgawenJach] adapter

rozkład jazdy [rozkwad yazdi] timetable, (US) schedule

rozliczyć się [rozleechich sheh] to settle (bill)

rozmawiać [rozmav-yach] to talk

rozmiar [roz-myar] size

rozmowa [rozmova] talk

rozmowa lokalna local call

rozmowa międzymiastowa [m-yendsim-yastova] long-distance call

rozmowa R [er] reverse charge call, collect call

rozmowa zagraniczna [zagraneechna] international call

rozmowa zamiejscowa [zam-yaystsova] long-distance call

rozmowa z przywołaniem [s pshivowan-yem] person-to-person call

rozmówki [rozmoofkee] phrasebook

rozpakować [rospakovach] to unpack

rozpoznać [rospoznach] to recognize

rozsądny [ros-sondni] reasonable; sensible

rozstrój żołądka [rostroo^{yuh} Jowontka] upset stomach

rozumieć/zrozumieć [rozoom-yech/zrozoom-yech] to understand

rozumiem [rozoom-yem] I see, I understand

nie rozumiem [n-yeh] I don't understand

rozwidlenie [rozveedlen-yeh] fork (in road)

rozwiedziony [rozv-yedjoni] divorced

rozwodnik [rozvodneek] divorced man

rozwolnienie [rozvol-nyen-yeh] diarrhoea

rozwód [rozvoot] divorce

rozwódka [rozvootka] divorced woman

róg [rook] corner

za rogiem [rog-yem] round the corner

na rogu [rogoo] on the corner

róż [roosh] blusher

róża [rooJa] rose

różowy [rooJovi] pink

różyczka [rooJichka] German measles

Ruch [rooH] newsagent's kiosk also selling stamps and bus tickets

ruch motion, movement

ruch drogowy [drogovi] traffic

ruch jednokierunkowy one-way traffic

ruch jednostronny one-way traffic

ruch kołowy vehicular traffic

ruch pieszy pedestrian traffic

rudowłosy [roodovwosi] red-haired

rudy [roodi] red-haired; russet

ruiny [roo-eeni] ruins

Rumunia [roomoon-ya] Romania

rura wydechowa [roora videHova] exhaust pipe

ruszać/poruszyć [rooshach/poorooshich] to move

ryba [riba] fish

rynek [rinek] market; market place

rząd [Jont] government

rzecz f [Jech] thing

rzeka [Jeka] river

rzemiosło [Jem-yoswo] craft; crafts

rzeźba [JeJba] statue; sculpture

rzucać/rzucić [Jootsach/Joocheech] to throw

rzucam palenie [Jootsam palen-yeh] I'm giving up smoking

S

sala gimnastyczna [geemnastichna] gym

sala klubowa [kloobova] lounge (in hotel)

sala odlotowa [odlotova] departure lounge

salon lounge, sitting room

salon fryzjerski [friz-yerskee] hairdressing salon

Sam supermarket, self-service store

sam myself; himself; alone

sama myself; herself; alone

samo itself; alone

samochód [samoHoot] car
samochodem [samoHodem] by car

samochód z prawostronną kierownicą [s pravostron-noN k-yerovneetsON] right-hand drive car

samolot aeroplane, airplane
samolotem by air

samoobsługa [samo-opswooga] self-service

sandały [sandawi] sandals

są [soN] they are; there are ...

sąsiad [sonshad], **sąsiadka** [sonshatka] neighbour

schodek [sHodek] step

schodki przeciwpożarowe [sHotkee pshecheefpoJaroveh] fire escape

schody [sHodi] stairs

schować [sHovach] to hide

schowek [sHovek] locker

schronisko młodzieżowe [sHroneesko mwodjeJoveh] youth hostel

scyzoryk [stsizorik] penknife

Sejm [saym] Lower House of Polish Parliament

sekretarka secretary

sekunda [sekoonda] second (in time)

semestr term (at university)

sen dream

Senat Upper House of Polish Parliament

sens: nie ma sensu [n-yeh ma sensoo] there is no point

bez sensu [bes] nonsense

w pewnym sensie [f pevnim sensheh] in a way

separacja: jestem w separacji z żoną/mężem [yestem f separats-yee z Jonon/menJem] I am separated

septyczny [septichni] septic

serce [sertseh] heart

serwetka [servetka] napkin, serviette

siadać/usiąść [shadach/ooshonsh-ch] to sit down

siatka [shatka] net (in tennis)

siebie [sheb-yeh] oneself; one

siedem [shedem] seven

siedemdziesiąt [shedemdjeshont] seventy

siedemnaście [shedemnash-cheh] seventeen

siedemset [shedemset] seven hundred

siedząc w fotelu miej pas zapięty fasten your seat belt while seated

siedzenie [shedsen-yeh] seat

siedzieć [shedjech] to be seated

siekiera [shek-yera] axe

sierpień [sherp-yen**yuh**] August

w sierpniu [f sherpn-yoo] in August

się [sheh] oneself

silnik [sheelneek] engine

silny [sheelni] strong

siniak [sheen-yak] bruise

siodełko [shodeh**wuh**ko] saddle (for bike)

siodło [shodwo] saddle (for horse)

siostra [shostra] sister

siostrzenica [shostsheneetsa] niece (sister's daughter)

siostrzeniec [shostshen-yets] nephew (sister's son)

siódmy [shoodmi] seventh

siwy [sheevi] white; grey

skakać/skoczyć [skakach/skochich] to jump

skakanie do wody wzbronione no diving

skala scale

w skali Celsjusza/Fahrenheita [f skalee tsels-yoosha/farenhita] degrees Celsius/Fahrenheit

skała [skawa] rock

skarpetki [skarpetkee] socks

skądże [skondjeh] certainly not

sklep shop

sklep mięsny [m-yensni] butcher's

sklep monopolowy [monopolovi] off-licence, liquor store

sklep obuwniczy [oboovneechi] shoe shop

sklep papierniczy [pap-yerneechi] stationer

sklep rybny [ribni] fishmonger's

sklep spożywczy [spoJifchi] grocer's

sklep warzywny [vaJivni] greengrocer

sklepy nocne [sklepi notsneh] all-purpose store, open 24 hours

sklep z futrami [s footramee] fur shop

składniki [skwadneekee] ingredients

skład surowcowy [skwat sooroftsovi] ingredients

skoczyć [skochich] to jump

skomplikowany [skompleekovani] complicated

skończone [skonchoneh] over, finished

skończyć [skonchich] to finish

skóra [skoora] skin; leather

skórzany pasek [skooJani pasek] leather belt

skręcać/skręcić [skrentsach/skrencheech] to turn

skręt [skrent] turning (in road)

skrót [skroot] shortcut

skrzydło [skshidwo] wing

skrzynia biegów [skshin-ya b-yegoof], **skrzynka biegów** [skshinka] gearbox

skrzynka pocztowa [pochtova] letterbox, mailbox

Skrytka Pocztowa [skritka] P.O. Box

skrzypce [skshiptseh] violin

skrzyżowanie [skshiJovan-yeh] junction; crossroads, intersection

skrzyżowanie jednopoziomowe [yednopoJomoveh] level crossing, grade crossing

skurcz [skoorch] cramp

skuter [skooter] scooter

slajd [slÏd] slide

slipy [sleepi] underpants

slipy kąpielowe [komp-yeloveh] swimming trunks

słaby [swabi] weak

jest mi słabo [yest mee swabo] I feel faint

sławny [swavni] famous

słodki [swotkee] sweet (taste)

słodzić/posłodzić [swodjeech/poswodjeech] to sweeten; to add sugar

słoik [swo-eek] jar

słoneczny [swonechni] sunny

słony [swoni] salty

słońce [swontseh] sun; sunshine

Słowacja [swovats-ya] Slovakia

słowacki [swovatskee] Slovak

słownik [swovneek] dictionary

słowo [swovo] word

słuchać [swooHach] to hear; to listen (to)

słucham? [swooHam] pardon (me)?; can I help you?; hello

słuchawka [swooHafka] handset

słuchawki [swooHafkee] headphones

słychać: co słychać? [swiHach] what's happening?

smacznego! [smachnego] enjoy your meal!

smaczny [smachni] tasty

smak taste; flavour

smar engine oil

smar do nart ski wax

smoczek [smochek] dummy (baby's)

smukły [smookwi] slim

smutny [smootni] sad

sobą [sobON] oneself; with

oneself; one

sobie [sob-yeh] onself; to oneself; one

sobota [sobota] Saturday

w sobotę [f soboteh] on Saturday

solanka salt spring

Solidarność [soleedarnosh-ch] Solidarity

sól do kąpieli [sool do komp-yelee] bath salts

spacer [spatser] walk

spacerować [spatserovach] to walk

spać [spach] to sleep

specjalna oferta special offer

spinki do włosów [speenkee do vwosoof] hairgrips

spiżarnia [speeJarn-ya] larder

spodek saucer

spodnie [spod-nyeh] trousers, (US) pants

spodnie narciarskie [narcharsk-yeh] ski-pants

spodzie: na spodzie [spodjeh] at the bottom of

spodziewać się [spodjevach sheh] to expect

spokojny [spokoyni] peaceful

spokój i cisza [spokooyuh ee cheesha] peace and quiet

społeczeństwo [spowechenstfo] society

społeczny [spowechni] social; communal; welfare

spontaniczny [spontaneechni] spontaneous

sporo quite a lot

sportowy [sportovi] sport,

sports (adj)

sporty wodne [sporti vodneh] water sports

sposób [sposoop] manner, method

w ten sposób [f] this way, like this

sposób przyrządzania preparation

spotykać/spotkać [spotikach/ spotkach] to meet

spożyć w przeciągu 3 dni use within 3 days

spożywczy [spoJifchi] grocer's

spód: na spodzie [spodjeh] at the bottom of

spódnica [spoodneetsa] skirt

spóźniać się/spóźnić się [spooJ-nyach sheh/spooJneech] to be late

spóźniłam się/spóźniłem się [spooJneewam – spooJneewem] I missed; I was late

spółka [spoowuʰka] company (business)

spóźnić się [spooJneech sheh] to be late; to miss (train, bus etc)

sprawdzać/sprawdzić [spravdsach/spravdjeech] to check

sprawiedliwy [sprav-yedleevi] fair

sprawy służbowe [spravi swooJboveh] business matters

sprężyna [sprenJina] spring (in seat)

spróbować [sproobovach] to try

sprzątaczka [spshontachka]

cleaner, cleaning lady

sprzedawać/sprzedać [spshedavach/spshedash] to sell

sprzedaż [spshedash] sale

sprzęgło [spshengwo] clutch

sprzęt [spshent] equipment

sprzęt sportowy [sportovi] sports equipment

sp. z o.o. Ltd

spuchnięty [spooH-nyenti] swollen

spust [spoost] drain

srebrny [srebrni] silver (adj)

srebro [srebro] silver

ssanie [s-san-yeh] choke

stacja [stats-ya] railway station; stop

stacja benzynowa [benzinova] petrol station, (US) gas station

stacja końcowa [kontsova] terminus (rail)

stacja obsługi [opswoogee] service station

stać [stach] to stand

stać się [sheh] to become

stać w kolejce [f kolaytseh] to queue, to stand in line

stadion [stad-yon] stadium

stal steel

stało: co się stało? [tso sheh stawo] what's happened?

czy nic się panu/pani nie stało? [chi neets sheh panoo/ panee n-yeh] are you all right?

stanik [staneek] bra

Stany Zjednoczone [stani z-yednochoneh] United States

Stare Miasto [stareh m-yasto]

Old Town

staroświecki [starosh-fyetskee] old-fashioned

starożytny [staroJitni] ancient

Starówka [staroofka] Old Town

starszy [starshi] elderly; older; elder

start take-off

startować [startovach] to take off

stary [stari] old

statek ship; passenger boat

statkiem [stat-kyem] by ship, by sea

staw [staf] pond

stawać się/stać się [stavach sheh/stach] to become

stewardessa [st-yoo-ardesa] air hostess

sto hundred

stoję [stoyeh] I am standing

stok zjazdowy [z-yazdovi] ski slope

stolik [stoleek] table (in restaurant)

stopa foot (of person)

stopień [stop-yenʸuh] degree; step

stopień naukowy [na-ookovi] degree (qualification)

stopnie [stop-nyeh] degrees; steps

stopniowo [stop-nyovo] gradually

sto tysięcy [tishentsi] one hundred thousand

stół [stooʷuh] table

strach [straH] fear

stracić [stracheech] to lose

stracić przytomność [pshitomnosh-ch] to lose consciousness

straszny [strashni] terrible

straż pożarna [strash poJarna] fire brigade

strefa wolnocłowa duty-free zone

stromy [stromi] steep

strona side; page

strój wieczorowy [strooʸuh v-yechorovi] evening dress

strumień [stroom-yenʸuh] stream

strzeżone with attendant (beach where fee is charged)

strzyc/ostrzyc włosy [stshits/ostshits vwosi] to have a haircut

strzyżenie [stshiJen-yeh] haircuts

student [stoodent], **studentka** [stoodentka] student

styczeń [stichenʸuh] January **w styczniu** [f stich-nyoo] in January

styki [stikee] points (in car)

suchy [sooHi] dry

suchy prowiant [prov-yant] packed lunch

sufit [soofeet] ceiling

sukces [sooktses] success

sukienka [sook-yenka] dress

suknia wieczorowa [sook-nya v-yechorova] evening dress (woman's)

suma [sooma] total

suszarka do bielizny [soosharka do b-yeleezni] tumble dryer

suszarka do włosów [vwosoof] hairdryer

suszyć/wysuszyć [sooshich/ visooshich] to dry

sweter [sfeter] jumper; cardigan

swędzić [sfendjeech] to itch

sygnał [signa^wuh] signal

Sylwester [silvester] New Year's Eve

syn [sin] son

synagoga [sinagoga] synagogue

synowa [sinova] daughter-in-law

synowie [sinov-yeh] sons

syntetycznie aromatyzowane artificial flavour

syntetycznie barwione artificial colour

sypialnia [sip-yal-nya] bedroom

sypialny [sip-yalni] sleeper, sleeping car

syrop [sirop] syrup

szafa [shafa] cupboard; wardrobe

szafka [shafka] cupboard; locker

szalik [shaleek] scarf (neck)

szalony [shaloni] mad

szampon [shampon] shampoo

szary [shari] grey

szatnia [shat-nya] cloakroom

szatnia obowiązkowa coats must be left in the cloakroom

szczególnie [sh-chegool-nyeh] especially

szczeniak [sh-chen-yak] puppy

szczepienie [sh-chep-yen-yeh] vaccination

szczepionka [sh-chep-yonka] vaccine

szczery [sh-cheri] sincere

szczęka [sh-chenka] jaw

szczęście [sh-chensh-cheh] good luck

Szczęśliwego Nowego Roku! [sh-chenshleevego novego rokoo] Happy New Year!

szczęśliwej podróży! [sh-chenshleevay podrooji] have a good journey!

szczęśliwy [sh-chenshleevi] happy

szczoteczka do zębów [sh-chotechka do zemboof] toothbrush

szczotka [sh-chotka] brush

szczotka do włosów [vwosoof] hairbrush

szczotka do zamiatania [zam-yatan-ya] broom

szczur [sh-choor] rat

szczypce [sh-chiptseh] pliers

szczypczyki [sh-chipchikee] tweezers

szef [shef] boss

szeroki [sherokee] wide

szerszeń [shershen^yuh] hornet

szesnaście [shesnash-cheh] sixteen

sześć [shesh-ch] six

sześćdziesiąt [shesh-chdjeshont] sixty

sześćset [shesh-chset] six hundred

szklanka [shklanka] tea–glass, glass tumbler

szklany [shklani] glass (adj)

szkła kontaktowe [shkwa kontaktoveh] contact lenses

szkło [shkwo] glass (material)

Szkocja [shkots-ya] Scotland

szkocki [shkotskee] Scottish

szkoda [shkoda] damage

jaka szkoda! [yaka] what a pity!

nic nie szkodzi [neets n-yeh shkodjee] it doesn't matter, never mind

szkolny [shkolni] school (adj)

szkoła [shkowa] school

szkoła pomaturalna [pomatooralna] college

Szkot [shkot], **Szkotka** [shkotka] Scot

szlafrok [shlafrok] dressing gown

szlak turystyczny [shlak tooristichni] tourist footpath

sznurek [shnoorek] string

sznurowadła [shnoorovadwa] shoelaces

szok [shok] shock

szokujący [shokoo-yontsi] shocking

szorty [shorti] shorts

szosa [shosa] road

szósty [shoosti] sixth

szósty zmysł [zmis^wuh] sixth sense

szpilka [shpeelka] pin

szpilki [shpeelkee] stiletto shoes

szpital [shpeetal] hospital

szprycha [shpriHa] spoke

sztruks [shtrooks] corduroy

sztuczne futro [shtoochneh footro] artificial fur

sztuczny [shtoochni] artificial

sztućce pl [shtoochtseh] cutlery

sztuka [shtooka] art; piece; head; play; trick

od sztuki [ot shtookee] each, apiece

sztuka ludowa [loodova] folk art

sztuka teatralna [teatralna] play (theatre)

szuflada [shooflada] drawer

szukać/poszukać [shookach/poshookach] to look for

szukam ... [shookam] I am looking for ...

szwagier [shfag-yer] brother-in-law

szwagierka [shfag-yerka] sister-in-law

Szwajcaria [shfitsar-ya] Switzerland

Szwecja [shfets-ya] Sweden

szwedzki [shfetskee] Swedish

szybki [shipkee] fast, quick

szybko [shipko] quickly

szybko! hurry up!

szybkościomierz [shipkosh-chom-yesh] speedometer

szybkość [shipkosh-ch] speed

szybszy [shipshi] faster

szyć [shich] to sew

szyja [shi-ya] neck

Ś
■

ściana [sh-chana] wall (inside)

ściereczka [sh-cherechka] cloth

ścierka do naczyń [sh-cherka do nachinyuh] tea towel

ścieżka [sh-cheshka] path

ścieżka rowerowa cycle path

Śląsk [shlonsk] Silesia

śledź [shlech] tentpeg

śliczny [shleechni] lovely

ślimak [shleemak] snail

śliski [shleeskee] slippery

ślub [shloop] wedding

śmiać się [sh-myach sheh] to laugh

śmieci [sh-myechee] litter

śmierć [sh-myerch] death

śmieszny [sh-myeshni] funny

śniadanie [sh-nyadan-yeh] breakfast

śnić [shneech] to dream

śnieg [sh-nyek] snow

śpi [shpee] he/she is asleep

śpiący: jestem śpiący [yestem sh-pyontsi] I'm sleepy

śpieszyć się [sh-pyeshich sheh] to be in a hurry; to rush

nie śpiesz się [n-yeh sh-pyesh] don't rush

śpieszy mi się [sh-pyeshi mee] I am in a hurry

śpiewać [sh-pyevach] to sing

śpiwór [shpeevoor] sleeping bag

średniej wielkości [shred-nyay v-yelkosh-chee] medium-sized

środa [shroda] Wednesday

w środę [f shrodeh] on Wednesday

środek [shrodek] middle, centre; means

w środku [f shrotkoo] in the middle; inside

środek bielący [b-yelontsi] bleach

środek dezynfekujący [dezinfekoo-yontsi] disinfectant

środek nasenny [nasen-ni] sleeping pill

środek przeciwbólowy [pshecheevboolovi] painkiller

środek przeczyszczający [pshechish-chï-ontsi] laxative

środowisko [shrodoveesko] environment

śruba [shrooba] screw

śrubokręt [shroobokrent] screwdriver

świadek [sh-fyadek] witness

świat [sh-fyat] world

światła pozycyjne [sh-fyatwa pozitsee-neh] sidelights

światła ruchu drogowego [rooноo drogovego] traffic lights

światło [sh-fyatwo] light

światłomierz [sh-fyatwom-yesh] light meter

świąteczny: w niedziele i dni świąteczne on Sundays and public holidays

świątek [sh-fyontek] carved figure of a saint

świeca zapłonowa [sh-fyetsa zapwonova] spark plug

świeczka [sh-fyechka] candle

świecznik [sh-fyechneek]

candlestick

świetnie! [sh-fyet-nyeh] good!

świeżo malowane [sh-fyeJo malovaneh] wet paint

świeży [sh-fyeJi] fresh

święto [sh-fyento] public holiday

święto kościelne [kosh-chelneh] church holiday

święto ludowe [loodoveh] folklore festival

Święto Wniebowzięcia NMP Feast of the Assumption

świnia [shfeen-ya] pig; bastard

świnka [shfeenka] mumps

świt [shfeet] dawn

T

ta this; this one; that one

tabletka tablet

tabletki: ... tabletki na raz take ... tablets at a time

tablica rejestracyjna [tableetsa rayestratsee-na] number plate

tablica rozdzielcza [rozdjelcha] dashboard

tabliczka czekolady [tableechka chekoladi] bar of chocolate

taca [tatsa] tray

tacy [tatsi] such

tak yes; I do; I will; it is; so

taka such

taką [takON] such; with such

taki [takee] such; so

 taki duży so large

takich [takeeH] such; of such; about such; for such

takie [tak-yeh] such

takiego [tak-yego] such; for such

takiej [tak-yay] such; of such; about such; for such

taki ... jak ... as ... as ...

takim [takeem] such; with such

takimi [takeemee] such; with such

taki sam the same

tak jak [yak] like

tak jest [yest] that's right

tak sobie [sob-yeh] so-so

taksówka [taksoofka] taxi

taksówkarz [taksoofkash] taxi-driver

talerz [talesh] plate

talia [tal-ya] waist

talk [tahlk] talcum powder

tam [tam] there; over there

tamci [tamchee] those

tamta that; that one over there

tamtą [tamtON] that; with that

tamte [tamteh] those; those ones

tamtego that; for that

tamtej [tamtay] that; of that; about that; for that

tamten that; that one

tamto that; that one

tamtych [tamtiH] those; of those; about those; for those

tamtym [tamtim] that; with that

tamtymi [tamtimee] those; with those

tandeta cheap rubbish

tani [tanee] cheap, inexpensive

taniec [tan-yets] dance

tanio [tan-yo] cheaply, inexpensively

tańce ludowe [tantseh loodoveh] folk dancing

tańczyć/zatańczyć [tanchich/zatanchich] to dance

tańszy [tanchi] cheaper, less expensive

tapczan [tapchan] couch

targ market

targi [targee] trade fair

targować się [targovach sheh] to bargain, to haggle

taryfa [tarifa] tariff; taxi fare

ta sama the same

taśma klejąca [tashma klayontsa] Sellotape®, Scotch tape®

taśma magnetofonowa [magnetofonova] tape, cassette

taternictwo [taterneetstfo] mountaineering

Tatry [tatri] Tatra Mountains

tatuś [tatoosh] dad

tą [tON] this; by this

te [teh] these

teatr [teh-atr] theatre

teczka [techka] briefcase

tego this; of this

tej [tay] this; of this; to this

tektura [tektoora] cardboard

telefon telephone

telefon komórkowy [komoorkovi] mobile phone

telefonować [telefonovach] to phone

telegramy [telegrami]

telegrams

telewizja [televeez-ya] television

temu [temoo] this; to this
  dwa lata temu two years ago

temperówka [temperoofka] pencil sharpener

ten this; this one; that one

tenis [tenees] tennis

tenis stołowy [stowovi] table tennis

ten sam the same

teraz now

teren dla pieszych [p-yeshiH] pedestrian precinct

termofor hotwater bottle

termometr thermometer

termos Thermos® flask

testament will

teściowa [tesh-chova] mother-in-law

teściowie [tesh-chov-yeh] parents-in-law

teść [tesh-ch] father-in-law

też [tesh] also, too

tęcza [tencha] rainbow

tędy [tendi] this way

tępak [tempak] thickhead

tężec [tenJets] tetanus

tłumacz [twoomach], **tłumaczka** [twoomachka] interpreter

tłumaczyć/przetłumaczyć [twoomachich/pshetwoomachich] to translate; to interpret

tłusty [twoosti] rich (food); greasy (skin, hair)

tłuszcz cukierniczy vegetable fat

tłuszcz roślinny vegetable fat

to [to] it; this; this one; that one

  to jest [yest] it is

  to było [biwo] it was

  to będzie [bendjeh] it will be

toaleta lavatory, toilet, rest room

toaleta damska ladies' toilets, ladies' room

toaleta męska [menska] gents' toilets, men's room

toaleta płatna 50 groszy charge for toilet/rest room 50 groszy

toalety [to-aleti] toilets, rest rooms

tobą [tobON] you; with you

tobie [tob-yeh] you; of you; to you

tonąć/utonąć [tononch/ootononch] to sink

torba bag; suitcase

torba na zakupy [zakoopi] shopping bag

torebka [torepka] handbag, (US) purse

tor wyścigowy [vish-cheegovi] race course

to samo the same

towarzyski [tovaJiskee] sociable

towarzystwo [tovaJistfo] company (social)

towarzyszyć [tovaJishich] to accompany

tradycja [tradits-ya] tradition

tradycyjny [traditsee-ni] traditional

trampolina diving board

tramwaj [tramvl] tramway

transmisja [transmees-ya] broadcast

trasa route

trawa [trava] grass

trawnik [travneek] lawn

trochę [troHeh] a little; a little bit (of); some

  trochę więcej [v-yentsay] a little more

  trochę za drogie a bit too expensive

trolejbus [trolayboos] trolleybus

troszeczkę [troshechkeh] a tiny bit

trójkąt [trooyuhkont] triangle

trucizna [troocheezna] poison

trudny [troodni] difficult

trujący [troo-yontsi] poisonous

trwała [trvava] perm

trwały [trvavi] durable

trwała ondulacja [trvava ondoolats-ya] perm

trzeba ... [tsheba] it is necessary to ...

trzeci [tshechee] third

trzeźwy [tsheJvi] sober

trzy [tshi] three

trzydzieści [tshidjesh-chee] thirty

trzymać [tshimach] to hold; to keep

trzynaście [tshinash-cheh] thirteen

trzy razy dziennie three times a day

trzy razy dziennie przed jedzeniem three times daily before meals

trzysta [tshista] three hundred
tu [too] here
turysta **m** [toorista], turystka **f** [tooristka] tourist
tusz do rzęs [toosh do Jens] mascara
tutaj [tootī] here
tutejszy [tootayshi] local
twardy [tfardi] hard
twarz [tfash] face
twoi [tfo-ee] your; yours
twoich [tfo-eeH] your; of your; yours
twoim [tfo-eem] your; by your; with your; to your; yours
twoimi [tfo-eemee] your; by your; with your; yours
twoja [tfo-ya] your; yours
twoją [tfo-yON] your; by your; with your; yours
twoje [tfo-yeh] your; yours
twojej [tfo-yay] your; to your; yours
twojemu [tfo-yemoo] your; to your; yours
twój [tfooyuh] your; yours
ty [ti] you
tych [tiH] these; of these
tydzień [tidjenyuh] week
tygodnie [tigod-nyeh] weeks
tylko [tilko] only, just
tylko trochę [troHeh] not too much, just a little
tylko dla pieszych pedestrians only
tylko przed spaniem before bedtime
tylne światła [tilneh sh-fyatwa] rear lights

tylny [tilni] rear
tył [tiwuh] back
tym [tim] this; by this; these; by these
tymi [timee] these; by these
tysiąc [tishonts] thousand
tytoń [titonyuh] tobacco

U

u [oo] at
u góry/dołu [goori/dowoo] at the top/bottom
u mnie [mnyeh] at my place
ubezpieczenie [oobes-pyechen-yeh] insurance
ubezpieczony [oobes-pyechoni] insured
ubierać/ubrać [oob-yerach/oobrach] to dress (someone)
ubierać się/ubrać się [sheh] to get dressed
ubikacja [oobeekats-ya] lavatory, toilet, rest room
ubrać [oobrach] to dress (someone)
ubrać się [sheh] to get dressed
ubranie [oobran-yeh] clothes
ucho [ooHo] ear
uchwyt [ooHvit] handle
uczciwy [ooch-cheevi] honest
uczucie [oochoocheh] feeling
uczulenie [oochoolen-yeh] allergy
uczulony na ... [oochooloni] allergic to ...
uczyć/nauczyć [oochich/na-

oochich] to teach

uczyć się/nauczyć się [sheh] to learn

udar [oodar] stroke (illness)

udar słoneczny [swonechni] sunstroke

uderzyć [oodeJich] to hit

udo [oodo] thigh

udzielać porady [oodjelach poradi] to advise

ugotować [oogotovach] to cook

układanie na szczotkę [ookwadan-yeh na sh-chotkeh] blow-dry

ukradziono: ukradziono mi ... [ookradjono mee] my ... has been stolen

Ukraina [ookra-eena] Ukraine

ukraiński [ookra-eenskee] Ukrainian

ukraść [ookrash-ch] to steal

ul. St

ulepszać/ulepszyć [oolepshach/oolepshich] to improve

ulewa [ooleva] heavy shower

ulica [ooleetsa] road; street

ulubiony [ooloob-yoni] favourite

umiarkowanie [oom-yarkovan-yeh] moderately

umierać/umrzeć [oom-yerach/oomJech] to die

umierający [oom-yerī-ontsi] dying

umrzeć [oomJech] to die

umyć [oomich] to wash

umyć ręce [rentseh] to wash one's hands

umyć i ułożyć włosy [ee oowoJich vwosi] to have a shampoo and set

umyślnie [oomishl-nyeh] deliberately

umywalka [oomivalka] washbasin

Unia Europejska [oon-ya eh-ooropayska] European Union

unieważnić [oon-yevaJneech] to cancel

uniwersytet [ooneeversitet] university

upadać/upaść [oopadach/oopash-ch] to fall

upał [oopawuh] heat

upaść [oopash-ch] to fall

upijać się/upić się [oopee-yach sheh/opeech] to get drunk

upił się [oopeewuh] he is drunk

upominek [oopomeenek] gift

uprać [ooprach] to wash (clothes)

uprasować [ooprasovach] to iron

uprzejmy [oopshaymi] polite; kind

upuszczać/upuścić [oopoosh-chach/oopoosh-cheech] to drop

uratować [ooratovach] to save

urlop [oorlop] holiday, vacation

na urlopie [oorlop-yeh] on holiday, on vacation; on leave

urodzić [oorodjeech] to give birth

urodzić się [sheh] to be born

urodziłem/urodziłam się w ... [oorodjeewem/oorodjeewam sheh f] I was born in ...

urodziny [oorodjeeni] birthday
urwisko [oorveesko] cliff
urząd celny [ooJont tselni] Customs office
Urząd Pocztowy [pochtovi] post office
Urząd Stanu Cywilnego [stanoo tsiveelnego] Registrar's Office, Registry Office
urządzenie [ooJondsen-yeh] device, appliance
usiąść [ooshonsh-ch] to sit down
uspokoić się [oospoko-eech sheh] to calm down
usta [oosta] mouth; lips
usterka [oosterka] defect, fault
ustęp [oostemp] primitive outdoor toilet with no plumbing
ustrój polityczny [oostrooyuh poleetichni] political system
uszczelka głowicy silnika [oosh-chelka gwoveetsi sheelneeka] cylinder head gasket
uszkodzić [ooshkodjeech] to damage
uszy [ooshi] ears
uśmiech [ooshm-yeH] smile
uśmiechać się/uśmiechnąć się [ooshm-yeHach sheh/ooshm-yeHnonch] to smile
uśmiechnięty [ooshm-yeH-nyenti] smiling
utonąć [ootononch] to sink; to drown
uwaga [oovaga] attention, beware, caution
uwaga! look out!

uwaga bydło cattle crossing
uwaga nawierzchnia bad road surface
uwaga, niebezpieczeństwo danger
uwaga pociąg beware of trains
uwaga, wysokie napięcie warning: high voltage
uwaga zły pies [zwi p-yes] beware of the dog
uważny [oovaJni] careful
uwierzyć [oov-yeJich] to believe
uzdrowisko [oozdroveesko] health resort
użądlić [ooJondleech] to bite
użyć [ooJich] to use
użyteczny [ooJitechni] useful
użytkownik [ooJitkovneek] user
używać/użyć [ooJivach/ooJich] to use
używany [ooJivani] second-hand

W

w [v] in; at; on
w domu [domoo] at home
wadliwy [vadleevi] faulty
waga [vaga] weight
wagon [vagon] carriage
wagon restauracyjny [restowratsee-ni] restaurant car, buffet car
wagon sypialny [sip-yalni] sleeping car, sleeper
wakacje pl [vakats-yeh] holiday,

vacation

wakacje letnie [let-nyeh] summer holidays

Walia [val-ya] Wales

walijski [valee-skee] Welsh

walizka [valeeska] suitcase

waluta [valoota] currency

wał korbowy [va^{wuh} korbovi] crankshaft

wam [vam] you; to you

wami [vami] you; with you

wanna [van-na] bathtub

warga [varga] lip

wariat [var-yat] barmy

Warszawa [varshava] Warsaw

warsztat samochodowy [varshtat samoHodovi] garage (for repairs)

warte: to nic nie warte [neets n-yeh varteh] it's rubbish

warzywa [vaJiva] vegetables

was [vas] you; about you; of you; to you

wasi [vashee] your; yours

wasz [vash] your; yours

wasza [vasha] your; yours

waszą [vashON] your; yours; with your; with yours

wasze [vasheh] your; yours

waszego [vashego] your; yours; of your; of yours

waszej [vashay] your; yours; of your; of yours; to your; to yours

waszemu [vashemu] your; yours; to your; to yours

waszych [vashiH] your; yours; of your; of yours

waszym [vashim] your; yours;

with your; with yours; to your; to yours

waszymi [vashimee] your; yours; with your; with yours

wata [vata] cotton wool, absorbent cotton

wazon [vazon] vase

ważny [vaJni] important; valid

wąchać [vonHach] to smell

wąski [vonskee] narrow

wąsy [vonsi] moustache

wątroba [vontroba] liver (in body)

wąż [vonsh] snake

wcale nie [ftsaleh n-yeh] not at all

wchodzić/wejść [fHodjeech/ vaysh-ch] to enter; to go up

wciąż [fchonsh] still

wczasy [fchasi] package holiday

wczesny [fchesni] early (adj)

wczesnym rankiem [fchesnim rank-yem] early in the morning

wcześnie [fchesh-nyeh] early

wczoraj [fchoroi] yesterday

wdowa [vdova] widow

wdowiec [vdov-yets] widower

wdzięczny [vdjenchni] grateful

we [veh] in; at; on

we Wrocławiu [vrotswav-yoo] in Wroclaw

wejście [vaysh-cheh] entrance, way in

wejście tylko z koszykiem please take a basket

wejście wzbronione no entry

wejście z przodu entry at front

wejście z tyłu entry at back

wejść [vaysh-ch] to enter; to go up

wełna [vehᵘʰna] wool

wełniany [vehᵘʰnyani] woollen

wentylator [ventilator] fan

wesele [veseleh] wedding reception

Wesołe Miasteczko [vesoweh m-yastechko] funfair

wesoły [vesowi] cheerful

Wesołych Świąt! [vesowiH shfyont] Happy Christmas/ Easter!

weterynarz [veterinash] vet

wewnątrz [vevnontsh] inside

proszę wewnętrzny ... [prosheh vevnentshni] extension ... please

wezmę [vezmeh] I will take

węgierski [veng-yerskee] Hungarian

Węgry [vengri] Hungary

w godzinach szczytu at peak times

wiaderko [v-yaderko] bucket

wiadomości pl [v-yadomoshchee] news

wiadomość f [v-yadomosh-ch] message

wiatr [v-yatr] wind

wiązanie [v-yonzan-yeh] binding (ski)

widelec [veedelets] fork

wideo [veedeh-o] video; video recorder

widok [veedok] view

widzialny [veedjalni] visible

widzieć/zobaczyć [veedjech/ zobachich] to see

nie widzę [n-yeh veedseh] I can't see

wieczór [v-yechoor] evening

dobry wieczór [dobri] good evening

wieczorem [v-yechorem] in the evening

wiedzieć [v-yedjech] to know

wiek [v-yek] age; century

Wielka Brytania [v-yelka britanya] Britain

Wielkanoc [v-yelkanots] Easter

Wielki Piątek [v-yelkee p-yontek] Good Friday

Wielki Tydzień [tidjenʸuʰ] Holy Week

wiem [v-yem] I know

nie wiem [n-yeh] I don't know

wierzę [v-yeJeh] I believe

wierzyć/uwierzyć [v-yeJich/oovyeJich] to believe

wieszak [v-yeshak] coathanger

wieś f [v-yesh] village; countryside

na wsi [fshee] in the country

wieża [v-yeJa] tower

więcej [v-yentsay] more

większość [v-yenkshosh-ch] most (of)

większy [v-yenkshi] larger

więzienie [v-yenJen-yeh] prison

Wigilia Bożego Narodzenia [veegeel-ya boJego narodsen-ya] Christmas Eve

wilgotny [veelgotni] wet; damp

willa [veel-la] villa

wina [veena] fault; guilt

to moja/jego wina [moya/yego] it's my/his fault

winda [veenda] lift, elevator

winiarnia [veen-yarn-ya] wine bar

winny [veen-ni] guilty

wiosna [v-yosna] spring (season)

wiosną [v-yosnON] in spring

na wiosnę [v-yosneh] in spring

wirus [veeroos] virus

wirusowy [veeroosovi] viral

wisiorek [veeshorek] pendant

Wisła [veeswa] Vistula

witać/przywitać [veetach/pshiveetach] to greet, to welcome

witaminy [veetameeni] vitamins

witamy! [veetami] welcome!

witamy w ... welcome to ...

wiza [veeza] visa

wizjer [veez-yer] viewfinder

wizyta [veezita] visit; appointment

wizytowy [veezitovi] formal (dress)

wizytówka [veezitoofka] business card

w każdym razie [f kaJdim raJeh] anyway

w kierunku [f k-yeroonkoo] towards

wkładka śródmaciczna [fkwatka shroodmacheechna] IUD

w końcu [f kontsoo] at last, eventually

wkrótce [fkroot-tseh] soon

wliczony [vleechoni] included

włamanie [vwaman-yeh] burglary, break-in

właściciel [vwash-cheechel], **właścicielka** [vwash-cheechelka] owner

włączać/włączyć [vwonchach/vwonchich] to switch on

Włochy [vwoHi] Italy

włoski [vwoskee] Italian

włosy [vwosi] hair

WNP [voo-en-peh] CIS

wnuczka [vnoochka] granddaughter

wnuk [vnook] grandson

woda [voda] water

woda destylowana [destilovana] distilled water

woda kolońska [kolonska] eau de toilette

woda niezdatna do picia water not suitable for drinking

woda zdatna do picia [peecha] drinking water

wodolot [vodolot] hydrofoil

wodorosty [vodorosti] seaweed

wodospad [vodospat] waterfall

wojna [voyna] war

wolałbym [volawuhbim], **wolałabym** [volawabim] I would prefer

woleć [volech] to prefer

wolę ... [voleh] I prefer ...

wolne pokoje vacancies

wolnocłowy [volnotswovi] duty-free

wolny [volni] free; vacant

wolny od cła [ot tswa] duty-free

wolny pokój [pokooyuh] vacancy

wolny rynek [rinek] free market

wołać/zawołać [vowach/zavowach] to call; to shout

woń f [vonyuh] smell

worek [vorek] bag

wózek [voozek] pram

wózek inwalidzki [eenvaleetskee] wheelchair

wózek spacerowy [spatserovi] push-chair

WP Mr; Mrs

WPan Mr

WPani Mrs

wpaść w poślizg [fpash-ch f poshleesk] to skid

w pobliżu [f pobleeJoo] nearby

w porządku [f poJontkoo] all right

w przeciwnym razie [f pshecheevnim raJeh] otherwise

w przyszłym roku [f pshishwim rokoo] next year

wracać/wrócić [vratsach/vroocheech] to come back; to return

wrażliwy [vraJleevi] sensitive

w rolach głównych starring

wrotki [vrotkee] roller skates

wrząca woda [vJontsa voda] boiling water

wrzątek [vJontek] boiling water

wrzesień [vJeshenyuh] September

we wrześniu [veh vJesh-nyoo] in September

wrzód [vJoot] ulcer

wrzuć monetę insert money

wschód [fsHoot] east

na wschód od east of

na wschodzie [fsHodjeh] in the east

wschodni [fsHodnee] eastern; oriental

wschód słońca [fsHoot swontsa] sunrise

wsi: na wsi [fshee] in the country

wsiadać/wsiąść do [fshadach/fshonsh-ch] to get in (car)

wskaźnik [fskaJneek] gauge

wspaniały [fspan-yawi] fine

wspinaczka górska [fspeenachka goorska] rock climbing

Wspólnota Niepodległych Państw [vspoolnota n-yepodlegwiH panstf] Commonwealth of Independent States

współczesny [fspoowuhchesni] contemporary

wstawać/wstać [fstavach/fstach] to get up

wsteczny [fstechni] reverse

wsteczny bieg [b-yek] reverse gear

wstęp wolny [fstemp volni] admission free

wstęp wzbroniony no entry, keep out

wstrętny [fstrentni] obnoxious; revolting

wstrząs [fstshons] shock

wstrząs mózgu [moozgoo] concussion

wszędzie [fshendjeh] everywhere

wszyscy [fshistsi] all

wszystkie [fshist-kyeh] all

wszystko [fshistko] everything

wszystkiego najlepszego! [fshist-kyego nīlepshego] all the best!, best wishes!

mam wszystkiego dość [dosh-ch] I'm fed up

wścieklizna [fsh-chekleezna] rabies

wściekły [fsh-chekwi] furious

wtedy [ftedi] then (at that time)

wtorek [ftorek] Tuesday

we wtorek [veh] on Tuesday

wtyczka [ftichka] plug

wuj [vooᵞᵘʰ] uncle

wy [vi] you

wybierać/wybrać [vib-yerach/ vibrach] to choose

wybory [vibori] election

wybrać [vibrach] to choose

wybrzeże [vibᴊeᴊeh] coast

na wybrzeżu [na vibᴊeᴊoo] on the coast

wychodzić/wyjść [viᴴodjeech/ vee-sh-ch] to go out

wyciąg [vichonk] ski-lift

wyciąg krzesełkowy [vichonk ksheseʰʷᵘʰkovi] chairlift

wyciąg narciarski [narcharskee] ski-lift

wycieczka [vichechka] trip

wycieczka krajoznawcza [krī-oznafcha] sightseeing tour

wycieczka morska [morska] cruise

wycieczka turystyczna [tooristichna] package tour

wycieraczka szyby [vicherachka shibi] windscreen wiper

wyczerpany [vicherpani] exhausted (tired)

wydawać/wydać pieniądze [vidavach/vidach p-yen-yondseh] to spend money

wydawać woń [vonᵞᵘʰ] to smell

wydmy [vidmi] sand dunes

wyglądać: jak to wygląda? [yak to viglonda] what does it look like?

wygoda [vigoda] comfort

wygodny [vigodni] comfortable

wygrywać/wygrać [vigrivach/ vigrach] to win

wyjaśniać/wyjaśnić [vi-yash-nyach/vi-yashneech] to explain

wyjechać [vi-yeᴴach] to leave, to go away

wyjście [vi-yshtcheh] exit, way out

wyjście awaryjne [avaree-neh] emergency exit

wyjście bezpieczeństwa [besp-yechenstfa] emergency exit

wyjście zapasowe [zapasoveh] emergency exit

wykończony [vikonchoni] knackered, wrecked

wyleczony [vilechoni] cured

wyleczyć [vilechich] to cure

wyłączać/wyłączyć [viwonchach/viwonchich] to switch off

wymawiać/wymówić [vimav-yach/vimooveech] to pronounce

wymiana [vim-yana] exchange

wymiana dewiz [devees] currency exchange

wymiana pieniędzy [p-yen-yendsi] bureau de change

wymiana walut [valoot] currency exchange

wymiotować [vim-yotovach] to vomit

wymioty [vim-yoti] vomiting

wymówić [vimooveech] to pronounce

wynajęty samochód [vinĩ-enti samoHoot] rented car

wynajęty sprzęt [spshent] hired equipment

wynajmować/wynająć [vinĩmovach/vinĩ-onch] to hire, to rent

do wynajęcia [do vinĩ-encha] for hire, to rent

wynos: na wynos [vinos] to take away (food)

wypadek [vipadek] accident

wypełniać/wypełnić [vipeh^{wuh}nyach/vipeh^{wuh}neech] to fill in

wypożyczać/wypożyczyć [vipoJichach/vipoJichich] to hire, to rent

wyprysk [viprisk] spot (on skin)

wyprzedaż [vipshedash] sale (reduced price)

wyprzedzać/wyprzedzić [vipshedsach/vipshedjeech] to overtake

wyrób nie testowany na zwierzętach product not tested on animals

wyrywać/wyrwać ząb [virivach/virvach zomp] to extract a tooth

wyrzucać/wyrzucić [viJootsach/viJoocheech] to throw away

wysiadać/wysiąść [vishadach/vishonsh-ch] to get off

wysoki [visokee] tall; high

wysokie ciśnienie [visok-yeh cheesh-nyen-yeh] high blood pressure

wysokooktanowa [visoko-oktanova] normal (86 octane); high octane

wyspa [vispa] island

wystarczająco [vistarchĩ-ontso] enough

wystarczy [vistarchi] that's enough

nie wystarczy [n-yeh] it won't be enough

wystawa [vistava] exhibition

wystawa sklepowa [sklepova] shop window

na wystawie [vistav-yeh] in the shop window

wysuszyć [visooshich] to dry

wysyłać/wysłać [visiwach/viswach] to send

wysypka [visipka] rash (on skin)

wyśmienity [vish-myeneeti] delicious

wywoływać/wywołać film

[vivowivach/vivowach feelm] to
develop a film
wyż [vish] high pressure
wzbroniony [vzbron-yoni]
forbidden
wzgórze [vzgooJeh] hill
wziąć [vJonch] to take
wziąłem [vJowem], **wzięłam**
[vJewam] I took, I have taken

Z

z with; out of; from
za behind
  za ... too ...
  za dużo [dooJo] too much
zabawki [zabafkee] toys
zablokowany [zablokovani]
blocked; stuck
zabierać/zabrać [zab-yerach/
zabrach] to take away, to
remove
zabijać/zabić [zabee-yach/
zabeech] to kill
zabraniać/zabronić [zabran-
yach/zabroneech] to forbid
zabrania się ... do not ...,
... forbidden
**zabrania się kierowcy
rozmawiać z pasażerami** do
not speak to the driver
zabrudzony [zabroodsoni] soiled
zachmurzenie [zaHmooJen-yeh]
overcast
zachodni [zaHodnee] western
zachód [zaHoot] west
  na zachód od west of
  na zachodzie [zaHodjeh] in

the west
zachód słońca [swonitsa]
sunset
zaczekajcie na mnie!
[zachekicheh na mn-yeh] wait
for me!
zaczynać/zacząć [zachinach/
zachonch] to begin
zadowolony [zadovoloni]
pleased, glad
zadziwiający [zadjeev-yayontsi]
surprising
zadzwonić [zadsvoneech] to
ring, to phone, to call
zagraniczny [zagraneechni]
foreign
zajęty [zi-enti] engaged (toilet,
phone), (US) busy
zakaz parkowania no parking
**zakaz parkowania w godz. 8 -
20** no parking from 8 a.m.
to 8 p.m.
zakaz skrętu w lewo no left
turn
zakaz skrętu w prawo no
right turn
zakaz wjazdu no entry
zakaz wyprzedzania no
overtaking
zakaz zatrzymywania no
stopping
zakaz zawracania no U-turn
zakaźny [zakaJni] infectious
zakażenie [zakaJen-yeh]
infection
zakręt [zakrent] bend
  na zakręcie [zakrencheh] on
the bend
zakupy pl [zakoopi] shopping

iść po zakupy [eesh-ch] to go shopping

zalany [zalani] pissed

zależeć: to zależy [zaleji] it depends

załamanie nerwowe [zawaman-yeh nervoveh] nervous breakdown

załatwiać/załatwić [zawat-fyach/zawatfeech] to arrange

załoga [zawoga] crew

zamawiać/zamówić [zamav-yach/zamooveech] to order

zamek castle; lock

zamek błyskawiczny [bwiskaveechni] zip

zamknąć [zamknonch] to close

zamknąć na klucz [klooch] to lock

zamknięte dla ruchu kołowego no entry for vehicular traffic

zamknięte na ferie closed for the holidays

zamknięty [zamk-nyenti] closed

zamówić wizytę [zamooveech veeziteh] to make an appointment

zamówienie [zamoov-yen-yeh] order

zamrażalka [zamrajalka] freezer

zamsz [zamsh] suede

zamykać/zamknąć [zamikach/zamknonch] to close

zamykać/zamknąć na klucz [klooch] to lock

zanieczyszczony [zan-yechish-choni] polluted

zapalać/zapalić [zapalach/zapaleech] to light; to switch on; to start

zapalać/zapalić ognisko [ogneesko] to light a fire/bonfire

zapalenie oskrzeli [zapalen-yeh oskshelee] bronchitis

zapalenie płuc [pwoots] pneumonia

zapalenie wątroby [vontrobi] hepatitis

zapalenie wyrostka robaczkowego [virostka robachkovego] appendicitis

zapalić [zapaleech] to light; to switch on; to start

zapalniczka [zapalneechka] lighter

zapalony [zapaloni] on (light etc)

zapałka [zapa^{wuh}ka] match (light)

zaparcie [zaparcheh] constipation

zapiąć pasy fasten seat belts

zapłacić cło [zapwacheech tswo] pay Customs duty

zapłon [zapwon] ignition

zapominać/zapomnieć [zapomeenach/zapom-nyech] to forget

zapomniałam [zapomn-yawam], **zapomniałem** [zapomn-yawem] I've forgotten

zapraszać/zaprosić [zaprashach/zaprosheech] to invite

serdecznie zapraszam! [serdech-nyeh zaprasham] do

come!

zaproszenie [zaproshen-yeh] invitation

zapukać [zapookach] to knock

zapytać [zapitach] to ask (question)

zarabiać/zarobić [zarab-yach/ zarobeech] to earn

zaraz [zaras] right away

zaraz wracam [zaras vratsam] back in a moment

zaraz, zaraz! wait a minute!

zarezerwować [zarezervovach] to book, to reserve

zaręczony [zarenchoni] engaged (to be married)

zaryglować [zariglovach] to bolt

zasłona [zaswona] curtain

zastrzyk [zastshik] injection

zasuwa [zasoova] bolt

zaświadczenie [zash-fyatchen-yeh] certificate

zatańczyć [zatanchich] to dance

zatłoczony [zatwochoni] crowded

zatoka bay

zatrucie pokarmowe [zatroocheh pokarmoveh] food poisoning

zatrzymywać się/zatrzymać się [zatshimivach sheh/ zatshimach] to stop; to stay

zatwardzenie [zatfardsen-yeh] constipation

zaułek [za-oowek] close; cul-de-sac

zawiedziony [zav-yedjoni]

disappointed

zawołać [zavowach] to call; to shout

zawór [zavoor] valve

zawrót głowy [zavroot gwovi] dizziness

zawsze [zafsheh] always

zazdrosny [zazdrosni] jealous

zazwyczaj [zazvichi] usually

zażalenie [zaJalen-yeh] complaint

ząb [zomp] tooth

zbiornik [z-byorneek] tank

zbiór [z-byoor] collection

zdarzać się/zdarzyć się [zdaJach sheh/zdaJich] to happen

zdarza się [zdaJa] it happens

zdarzenie [zdaJen-yeh] occurrence

zdarzyć się [zdaJich sheh] to happen

zdechły [zdeHwi] dead (animals)

zdejmować/zdjąć [zdaymovach/ z-dyonch] to take off, to remove

zderzak [zdeJak] bumper, (US) fender

zdrowie [zdrov-yeh] health

zdrowy [zdrovi] healthy

zdumiewający [zdoom-yevĩ-ontsi] astonishing

zdzierstwo [zdjerstfo]

to zdzierstwo it's a rip-off

zdjąć [z-dyonch] to take off, to remove

ze [zeh] out of; from; with

zebranie [zebran-yeh] meeting

zegar clock

zegarek watch, wristwatch

zegar słoneczny [swonechni] sundial

zejść [zaysh-ch] to go down

zemdleć [zemdlech] to faint

zepsuć się [zepsooch sheh] to break down; to get damaged; to go off

zepsuty [zepsooti] broken; off

zeszły: zeszłym razem [zeshwim razem] last time

w zeszłym tygodniu/ miesiącu/roku [v – tigod-nyoo/ m-yeshontsoo/rokoo] last week/ month/year

zewnętrzny [zevnentshni] external

na zewnątrz [zevnontsh] outside

zezwolenie [zezvolen-yeh] licence

zęby [zembi] teeth

zgadzać się/zgodzić się [zgadsach sheh/zgodjeech] to agree

nie zgadzam się z panem/ panią [n-yeh zgads-am – s panem/pan-yON] I don't agree with you

nie zgadzam się na to I won't agree to that

zgasić [zgasheech] to switch off

zgasić światła headlights off

zgaszony [zgashoni] off (lights)

zgniły [zgneewi] rotten

zgoda OK, all right; will do

zgodzić się [zgodjeech sheh] to agree

zgubić [zgoobeech] to lose

Zielone Święta [Jeloneh sh-fyenta] Whitsun

zielony [Jeloni] green

ziemia [Jem-ya] earth; ground

na ziemi [Jemee] on the ground

zięć [Jench] son-in-law

zima [Jeema] winter

zimą [JeemON] in winter

w zimie [v Jeem-yeh] in winter

zimna woda [Jeemna voda] cold water

zimny [Jeemni] cold

zimny okład [okwat] cold compress

zjeżdżaj! [z-yeJdji] get lost!

zjeżdżalnia [z-yeJdjal-nya] slide (for children)

zlewozmywak [zlevozmivak] sink

zł zlotys

złamać [zwamach] to break

złamanie [zwaman-yeh] fracture

złamany [zwamani] broken

złapać gumę [zwapach goomeh] to have a flat tyre

złodziej [zwodjay] thief

złodziej kieszonkowy [k-yeshonkovi] pickpocket

złoto [zwoto] gold

złotówka [zwotoofka] zloty coin

złoty [zwoti] gold, made of gold; zloty (Polish unit of currency)

złożyć zażalenie [zwoJich zaJalen-yeh] to make a

complaint

zły [zwi] bad; angry

zmarły [zmarwi] dead

zmarszczki [zmarsh-chkee]
wrinkles, lines

zmartwienie [zmart-fyen-yeh]
worry

zmartwiony [zmart-fyoni]
worried

zmęczony [zmenchoni] tired

zmieniać/zmienić [z-myen-yach/
z-myeneech] to change

zmienny [z-myen-ni]
changeable

zmyć naczynia [zmich nachin-ya]
to do the washing-up

zmywacz lakieru do paznokci
[zmivach lak-yeroo do paznokchee]
nail varnish remover

zmywać/zmyć naczynia
[zmivach/zmich nachin-ya] to do
the washing-up

zmywanie [zmivan-yeh]
washing-up

zmywarka [zmivarka]
dishwasher

znaczek [znachek] stamp

znaczki stamps

znaczyć [znachich] to mean
co to znaczy? [tso to znachi]
what does it mean?

znać [znach] to know (person)

znak drogowy [znak drogovi]
roadsign

znalazłam [znalazwam],
znalazłem [znalazwem] I have
found

znajdować/znaleźć [znidovach/
znalesh-ch] to find

znam I know
nie znam go [n-yeh] I don't
know him

znieczulenie miejscowe
[z-nyechoolen-yeh m-yaytsoveh]
local anaesthetic

znieść [zn-yesh-ch] to tolerate,
to stand

znikać/zniknąć
[zneekach/zneeknonch] to
disappear

zniżka [zneeshka] discount;
reduced fare

znosić/znieść [znosheech/zn-
yesh-ch] to tolerate, to stand

znowu [znovoo] again

zobaczyć [zobachich] to see

zorganizować [zorganeezovach]
to organize

zostawiać/zostawić [zostav-
yach/zostaveech] to leave
behind

zostawić wiadomość dla ...
[v-yadomosh-ch] to leave a
message for ...

z przesiadką w ... [s psheshatkon
v] change at ...

zrobić [zrobeech] to do; to
make

zrobię to [zrob-yeh to] I'll do it
nie zrobię tego [n-yeh] I
won't do it

zrozumieć [zrozoom-yech] to
understand

zupełnie nowy [zoopeh(wuh)nyeh
novi] brand-new

zupełnie zimny [Jeemni] stone
cold

zwichnąć [zveeHnonch] to

sprain
zwichnięcie [zveeH-nyencheh] sprain
zwiedzać/zwiedzić [zv-yedsach/ zv-yedjeech] to visit (place)
zwiedzanie [zv-yedsan-yeh] sightseeing
zwierzę [zv-yeJeh] animal
zwierzęta [zv-yeJenta] animals
zwracać/zwrócić pieniądze [zvratsach/zvroocheech p-yen-yondseh] to refund
zwyczaj [zvichī] habit
zwykły [zvikwi] usual; simple

Ź

źle [Jleh] badly

Ż

żaden [Jaden] none; no-one; any
żadna [Jadna], **żadne** [Jadneh] none; no-one
żadną [JadnON] none; with none; no-one
żadnego [Jadnego] none; for none; no-one
żadnej [Jadnay] none; of none; about none; for none
żadnych [JadniH] none; of none; about none; for none
żadnym [Jadnim] none; with none; no-one
żadnymi [Jadnimee] none; with none

żagiel [Jag-yel] sail
żaglówka [Jagloofka] sailing boat
żarówka [Jaroofka] light bulb
żart [Jart] joke
żartować [Jartovach] to joke
żartujesz! [Jartoo-yesh] you've got to be joking!
żądać [Jondach] to demand
żądlić [Jondleech] to sting
żebro [Jebro] rib
żeglarstwo [Jeglarstfo] sailing
żel [Jel] gel
żelazko [Jelasko] iron (for clothes)
żelazny [Jelazni] iron (adj)
żelazo [Jelazo] iron (metal)
żenujący [Jenoo-yontsi] embarrassing
żeton [Jeton] telephone token
żłobek [Jwobek] creche
żmija [Jmee-ya] adder
żołądek [Jowondek] stomach
żona [Jona] wife
żonaty [Jonati] married (man)
żółty [Joowuhti] yellow
życie [Jicheh] life
życzenie: najlepsze życzenia [nīlepsheh Jichen-ya] best wishes
żyć [Jich] to live
Żyd [Jit] Jew
Żydówka [Jidoofka] Jewess
żydowski [Jidofskee] Jewish
Żydzi [Jidjee] Jewish people
żyletka [Jiletka] razor blade
żywy [Jivi] alive

Menu
Reader:
Food

Essential Terms

bread chleb [Hlep]
butter masło [maswo]
cup filiżanka [feeleeJanka]
dessert deser
fish ryba [riba]
fork widelec [veedelets]
glass kieliszek [k-yeleeshek]
knife nóż [noosh]
main course drugie danie [droog-yeh dan-yeh]
meat mięso [m-yenso]
menu jadłospis [yadwospees]
pepper pieprz [p-yepsh]
plate talerz [talesh]
salad sałatka [sawatka]
salt sól [sool]
set menu obiad firmowy [feermovi]
soup zupa [zoopa]
spoon łyżka [wishka]
starter zakąska [zakonska]
table stolik [stoleek]

another ..., please proszę jeszcze jedno ... [prosheh yesh-cheh yedno]
excuse me! (to call waiter/waitress) proszę Pana/Pani
could I have the bill, please? proszę o rachunek [raHoonek]

The Polish Alphabet

This section is in Polish alphabetical order:

a, ą, b, c, ć, d, e, ę, f, g, h, i, j, k, l, ł, m, n, ń, o, ó, p, q, r, s, ś, t, u, w, x, y, z, ź, ż

agrest gooseberries

ananas pineapple

antrykot [antrikot] entrecote steak

arbuz [arboos] watermelon

babka plain cake (made with eggs and butter)

babka piaskowa [p-yaskova] madeira cake

bakalie [bakal-yeh] fruit and nuts

baleron ham, boned, boiled, smoked and made into a thick ham-sausage

banan banana

baranina [baraneena] mutton; lamb

barszcz czerwony [barsh-ch chervoni] beetroot soup

barszcz czerwony z pasztecikem [s pashtecheekem] beetroot soup with pastry

barszcz czysty [chisti] clear beetroot soup

barszcz ukraiński [ookra-eenskee] beetroot soup with vegetables

barszcz zabielany [zab-yelani] beetroot soup with soured cream

barszcz z uszkami [ooshkami] beetroot soup with small ravioli-type pasta parcels

bazylia [bazil-ya] basil

bażant [baJant] pheasant

befsztyk [befshtik] steak

befsztyk tatarski [tatarskee] steak tartare

befsztyk z polędwicy [s polendveetsi] sirloin steak

bekon bacon

beza meringue

bezmięsne [bez-myensneh] without meat

bezy [bezi] meringues

biała kiełbasa [b-yawa k-yewuhbasa] white sausage (pork sausage with garlic)

białko [b-yawuhko] egg white; protein

biały ser [b-yawi] white, medium-soft cheese, curd cheese

bigos [beegos] hunters' stew – Polish national dish of sweet and sour cabbage with a variety of meats and seasonings

biszkopty [beeshkopti] biscuits, cookies

bita śmietana [beeta sh-myetana] whipped cream

bitki wołowe [beetkee vowoveh] beef cutlets

bliny [bleeni] small thick, rich pancakes

bochenek [boHenek] loaf

boczek [bochek] bacon

boćwinka [bochveenka], botwinka [botfeenka] soup made from young beet leaves

bób [boop] broad beans

brizol [breezol] grilled steak

brizol z polędwicy [s polendveetsi] grilled sirloin steak

brukiew [brook-yef] turnips
brukselka [brookselka] Brussels sprouts
bryndza [brindsa] soft ewe's milk cheese
bryzol [brizol] grilled beef steak
brzoskwinia [bJoskfeen-ya] peach
budyń [boodinʸuh] custard-like pudding, similar to blancmange
budyń czekoladowy [chekoladovi] chocolate blancmange
budyń orzechowy [oJeHovi] walnut blancmange
budyń truskawkowy [trooskafkovi] strawberry blancmange
budyń waniliowy [vaneel-yovi] vanilla blancmange
bukiet z jarzyn [book-yet z yaJin] mixed raw and pickled vegetables
bulion [bool-yON] broth
bulion z żółtkiem [Joowuʰt-kyem] broth with egg yolk
bułeczka [boowechka] bread roll
bułka [boowuʰka] white bread
buraczki [boorachkee] boiled and grated beetroot
buraczki ze śmietaną [zeh sh-myetanON] beetroot in soured cream
buraki [boorakee] beetroot

cebula [tseboola] onion

chałka [Hawuʰka] plaited loaf of semi-sweet white bread
chałwa [Hawuʰva] halva (dessert made from sesame seeds)
chipsy [cheepsi] crisps, (US) potato chips
chleb [Hlep] bread
chleb graham [graHam] granary-like bread
chleb razowy [razovi] wholemeal rye bread
chleb żytni [Jitnee] rye bread
chłodnik [Hwodneek] cold beet leaf soup with soured milk or cream
chrupki [Hroopkee] savoury crisp biscuits/cookies, similar to crisps
chrust [Hroost] twig-shaped sweet pastries
chrzan [H-shan] horseradish
ciastko [chastko] pastry; small cake; slice of cake
ciastko tortowe [tortoveh] slice of cream cake
ciastko W-Z [voo-zet] individual chocolate cake filled with cream
ciastko z kremem cream cake
ciasto [chasto] pastry; cake
ciasto drożdżowe [droJdjoveh] yeast cake
ciasto drożdżowe z rodzynkami [z rodsinkamee] yeast cake with dried fruit
ciasto francuskie [frantsoosk-yeh] puff pastry
cielęcina [chelencheena] veal
comber barani w śmietanie

[tsomber baranee f sh-myetan-yeh] saddle of mutton in soured cream

comber sarni [sarnee] loin of venison

comber zajęczy [zi-enchi] saddle of hare

cukier [tsook-yer] sugar

cukierek [tsook-yerek] sweet; confectionery

cukier puder [pooder] icing sugar

cykoria [tsikor-ya] endives

cynaderki [tsinaderkee] kidneys

cynamon [tsinamON] cinnamon

cytryna [tsitrina] lemon

czarne jagody [charneh yagodi] bilberries

czarne porzeczki [poJechkee] blackcurrants

czekolada [chekolada] chocolate

czekolada mleczna [mlechna] milk chocolate

czekolada pitna na gorąco [peetna na gorontso] hot chocolate

czereśnia [cheresh-nya] cherry

czosnek [chosnek] garlic

ćwikła [chfeekwa] beetroot with horseradish

daktyle [daktileh] dates

dania [dan-ya] dishes

dania barowe [baroveh] buffet dishes

dania gotowe [gotoveh] à la carte dishes

dania jarskie [yarsk-yeh] vegetarian dishes

dania mięsne [m-yensneh] meat dishes

dania rybne [ribneh] fish dishes

dania z drobiu [drob-yoo] poultry dishes

dania z jaj [yī] egg dishes

danie [dan-yeh] dish; course

deser dessert

desery [deseri] desserts

dorsz [dorsh] cod

dropsy [dropsi] fruit drops

drożdżówka [droJdjoofka] brioche

drób [droop] poultry

drugie danie [droog-yeh dan-yeh] main course

drugie śniadanie [sh-nyadan-yeh] 'second breakfast' — more substantial elevenses or an early, light lunch

duszony [dooshoni] braised

dynia [din-ya] pumpkin

dziczyzna [djeechizna] game

dzik [djeek] wild boar

dżem [djem] jam

farsz [farsh] stuffing

fasola beans, kidney beans

fasola szparagowa [shparagova] French beans, string-beans

fasolka po bretońsku [bretoniskoo] beans, bacon and sausage in tomato sauce

faszerowany [fasherovani] stuffed

faworki [favorkee] twig-shaped sweet pastries

figi [feegee] figs

filet cielęcy [feelet chelentsi] veal escalope

flaczki [flachkee] tripe cooked in spicy bouillon with vegetables

flaczki cielęce [chelentseh] veal tripe with seasoning

flaki [flakee] tripe

flądra [flondra] flounder

frytki [fritkee] chips, French fries

galaretka jelly

galaretka owocowa [ovotsova] fruit jelly

gałka muszkatołowa [gawuhka mooshkatowova] nutmeg

gęś [gensh] goose

gęś pieczona [p-yechona] roast goose

główne danie [gwoovneh dan-yeh] main course

gofry [gofri] waffles

gofry z bitą śmietaną [beetON sh-myetanON] hot waffles with whipped cream

gofry z sosem czekoladowym [s — chekoladovim] hot waffles with chocolate sauce

golonka boiled leg of pork

gołąbki [gowompkee] cabbage leaves stuffed with meat and rice

gotowany [gotovani] boiled

goździki [goJdjeekee] cloves

grahamka [graHamka] brown roll

grejpfrut [graypfroot] grapefruit

grill [greel] barbecue

groch [groH] peas

grochówka [groHoofka] pea soup

groch włoski [vwoskee] chickpeas

groszek [groshek] peas

groszek z marchewką [z marHefkON] peas and carrots

gruszka [grooshka] pear

gruszka w czekoladzie [f chekoladjeh] pear in hot chocolate sauce

grzanka [gJanka] toast

grzanki [gJankee] toast; croûtons

grzybki marynowane [gJipkee marinovaneh] marinated mushrooms

grzybki w śmietanie [f sh-myetan-yeh] mushrooms in soured cream

grzybki z patelni [s patelnee] fried mushrooms

grzyby [gJibi] mushrooms

gulasz [goolash] goulash

halibut [haleeboot] halibut

herbatniki [herbatneekee] biscuits, cookies

homar lobster

imbir [eembeer] ginger

indyk [eendik] turkey

jabłka w cieście [yapka f chesh-cheh] apple fritters

jabłko [yapko] apple

jabłko pieczone [p-yechoneh]

baked apple

jadłospis [yadwospees] menu

jagnię [yag-nyeh] lamb

jagody [yagodi] bilberries

jaja faszerowane [yī-a fasherovaneh] stuffed eggs

jajecznica [yī-echneetsa] scrambled eggs

jajka faszerowane [yīka fasherovaneh] stuffed eggs

jajka na boczku [bochkoo] bacon and eggs

jajka na szynce [shintseh] ham and eggs

jajka po wiedeńsku [v-yedenskoo] soft-boiled eggs with butter served in a glass

jajka przepiórcze [pshep-yoorcheh] quails' eggs

jajka sadzone [sadsoneh] fried eggs

jajka sadzone na pomidorach [pomeedoraн] fried eggs and tomatoes

jajko [yīko] egg

jajko na miękko [m-yenk-ko] soft-boiled egg

jajko na twardo [tfardo] hard-boiled egg

jajko sadzone [sadsoneh] fried egg

jarski [yarskee] vegetarian

jarzyny [yaдini] vegetables

jedzenie [yedsen-yeh] food

jeżyny [yeдini] blackberries

jogurt [yogoort] yoghurt

kabanos dry, smoked pork sausage

kaczka [kachka] duck

kaczka pieczona [p-yechona] roast duck

kaczka z jabłkami [yapkamee] roast duck stuffed with apples

kaczka z pomarańczą [pomaranichoN] duck with orange sauce

kajzerka [kīzerka] small white roll

kalafior [kalaf-yor] cauliflower

kalarepa kohlrabi

kalmary [kalmari] squid

kanapka sandwich

kandyzowany [kandizovani] candied

kanie [kan-yeh] parasol mushrooms

kapusta [kapoosta] cabbage

kapusta czerwona [chervona] red cabbage

kapusta kiszona [keeshona] sauerkraut

kapusta kwaszona [kfashona] sauerkraut

kapuśniak [kapoosh-nyak] cabbage soup

karczochy [karchoнi] artichokes

karmazyn [karmazin] haddock

karp carp

karp na słodko z migdałami [swotko z meegdawamee] carp in sweet almond sauce

karp po grecku [gretskoo] cold carp in onion and tomato sauce

karp w galarecie [v galarecheh]

carp in aspic
karp z wody [vodi] boiled carp
karta dań [dani] menu
kartofel potato
kartofelki sauté [kartofelkee soteh] sauté potatoes
kartoflanka potato soup
kartofle [kartofleh] potatoes
kartofle w mundurkach [v moondoorkaн] baked potatoes
kasza [kasha] any type of boiled grain or cereal
kasza gryczana [grichana] buckwheat
kasza jęczmienna [yench-myen-na] pearl barley
kasza manna [man-na] semolina
kaszanka [kashanka] black pudding
kasza perłowa [kasha perwova] pearl barley
kasztany [kashtani] chestnuts
kawior [kav-yor] caviar
keczup [kechoop] ketchup
keks fruit-cake
kiełbasa [k-yeh\u1d42\u02b0basa] sausage
kiełbasa myśliwska [mishleefska] hunters' smoked pork sausage
kiełbasa na gorąco [gorontso] hot sausage
kiełbasa szynkowa [shinkova] ham sausage
kisiel [keeshel] kind of cranberry jelly dessert
kiszony [keeshoni] pickled
klopsiki [klopsheekee] meat balls

klopsiki w sosie pomidorowym [f sosheh pomeedorovim] meat balls in tomato sauce
klops meat loaf
klopsy [klopsi] meat balls
kluski [klooskee] dumplings, noodles
kluski kartoflane [kartoflaneh] potato dumplings
kluski kładzione [kwadjoneh] flour dumplings
kluski z makiem [mak-yem] noodles with poppy seeds
kminek [kmeenek] caraway seed
knedle [knedleh] plum dumplings
kolacja [kolatsya] supper, evening meal
kołacz [kowach] rich cake (made with eggs and butter)
kołduny [ko\u1d42\u02b0dooni] dumplings with savoury meat stuffing
kompot stewed fruit, compote
kompot z jabłek [yabwek] apple compote
kompot z rabarbaru [rabarbaroo] rhubarb compote
konfitury [konfeetoori] jam, preserves
koper dill
kopytka [kopitka] potato dumplings
korniszony [korneeshoni] gherkins
kotlet chop, cutlet
kotlet barani [baranee] mutton

chop

kotlet cielęcy [chelentsi] veal cutlet

kotlet de volaille [deh volī] breaded fried chicken fillet

kotlet jarski [yarskee] vegeburger, usually made from eggs and vegetables

kotlet mielony [m-yeloni] burger

kotlet schabowy [sHabovi] pork chop

kotlet schabowy z kapustą [s kapoostON] pork chop with cabbage

kotlet siekany [shekani] hamburger steak

kotlet wieprzowy [v-yepshovi] pork chop

kotlet wołowy [vowovi] beef cutlet

kremówka [kremoofka] a type of millefeuille, custard slice

krem z czekoladą [s chekoladON] cream sprinkled with chocolate

krewetki [krevetkee] shrimps

krokiety [krok-yeti] croquettes

krokiety z sera i ziemniaków [s sera ee JemnyuhⁿkoofJemnyuhkoof] cheese and potato croquettes

kromka chleba [kromka Hleba] slice of bread

królik [krooleek] rabbit

krupnik [kroopneek] barley soup; spiced hot mead

kukurydza [kookooridsa] corn on the cob, maize

kulebiak [kooleb-yak] pie with

meat, fish or cabbage

kura [koora] chicken

kura w potrawce [f potravtseh] chicken fricassee

kura w rosole [v rosoleh] boiled chicken served in broth

kurczak [koorchak] chicken

kurczak pieczony [p-yechoni] roast chicken

kurczę [koorcheh] chicken

kurczę pieczone [p-yechoneh] roast chicken

kurczę po polsku [polskoo] roast chicken stuffed with liver and bread

kurczę z rożna [roJna] barbecued chicken

kurki [koorkee] chanterelle mushrooms

kuropatwa [kooropatfa] partridge

kwasek cytrynowy [kfasek tsitrinovi] citric acid; lemon flavouring

kwaszony [kfashoni] pickled

kwaśny [kfashni] sour

leniwe pierogi [leneeveh p-yerogee] cheese dumplings

leszcz [lesh-ch] bream

listek bobkowy [leestek bobkovi] bayleaf

lody [lodi] ice cream

lody bakaliowe [bakal-yoveh] tutti-frutti ice cream

lody czekoladowe [chekoladoveh] chocolate ice cream

lody kawowe [kavoveh] coffee

265

ice cream

lody mieszane [m-yeshaneh] assorted ice cream

lody sorbetowe [sorbetoveh] ice lollies

lody truskawkowe [trooskafkoveh] strawberry ice cream

lody waniliowe [vaneel-yoveh] vanilla ice cream

lody w waflu [v vafloo] ice-cream cone

lody z bitą śmietaną [beetON sh-myetanON] ice cream with whipped cream

lubczyk [loopchik] lovage

łazanki [wazankee] noodles

łosoś [wososh] salmon

łosoś wędzony [vendsoni] smoked salmon

majeranek [mī-eranek] marjoram

majonez [mī-onez] mayonnaise

mak poppy seed

makaron macaroni; pasta

makaron z jajkami [yīkamee] macaroni with fried eggs

makaron z serem macaroni cheese

makowiec [makov-yets] poppy-seed cake

makrela mackerel

maliny [maleeni] raspberries

mandarynki [mandarinkee] tangerines

marchew [marHef] carrot

marchewka [marHefka] carrots

marchewka z groszkiem

[marHefka z grosh-kyem] carrots and green peas

margaryna [margarina] margarine

marmolada marmalade

marmurek [marmoorek] marble cake

marynata [marinata] marinade

marynowany [marinovani] marinated

masło [maswo] butter

masło orzechowe [oJeHoveh] peanut butter

masło roślinne [roshleen-neh] hard margarine made from vegetable oil

maślaki [mashlakee] buttercup mushrooms, slippery jacks

maślanka [mashlanka] buttermilk

mazurek [mazoorek] a kind of thin cake

mazurek cygański [tsiganskee] thin cake with nuts, chocolate and dried fruit

mąka [monka] flour

mąka kartoflana [kartoflana] potato flour

mąka pszenna [pshen-na] wheat flour

mąka razowa [razova] wholemeal flour

mąka żytnia [Jit-nya] rye flour

melba ice cream with fruit and whipped cream

melon melon

mielonka [m-yelonka] a type of luncheon meat

mielony [m-yeloni] minced

mięso [m-yenso] meat

migdały [meegdawi] almonds

migdały prażone [praJoneh] roasted almonds

migdały w soli [f soleh] salted almonds

miód [m-yoot] honey

mizeria [meezer-ya] sliced cucumber in soured cream

mleko w proszku [f proshkoo] powdered milk

morele [moreleh] apricots

mostek cielęcy [chelentsi] veal brisket

móźdżek [mooJdjek] brains

mrożonka [mroJonka] frozen food

mrożony [mroJoni] iced, frozen

murzynek [mooJinek] chocolate cake

mus jabłeczny [moos yabwechni] apple mousse

mus owocowy [ovotsovi] fruit mousse

musztarda [mooshtarda] mustard

nadzienie [nadjen-yeh] stuffing

nadziewany [nadjevani] stuffed

na grillu [greel-loo] barbecued

naleśniki [naleshneekee] pancakes

naleśniki z bakaliami w sosie czekoladowym [bakal-yamee f sosheh chekoladovim] pancakes with fruit and nuts in chocolate sauce

naleśniki z dżemem [djemem] jam pancakes

naleśniki z jabłkiem [yapk-yem] pancakes with apple purée

naleśniki z kapustą i grzybami [kapoostON ee gJibamee] pancakes with cabbage and mushrooms

naleśniki z marmoladą [marmoladON] pancakes with jam

naleśniki z serem pancakes filled with white cheese, with soured cream on top

na parze [paJeh] steamed

napoleonka a type of millefeuille cake, custard slice

na słodko [swotko] served sweet; served as a sweet

na słono [swono] served as a savoury

nerki [nerkee] kidneys

nóżki w galarecie [nooshkee v galarecheh] calves' trotters in aspic

obiad [ob-yat] lunch; dinner

obiad firmowy [feermovi] set menu

obiady domowe [ob-yadi domoveh] set menu of home-cooked meals

obwarzanki [obvaJankee] pretzels

ocet [otset] vinegar

ogórek [ogoorek] cucumber

ogórek kiszony [keeshoni] pickled cucumber in brine

ogórek konserwowy [konservovi] pickled gherkins (in vinegar) ogórek małosolny [mawosolni] cucumber (pickled for a short time in brine)

ogórki [ogoorkee] cucumbers; gherkins

ogórki kwaszone [kfashoneh] cucumbers in brine

okoń [okoni] perch

olej [olay] oil

olej rzepakowy [Jepakovi] rapeseed oil

olej słonecznikowy [swonechneekovi] sunflower oil

oliwa (z oliwek) [oleeva (z oleevek)] olive oil

oliwki [oleefkee] olives

omlet omelette

omlet 'grzybek' z konfiturami [gJibek s konfeetooramee] fluffy omelette served with fruit preserves

omlet z dżemem [djemem] jam omelette

omlet ze szpinakiem [zeh shpeenak-yem] spinach omelette

omlet z groszkiem [groshk-yem] omelette with peas

omlet z grzybami [gJibamee] mushroom omelette

omlet z pieczarkami [p-yecharkamee] mushroom omelette

omlet z serem cheese omelette

omlet z szynką [shinkON] ham omelette

orzechy [oJeHi] nuts

orzechy laskowe [laskoveh] hazelnuts

orzechy włoskie [vwosk-yeh] walnuts

orzeszki laskowe [oJeshkee laskoveh] hazelnuts

orzeszki ziemne [Jemneh] peanuts

oscypek [ostsipek] smoked ewes' milk cheese

ostrygi [ostrigee] oysters

oszczypek [osh-chipek] smoked ewes' milk cheese

owoce [ovotseh] fruit

ozorki cielęce [ozorkee chelentseh] veal tongue

ozór [ozoor] tongue

paluszki słone [palooshkee swoneh] pretzels

panierowany [pan-yerovani] in breadcrumbs

papryka [paprika] paprika

papryka zielona [Jelona] green peppers

parówka [paroofka] frankfurter

parówki z musztardą [mooshtardON] frankfurters with mustard

pascha [pasHa] cold zabaglione-like dessert, made with beaten egg yolks and sugar

paszteciki [pashtecheekee] savoury pastries, small pasties

paszteciki z grzybami [gJibamee] small mushroom pasties

paszteciki z kapustą
[kapoostoN] small cabbage
pasties

paszteciki z mięsem [m-
yensem] small meat pasties

pasztet [pashtet] terrine, pâté

pasztet jarski [yarskee]
vegetable terrine

pasztetówka [pashtetoofka]
liver sausage

pasztet z drobiu [pashtet z drob-
yoo] chicken pâté

pasztet z gęsich wątróbek
[gensheeH vontroobek] pâté de
foie gras

pasztet z zająca [zi-ontsa] hare
pâté

pączki [ponchkee] doughnuts

pieczarki [p-yecharkee]
cultivated button
mushrooms

pieczarki ze śmietaną [zeh sh-
myetanoN] button mushrooms
in soured cream

pieczarki z patelni [s patelnee]
button mushrooms sautéed
in butter

pieczeń [p-yecheni] roast meat

pieczeń barania [p-yechenyuh
baran-ya] roast mutton

pieczeń cielęca [chelentsa]
roast veal

pieczeń rzymska [Jimska] meat
loaf

**pieczeń rzymska w sosie
śmietanowym** [f sosheh sh-
myetanovim] sliced meat loaf
in soured cream sauce

pieczeń wieprzowa [v-yepshova]

roast pork

pieczeń wołowa [vowova] roast
beef

pieczeń z dzika [djeeka] roast
wild boar

pieczony [p-yechoni] baked;
roasted

pieczyste [p-yechisteh] roast

pieczywo [p-yechivo] bread
products

pieczywo słodkie [swotk-yeh]
plain cakes, sweet rolls etc

pieprz [p-yepsh] pepper

piernik [p-yerneek] spiced
honeycake

pierogi [p-yerogee] ravioli-like
dumplings

pierogi leniwe [leneeveh]
dumplings filled with curd
cheese

pierogi ruskie [roosk-yeh]
dumplings filled with
cheese and potatoes

pierogi z jagodami [yagodamee]
bilberry dumplings

pierogi z kapustą i grzybami
[kapoostoN ee gJibamee]
sauerkraut and mushroom
dumplings

pierogi z mięsem [m-yensem]
meat dumplings

pierogi z mięsem i kapustą
[ee kapoostoN] dumplings
filled with meat and
cabbage

pierogi z serem cheese
dumplings

pierogi z wiśniami [veesh-
nyamee] dumplings filled

with cherries
pietruszka [p-yetrooshka] parsley
pikantny [peekantni] spicy
placek [platsek] tart
placek drożdżowy [droJdjovi] yeast cake
placek ze śliwkami [zeh shleefkamee] plum tart
placki kartoflane [platskee kartoflaneh] fried potato cakes; potato pancakes
placki ziemniaczane [Jemnyachaneh] fried potato cakes; potato pancakes
płatki owsiane [pwatkee ofshaneh] porridge oats
polędwica [polendveetsa] sirloin
polędwica po angielsku [angyelskoo] roast fillet of beef
polędwica sopocka [sopotska] smoked pork sirloin
pomarańcza [pomarancha] orange
pomidor [pomeedor] tomato
pory [pori] leeks
porzeczka czarna [poJechka charna] blackcurrants
porzeczka czerwona [chervona] redcurrants
posiłek [posheewek] meal
posiłek z trzechdań three-course meal
potrawa [potrava] dish, course
potrawy jarskie [potravi yarskyeh] vegetarian dishes
powidła [poveedwa] plum jam purée
poziomki [poJomkee] wild

strawberries
prawdziwki [pravdjeefkee] ceps (type of mushroom)
precelki [pretselkee] pretzels
proszek do pieczenia [proshek do p-yechen-ya] baking powder
przecier [pshecher] purée
przecier owocowy [ovotsovi] fruit purée
przecier pomidorowy [pomeedorovi] tomato purée
przekąska [pshekonska] snack
przekąski [pshekonskee] hors-d'oeuvres
przekładaniec [pshekwadan-yets] layer cake
przepiórka [pshep-yoorka] quail
przyprawy [pshipravi] seasonings
przystawki [pshistafkee] side dishes
pstrąg [pstronk] trout
pstrąg z wody [vodi] poached trout
ptyś [ptish] cream puff
pulpety [poolpeti] meatballs
pulpety w sosie grzybowym [f sosheh gJibovim] meatballs in mushroom sauce
pulpety w sosie pomidorowym [pomeedorovim] meatballs in tomato sauce
pumpernikiel [poomperneek-yel] dark brown rye bread, with a characteristic bitter-sweet taste, usually sold sliced
pyzy [pizi] potato dumplings

rabarbar [rhubarb]

racuszki [ratsooshkee] small, round sweet pancakes

rak crayfish

razowy [razovi] solid brown bread sometimes flavoured with honey

renklody [renklodi] greengages

rizotto z drobiu [reezot-to z drob-yoo] chicken risotto

rodzynki [rodsinkee] raisins; currants

rogal crescent of white bread with a crispy crust

rolmops marinated herring

rosół [rosoo^{wuh}] broth

rosół z makaronem [makaronem] clear soup with noodles

rosół z wkładką [s fkwadkON] broth with pieces of meat

rozbef roast beef

rozmaryn [rozmarin] rosemary

rumsztyk [roomshtik] rump steak

ryba [riba] fish

ryba w galarecie [v galarecheh] fish in aspic

ryby [ribi] fish

rydze [ridseh] saffron milk cap mushrooms

ryż [rish] rice

rzodkiewki [Jotk-yefkee] radishes

salceson [saltseson] brawn

sałata [sawata] lettuce

sałata zielona [Jelona] lettuce

sałatka [sawatka] salad

sałatka jarzynowa [yaJinova] Russian salad

sałatka owocowa [ovotsova] fruit salad

sałatka śledziowa [shledjova] herring salad

sałatka z pomidorów [s pomeedoroof] tomato and onion salad

sandacz [sandach] pike-perch

sardynki [sardinkee] sardines

sarnina [sarneena] venison

sauté [soteh] sautéed, shallow-fried

schab [sHap] joint of pork

schabowy [sHabovi] pork cut from the joint

schab pieczony [sHap p-yechoni] roast loin of pork

seler celery

ser cheese

ser biały [b-yawi] white, medium-soft cheese, curd cheese

ser chudy [Hoodi] low fat cheese, skimmed milk cheese

serdelki [serdelkee] sausages similar to frankfurters

serek masłowy [maswovi] fromage frais

ser myśliwski [mishleefskee] smoked cheese

sernik [serneek] cheesecake

ser topiony [top-yoni] cheese spread

ser tylżycki [tilJitskee] cheese similar to Cheddar

ser żółty [Joowuhti] hard cheese

sezamki [sezamkee] sesame snaps

sękacz [senkach] fancy layer cake

siekany [shekani] chopped

skórka pomarańczowa [skoorka pomaranchova] orange peel

skwarki [skfarkee] crackling

słodki [swotkee] sweet

słodzik [swodjeek] artificial sweetener

smażony [smaJoni] fried

sola sole

solony [soloni] salted

sos sauce, gravy

sos beszamel [beshamel] white sauce

sos chrzanowy [H-shanovi] horseradish sauce

sos czekoladowy [chekoladovi] chocolate sauce

sos grzybowy [gJibovi] mushroom sauce

sos koperkowy [koperkovi] dill sauce

sos mięsny [m-yensni] gravy

sos pieczarkowy [p-yecharkovi] button mushroom sauce

sos pomidorowy [pomeedorovi] tomato sauce

sos waniliowy [vaneel-yovi] vanilla sauce

sos własny [vvasni] meat juices

sól [sool] salt

specjalność zakładu [spets-yalnosh-ch zakwadoo] house speciality

spis potraw [spees potraf] menu

stefanka chocolate and vanilla cream layer cake

stek steak

stek tatarski [tatarskee] steak tartare

strucla [strootsla] twist of bread or cake

strucla z makiem [mak-yem] poppy-seed roll

sucharki [sooHarkee] rusks; dry crisp bread

sułtanki [soowuhtankee] sultanas

surowy [soorovi] raw

surówka [sooroofka] side salad, made with raw and pickled vegetables

surówka z czerwonej kapusty [s chervonay kapoosti] shredded red cabbage

surówka z marchwi [marHvee] grated raw carrot

suszone śliwki [sooshoneh shleefkee] prunes

suszony [sooshoni] dried

szafran [shafran] saffron

szarlotka [sharlotka] apple cake, apple charlotte

szaszłyk [shashwik] mutton kebab

szaszłyk z polędwicy [s polendveetsi] beef barbecued on a skewer with onions

szczaw [sh-chaf] sorrel

szczupak [sh-choopak] pike

szczypiorek [sh-chip-yorek] chives

sznycel [shnitsel] escalope

sznycel cielęcy [chelentsi] veal escalope

sznycel po wiedeńsku [v-yedenskoo] Wiener schnitzel with egg

szparagi [shparagee] asparagus

szpinak [shpeenak] spinach

szpinak z jajkiem [yĭk-yem] spinach and eggs

szprotki [shprotkee] sprats

sztuka mięsa [shtooka m-yensa] boiled beef

sztuka mięsa w sosie chrzanowym [f sosheh H-shanovim] boiled beef in horseradish sauce

szynka [shinka] ham

szynka gotowana [gotovana] cooked ham

szynka wędzona [vendsona] smoked ham

szynka w galarecie [v galarecheh] jellied ham

śledź [shlech] herring

śledź marynowany [marinovani] marinated herring

śledź po japońsku [yaponiskoo] herring with hard-boiled egg and mayonnaise

śledź w oleju [v olayoo] salted herring in oil

śledź w oliwie [oleev-yeh] herring in oil

śledź w śmietanie [sh-myetan-yeh] herring in soured cream

śliwka [shleefka] plum

śliwki węgierki [veng-yerkee] damsons

śmietana [sh-myetana] soured cream

śmietanka [sh-myetanka] cream

śniadanie [sh-nyadan-yeh] breakfast

świeży [sh-fyeɟi] fresh

tarty [tarti] grated

tarty ser grated cheese

tatar steak tartare

tłuszcz cukierniczy [twoosh-ch tsook-yerneechi] vegetable fat

tłuszcz roślinny [roshleen-ni] vegetable fat

torcik waflowy [torcheek vaflovi] praline wafer cake

torcik wiedeński [v-yedenskee] Austrian-style gâteau with coffee and chocolate filling

tort cake, gâteau

tort bezowy [bezovi] meringue tart

tort kakaowy [kaka-ovi] chocolate cake

tort kawowy [kavovi] coffee cake

tort orzechowy [oɟeнovi] walnut gâteau

truskawki [trooskafkee] strawberries

tuńczyk [toonchik] tuna fish

twarożek [tfaroɟek] soft white cream cheese

twarożek ze szczypiorkiem [zeh sh-chip-york-yem] cottage cheese with chives

twaróg [tfarook] cottage cheese

tymianek [tim-yanek] thyme

uszka [ooshka] small parcels of pasta filled with cabbage and mushrooms

wafelki czekoladowe [vafelkee chekoladoveh] chocolate wafers

wafle [vafleh] wafers

wanilia [vaneel-ya] vanilla

waniliowy [vaneel-yovi] vanilla, vanilla flavour

warzywa [vaJiva] vegetables

wątróbka [vontroopka] liver

wątróbka cielęca [chelentsa] veal liver

wątróbka smażona z cebulą [smaJona s tseboolON] fried liver with onion

wątróbka z drobiu [drob-yoo] chicken liver

wątróbki po żydowsku [vontroopkee po Jidofskoo] cold cooked liver with onion and egg

wędzony [vendsoni] smoked

węgorz [vengosh] eel

węgorz smażony [smaJoni] fried eel

węgorz wędzony [vendsoni] smoked eel

w galarecie [v galarecheh] jellied, in aspic

wieprzowina [v-yepshoveena] pork

winogrona [veenogrona] grapes

wiśnie [veesh-nyeh] sour cherries

w occie [v ots-cheh] pickled in vinegar

wołowe [vovoveh] beef

wołowina [vovoveena] beef

wołowy [vovovi] beef

wuzetka [voozetka] individual chocolate cake filled with cream

w zalewie słonej [v zalev-yeh swonay] in brine

zając [zī-onts] hare

zając w śmietanie [f shm-yetan-yeh] roast hare in soured cream sauce

zakąska [zakonska] starter, appetizer

zalewajka [zalevīka] potato and rye soup

zapiekanka [zap-yekanka] baked cheese dish, gratin

ziarno sezamowe [Jarno sezamoveh] sesame seed

ziele angielskie [Jeleh ang-yels-kyeh] pimento

ziemniaki [Jem-nyakee] potatoes

ziemniaki puree [p-yooree] mashed potatoes

ziemniaki w mundurkach [v moondoorkaH] jacket potatoes

zioła [Jowa] herbs

zrazy naturalne [zrazi natooralneh] fillets of beef

zrazy zawijane [zaveeyaneh] fillets of beef wrapped

round bacon, pickled
cucumber and prunes

z rusztu [rooshtoo] grilled

z serem stuffed with cottage
cheese

zupa [zoopa] soup

zupa cebulowa [tseboolova]
onion soup

zupa fasolowa [fasolova] bean
soup

zupa grochowa [groHova] pea
soup

zupa grochówka [groHoofka]
pea soup

zupa grzybowa [gJibova]
mushroom soup

zupa jarzynowa [yaJinova]
vegetable soup

zupa kapuśniak [kapoosh-nyak]
cabbage soup

zupa kartoflanka potato soup

zupa mleczna [mlechna] milk–
based soup

zupa ogórkowa [ogoorkova]
cucumber soup

zupa owocowa [ovotsova] fruit
soup

zupa pomidorowa
[pomeedorova] tomato soup

zupa pomidorowa z
kluseczkami [s kloosechkamee]
tomato soup with noodles

zupa pomidorowa z ryżem
[riJem] tomato soup with
rice

zupa rybna [ribna] fish soup

zupa szczawiowa [sh-chav-
yova] sorrel soup

z wody [vodi] poached

żeberka [Jeberka] spare ribs

żółtko [Joo^{wuh}tko] egg yolk

żółty ser [Joo^{wuh}ti] hard cheese

żurawina [Jooraveena]
cranberries

żurek [Joorek] sour rye and
cream soup

żur z kiełbasą [Joor s k-
ye^{wuh}basON] sour rye and
cream soup with smoked
sausage

Menu Reader: Drink

Essential Terms

beer piwo [peevo]
bottle butelka [bootelka]
brandy koniak [kon-yak]
coffee kawa [kava]
cup filiżanka ... [feeleeJanka]
a cup of ... filiżankę [feeleeJankeh]
fruit juice sok owocowy [ovotsovi]
gin gin [djeen]
gin and tonic gin z tonikiem [djeen stoneek-yem]
glass kieliszek [k-yeleeshek]
a glass of ... kieliszek ... [k-yeleeshek]
milk mleko
mineral water woda mineralna [voda meeneralna]
red wine czerwone wino [chervoneh veeno]
rosé wino rosé
soda (water) woda sodowa [sodova]
soft drink napój bezalkoholowy [napoo^{yuh} bezalkoholovi]
sugar cukier [tsook-yer]
tea herbata
tonic (water) tonik [toneek]
vodka wódka [vootka]
water woda [voda]
whisky 'whisky'
white wine wino białe [b-yaweh]
wine wino [veeno]
wine list karta win [veen]

another ..., please proszę jeszcze jedno ... [prosheh yesh-cheh yedno]

alkohole wysokoprocentowe [alkoholeh visokoprotsentoveh] spirits

bawarka [bavarka] milky tea
bez cukru [bes tsookroo] without sugar
bez lodu [bez lodoo] without ice
biała kawa [b-yawa kava] coffee with milk or cream
bimber [beember] moonshine
butelka [bootelka] bottle
butelka wina [veena] bottle of wine

ciemne [chemneh] draught beer
cocktail jagodowy [koktīl yagodovi] bilberry milk shake
cocktail malinowy [maleenovi] raspberry milk shake
cocktail mleczny [mlechni] milk shake
cocktail truskawkowy [trooskafkovi] strawberry milk shake
cocktail z czarnej porzeczki [s charnay poɹechkee] blackcurrant milk shake
cocktail z czerwonej porzeczki [chervonay poɹechkee] redcurrant milk shake
cukier [tsook-yer] sugar
Cytrynówka® [tsitrinoofka] lemon-flavoured vodka
czerwone wino [chervoneh veeno] red wine

czysta [chista] unflavoured vodka

gazowany [gazovani] fizzy
Gdańskie® [gdans-kyeh] regional lager
gorąca czekolada [gorontsa chekolada] drinking chocolate
grzaniec z piwa [gɹan-yets s peeva] mulled beer
grzaniec z wina [veena] mulled wine
grzany miód [gɹani m-yoot] mulled mead

herbata tea
herbata naturalna [natooralna] tea without milk
herbata owocowa [ovotsova] fruit tea
herbata po angielsku [ang-yelskoo] tea with a drop of milk
herbata w torebkach [f torebkaн] teabags
herbata z cytryną [s tsitrinon] lemon tea
herbata ziołowa [ɹowova] herb tea

jabłecznik [yabwechneek] cider
Jarzębiak® [yaɹemb-yak] rowanberry-flavoured vodka

kakao cocoa
karafka carafe

karafka wina [veena] carafe of wine

karta win [veen] wine list

kawa [kava] coffee

kawa bezkafeinowa [beskafeeenova] decaffeinated coffee

kawa czarna [charna] black coffee

kawa duża [dooJa] large coffee

kawa mała [mawa] small coffee

kawa mielona [m-yelona] ground coffee

kawa mrożona [mroJona] iced coffee

kawa naturalna [natooralna] strong black coffee

kawa neska instant coffee

kawa po staropolsku [staropolskoo] old Polish-style coffee containing spices

kawa po turecku [tooretskoo] Turkish coffee

kawa z bitą śmietaną [z beetoN sh-myetanoN] coffee with whipped cream

kawa zbożowa [zboJova] ersatz coffee, barley drink

kawa ze śmietanką [zeh shm-yetankoN] coffee with cream

kefir [kefeer] kefir, drinking yoghurt

kieliszek [k-yeleeshek] glass

kieliszek czystej [chistay] glass of pure vodka

kieliszek wina [veena] glass of wine

kieliszek wódki [vootkee] glass

of vodka

koniak [kon-yak] brandy

koniak francuski [frantsooskee] cognac

koniak gruziński [grooJeenskee] Georgian brandy

kostka lodu [lodoo] ice cube

Krakus® [krakoos] clear vodka

Krupnik® [kroopneek] honey liqueur

Kryniczanka® [krineechanka] mineral water

kwaśne mleko [kfashneh] sour milk

lemoniada [lemon-yada] lemonade

Leżajsk® [leJisk] strongish lager

likier [leek-yer] liqueur

lód [loot] ice

maślanka [mashlanka] buttermilk

Mazowszanka® [mazofshanka] mineral water

Miodówka® [m-yodoofka] honey vodka

miód pitny [m-yoot peetni] mead

mleko milk

Myśliwska wódka® [mishleefska vootka] hunter's vodka flavoured with juniper berries

nalewka [nalefka] strong infusion of herbs, berries, fruit or nuts steeped in alcohol

napoje bezalkoholowe [napoyeh bezalkoholoveh] soft drinks

napój [napoovuh] bottled fruit drink

napój jabłkowy [yapkovi] apple fruit juice with mineral water

napój truskawkowy [trooskafkovi] strawberry juice with mineral water

napój żurawinowy [Jooraveenovi] cranberry cordial

naturalna without milk

Okocim® [okochim] strongish lager

oranżada [oranJada] orangeade

Pejsachówka® [paysaHoofka] 75 percent, strongest vodka on the market

Pieprzówka® [p-yepshoofka] pepper-flavoured vodka

piwo [peevo] beer

piwo beczkowe [bechkoveh] draught beer

piwo butelkowe [bootelkoveh] bottled beer

piwo karmelowe [karmeloveh] alcohol-free dark beer

piwo słodowe [swodoveh] alcohol-free malt beer

piwo w puszce [f pooshtseh] canned beer

Piwo Żywieckie® [Jiv-yetsk-yeh] lager

podpiwek [potpeevek] alcohol-free dark beer

Polonez® popular brand of vodka

poncz [ponch] punch

poncz owocowy [ovotsovi] fruit punch

porter stout

pół butelki [poowuh bootelkee] half bottle

pół litra [leetra] half a litre

puszka piwa [pooshka peeva] can of beer

ratafia [rataf-ya] fruit liqueur

rum [room] rum

serwatka [servatka] whey

setka vodka measure of 100 grammes

sok juice

sok ananasowy [ananasovi] pineapple juice

sok grejpfrutowy [graypfrootovi] grapefruit juice

sok jabłkowy [yapkovi] apple juice

sok malinowy [maleenovi] raspberry juice

sok owocowy [ovotsovi] fruit juice

sok pomarańczowy [pomaranchovi] orange juice

sok pomidorowy [pomeedorovi] tomato juice

sok truskawkowy [trooskafkovi] strawberry juice

sok wiśniowy [veesh-nyovi] sour cherry juice

sok z czarnej porzeczki [s charnay poJechkee] blackcurrant juice

Soplica® [sopleetsa] flavoured, dry vodka

spirytus [speeritoos] very high percentage alcohol

syfon [sifon] siphon for carbonated water

szampan [shampan] champagne

śliwowica [shleevoveetsa] plum brandy

Tatra Pils® [peels] strong lager

tonik [toneek] tonic water

trunek [troonek] alcoholic drink

Winiak® [veen-yak] Polish brandy

wino [veeno] wine

wino białe [b-yaweh] white wine

wino czerwone [chervoneh] red wine

wino deserowe [deseroveh] dessert wine

wino domowej roboty [domovay roboti] home-made wine

wino grzane [gɹaneh] mulled wine

wino musujące [moosoo-yontseh] sparkling wine

wino porzeczkowe [poɹechkoveh] home-made currant wine

wino półwytrawne [poowuhvitravneh] medium-dry wine

wino słodkie [swot-kyeh] sweet wine

wino wytrawne [vitravneh] dry wine

Wiśniak® [veesh-nyak] medium-sweet cherry-flavoured vodka

Wiśniówka® [veesh-nyoofka] sweet cherry-flavoured vodka

woda [voda] water

woda mineralna [meeneralna] mineral water

woda sodowa [sodova] soda water

wódka [vootka] vodka

Wrocławskie® [vrotswafsk-yeh] regional lager

Wyborowa® [viborova] dry clear vodka

wytrawne wino [vitravneh veeno] dry wine

z cukrem [s tsookrem] with sugar

z cytryną [s tsitrinON] with lemon

ze śmietanką [zeh sh-myetankON] with cream

z lodem with ice

z mlekiem [mlek-yem] with milk

zsiadłe mleko [s-shadweh mleko] sour milk

Żubrówka® [Joobroofka] vodka with a blade of bison grass in the bottle

Żytnia® [Jit-nya] clear dry vodka